LICHT
IN DER NACHT

HAZELDEN MEDITATIONSBÜCHER

Licht in der Nacht

Verfaßt von Amy E. Dean

Illustriert
von Dave Spohn

WILHELM HEYNE VERLAG
MÜNCHEN

Titel der amerikanischen Originalausgabe:
NIGHT LIGHT
Ins Deutsche übertragen von Renate Navé

6. Auflage

Die Originalausgabe erschien in der Hazelden Foundation,
Minnesota, USA

Umschlaggestaltung: Atelier Ingrid Schütz, München,
unter Verwendung einer Illustration von Dave Spohn
Satz: Schaber, Wels
Druck und Bindung: Mohndruck, Gütersloh
Printed in Germany

ISBN 3-453-03618-2

Du kannst auch im Dunkeln bauen, wenn dein Glaube stark ist. Wenn es wieder Licht wird, hast du eine Festung aus dir gemacht, die jedem Angriff trotzt. Dann werden die anderen bei dir Rat suchen, denn du bist ein Leuchtturm in ihrer Finsternis.

Olga Rosmanith

Zum Geleit

Als ich mich im Mai 1983 zum ersten Mal mit dem Programm beschäftigte, wurde mir plötzlich klar, daß ich von Gefühlen wie Angst, Ohnmacht und Isolation beherrscht war, die ich bis dahin nicht wahrnehmen wollte. Jahrelang hatte ich einen Schutzwall um mich herum aufgebaut, der mich vor diesen Gefühlen abschirmen sollte, bis das Programm schließlich meine Widerstände brach.

Diese unguten Gefühle drängten sich immer erst gegen Abend auf; tagsüber und auch während der Meetings fühlte ich mich recht wohl. Erst wenn ich dann zu Hause war, überkam mich das beklemmende Gefühl von Angst und Einsamkeit, das mich manchmal auch am Einschlafen hinderte. Mitunter wachte ich mitten in der Nacht auf und wurde stundenlang von Ängsten geplagt.

Warum tauchten diese Gefühle erst abends oder nachts auf? Und warum verschwanden sie, wie ich bald feststellte, mit dem ersten Tageslicht? In der Hektik des Tages gingen sie völlig unter. Da war ich beschäftigt, traf mich mit Leuten, und — wie Robert Frost sagt — »da lagen noch Meilen bis zum Schlafengehen vor mir«.

Jeder neue Morgen ist ein neuer Anfang. Aber was bringt der Abend? Die Meditationstexte in diesem Buch werden Ihnen neue Wege erschließen. Jeder Text greift ein bestimmtes Problem oder Gefühl auf, das uns abends zu schaffen macht. Wenn Sie einmal mit dem Programm vertraut sind, werden Sie auch vor dem Schlafengehen ruhig und entspannt sein.

Der Erfolg wird sich aber nur dann einstellen, wenn Sie das Programm ernsthaft befolgen. Die zwölf Schritte, die Sinnsprüche, die Meetings, das Gebet und die Meditation:

das alles wird zu Ihrem Wohlbefinden beitragen. Jede dieser abendlichen Meditationsübungen stattet Sie mit dem nötigen Rüstzeug aus, um auch allein zurechtzukommen. Durch diese Übungen werden Sie nie hilflos und nur auf sich allein gestellt sein — weder tagsüber noch nachts.

Amy E. Dean

Januar

1. Januar

Seinen Gedanken freien Lauf zu lassen ist ebenso wichtig, wie sie zu sammeln. Charles B. Newcomb

Nach einem hektischen, arbeitsreichen Tag hat unser Körper das Bedürfnis zu entspannen. Wir gähnen, räkeln uns, die Augenlider werden schwer. Und trotzdem können wir geistig nicht abschalten. Was müssen wir tun, damit auch unsere Gedanken zur Ruhe kommen? Zunächst ist es gut zu wissen, daß wir dieses Problem nicht ganz allein bewältigen müssen. Bücher, Kassetten, Meetings, Filme und Schallplatten leisten uns dabei wertvolle Hilfe. Wir können aber auch lernen, uns dabei von anderen Menschen helfen zu lassen.

Wir haben zwar gelernt, die meiste Zeit konzentriert zu sein; uns geistig zu entspannen, haben wir aber nicht gelernt. Vielleicht finden wir noch heute abend die richtige Methode dafür heraus, damit wir die Erfahrung machen können, wie angenehm es ist, geistig entspannt zu sein.

Bin ich bereit, mich aus meiner inneren Anspannung zu lösen? Aus welchen Kraftreserven kann ich schöpfen, damit mein Geist zur Ruhe kommt?

Wo soll ich beginnen? Die Welt ist so groß. Ich werde mit dem Land beginnen, das ich am besten kenne, mit meinem eigenen. Aber mein Land ist so groß. Ich fange doch lieber mit meiner Stadt an. Aber auch meine Stadt ist so groß. Am besten beginne ich mit meiner Straße. Nein, mit meinem Haus. Nein, mit meiner Familie. Ach was, ich beginne mit mir. Elie Wiesel

Wie oft haben wir versucht, unsere Umwelt zu verändern, unsere Eltern, einen geliebten Menschen, einen Vorgesetzten oder uns fest vorgenommen, seltener zu Alkohol und Tabletten zu greifen? Vielleicht dachten wir, wenn wir jemanden oder etwas ändern, würde es uns besser gehen. Sehr bald jedoch mußten wir einsehen, daß wir nicht in der Lage sind, Menschen, Dinge und Gewohnheiten zu ändern.

Wir können nur uns selbst ändern. Aber auch das gelingt nicht von heute auf morgen. Wir dürfen nicht erwarten, daß wir über Nacht zu dem Menschen werden, der wir gerne wären.

Unsere Veränderung kann nur schrittweise erfolgen, und wir müssen langsam damit beginnen. Wenn wir uns selbst als ein großes, aus vielen Teilen bestehendes Puzzle vorstellen, werden wir begreifen, daß wir uns nur dann in unserer Gesamtheit erfassen können, wenn wir ein Teil an das andere fügen.

Habe ich heute versucht, jemanden zu verändern? Wie kann ich mich allmählich selbst ändern?

3. Januar

Ein seltsames Gefühl ... eine Art undefinierbarer Traurigkeit, die mich jeden Nachmittag befällt, wenn der Tag zur Neige geht und nichts als die hereinbrechende Dunkelheit vor mir liegt. Robert M. Pirsig

Wie jeder Tag ein neuer Anfang ist, so ist auch jede Nacht ein Neubeginn. Jede Nacht kann eine Chance sein, neue Kräfte zu schöpfen, die Batterie in uns wieder aufzuladen, die wir tagsüber verbraucht haben. Jede Nacht kann eine Herausforderung sein, unseren Zielen näher zu kommen, zu wachsen und positive Gedanken zu entwickeln.

Anstatt über die vergangenen Tagesereignisse nachzugrübeln, sollten wir lieber hoffnungsvoll an das Morgen denken. Wir brauchen keine Angst zu haben vor der Dunkelheit der Nacht, wenn wir uns mit positiven Gedanken auf den neuen Tag einstellen.

Auch wenn ein Tag vorüber ist, das Morgen ist gewiß. Wir müssen planen, bestimmte Plätze und Menschen aufsuchen und unsere Pläne verwirklichen. Jeder neue Tag bringt neue Hoffnung, Kraft und Energie, die unser Handeln beflügeln.

Jeder Morgen ist ein neuer Anfang für mich.

Glück ist nicht Vergnügen, Glück ist Sieg. Zig Ziglar

Viele Menschen meinen, Glück hinge von materiellen Werten ab: einem Haus, viel Geld, einer teuren Garderobe. Andere wiederum glauben, Glück bestünde aus schönen Augenblicken: einem Sonnenuntergang, einem Essen mit Freunden, einem Waldspaziergang. Sicherlich, all diese Dinge können Glück bedeuten; doch unter Glück verstehen wir auch das Gefühl, etwas erreicht zu haben, was wir uns fest vorgenommen und das wir uns schließlich erkämpft haben. Glück kann ein persönlicher Sieg sein.

Siegreich zu sein heißt nicht unbedingt, gewonnen zu haben. Es kann bedeuten, mehr erreicht zu haben, als man zu hoffen wagte. Jeder von uns kennt dieses Gefühl des Sieges: nach einer bestandenen Prüfung, beim Kauf des ersten Autos, beim Einzug in die erste eigene Wohnung oder beim Antritt eines begehrten Jobs. Es müssen nicht unbedingt große Siege sein. Sie können klein und unbedeutend sein wie etwa ein paar abgespeckte Pfunde, ein Tag ohne Alkohol oder Zigaretten, Streit mit einem Familienmitglied zu vermeiden oder nur eine Stunde Zeit für sich allein.

Ob groß oder klein, jeder Sieg macht uns glücklich und ist ein Beweis dafür, was wir zu leisten imstande sind. Jeder Sieg gibt uns Selbstvertrauen und stärkt unser Selbstbewußtsein. Jeder Sieg gibt uns die Gewißheit, daß ein weiterer folgen wird.

Ich bin glücklich durch all die Siege, die ich errungen habe.

5. Januar

Ja, dann wirst du die Trübsal vergessen: gleichwie an Wasser, die vorübergingen, wirst du daran denken.
Hiob **11**, *16*

Viele von uns tragen schmerzvolle Erinnerungen wie Fotos in der Brieftasche mit sich herum. Wir halten diese Erinnerungen in uns lebendig, schüren sie mit Gedanken. Wie kommt es, daß wir insbesondere traurigen Erinnerungen so gerne nachhängen?

Es fällt uns schwer, uns von Erinnerungen freizumachen, vor allem, wenn sie schmerzvoll sind. Das hat damit zu tun, daß sie so eng mit unserer Vergangenheit verknüpft sind und wir dazu neigen, uns an Vertrautes zu klammern, statt neuen, angenehmen Gefühlen in unserem Inneren Platz zu machen. Da das Programm in unserem Leben bereits Früchte trägt und die schmerzvollen Augenblicke seltener geworden sind, sind wir auf der Suche nach neuen schmerzlichen Gedanken und greifen dabei nicht selten auf längst vergangene zurück, da uns diese vertraut sind.

Heute abend wollen wir nicht nach rückwärts blicken. Wir werden nicht traurigen oder schmerzvollen Gedanken nachhängen und holen auch nicht die Brieftasche hervor, um die alten Fotos darin zu betrachten, die die Vergangenheit in uns wachrufen. Heute abend nehmen wir uns fest vor, ihnen keine Beachtung mehr zu schenken und sie bald durch neue Erinnerungen zu ersetzen.

Ich will mich von meinen alten Erinnerungen befreien, um für neue, schönere aufgeschlossen zu sein.

Deshalb bete jeder Fromme zu dir in Zeiten der Not! Die donnernde Flut vieler Wasser wird ihn nicht erreichen. Du bist mein Schutz, bewahrst mich vor dem Drangsal, umhegst mich als Retter. Psalm 32, 6, 7

Es ist nicht leicht, die Gegenwart zu leben, wenn unsere Gedanken nur in die Zukunft gerichtet sind. Ein bevorstehendes Ereignis kann uns gedanklich so sehr beanspruchen, daß wir die Gegenwart um uns völlig vergessen.

Ein solches Ereignis kann eine Rede sein, die wir halten müssen, oder eine bevorstehende Prüfung. Mag sein, es ist ein Familienfest angesagt, oder eine Reise steht bevor: Was es auch ist, wir reagieren mit Angst und Anspannung darauf.

Um damit fertigzuwerden, brauchen wir Hilfe. Unser Schöpfer kann uns helfen, unsere Angst zu bewältigen, unabhängig davon, ob das bevorstehende Ereignis bereits in fünf Minuten, in fünf Tagen oder erst in fünf Jahren eintritt.

Der heutige Abend und das Morgen sind gewiß — ungeachtet unserer Ängste. Und zukünftige Ereignisse werden sich besser anlassen, wenn wir ihnen, gestärkt durch die göttliche Kraft, heiter und gelassen entgegenblicken.

Sehe ich einem bevorstehenden Ereignis mit Bangen entgegen? Soll ich es mit einem Gebet versuchen, um meine Ängste abzubauen?

7. Januar

Das Gebet sollte der Schlüssel sein, mit dem wir den Tag eröffnen und die Nacht beschließen. Altes Sprichwort

Viele von uns glauben, es gäbe feste Zeiten für Gebete: routinemäßig am Morgen und am Abend. Nur wenige bedenken, daß das Gebet, die Zwiesprache mit Gott, an keine Zeit und keinen Ort gebunden ist.

Das Morgengebet öffnet uns die Tür zum Tag. Aber lassen wir sie auch geöffnet, indem wir die Zwiesprache mit unserem Schöpfer aufrechterhalten? Wenden wir uns auch an ihn, wenn wir in Hektik sind, Freude, Trauer oder Ruhe verspüren? Unsere täglichen Aufgaben beanspruchen uns so sehr, daß wir völlig vergessen, diese Türe offen zu lassen.

Doch heute abend ist sie geöffnet. Wir wenden uns an unseren Schöpfer und lassen ihn teilhaben an unseren Gefühlen und vertrauen uns ihm an wie einem Freund. Er verlangt keine Demut von uns, wir brauchen nur zu reden. Danach können wir die Tür des Tages mit einem Gebet schließen, gestärkt von dem tröstlichen Gefühl, das vom Glauben ausgeht. Und wenn wir uns schlafen legen, können wir unserem Schöpfer noch einmal für diesen Tag danken.

Bevor ich mich schlafen lege, bitte ich Gott, meine Seele zu beschützen.

Fürchte dich nicht vor einem großen Schritt. Mit zwei kleinen Sprüngen kannst du keine Schlucht überwinden.
David Lloyd George

Ein Risiko ist nicht selten mit Angst verbunden. Ob es sich um eine neue Beziehung handelt, um die Bitte um Gehaltserhöhung, um eine offene Meinungsäußerung oder eine neue Verhaltensweise, es kostet uns jedesmal Überwindung. Mitunter wünschen wir, wir könnten nur mit halbem Herzen dabei sein — einen Fuß in der Tür und den anderen draußen. Auf diese Weise könnten wir noch weglaufen, wenn uns die Schwierigkeiten über den Kopf wachsen.

Doch ohne vollen Einsatz ist kein Risiko möglich. Und wir können uns nur dann für eine Sache stark machen, wenn wir davon überzeugt sind, daß uns nichts geschehen kann. Auch wenn wir unsere Schwächen kennen, dürfen wir uns nicht verlassen fühlen, denn die göttliche Kraft ist in uns.

Vielleicht sind wir heute ein Risiko eingegangen und die Angst steckt uns noch in den Knochen; oder es steht uns noch ein Risiko bevor und beunruhigt uns. Dabei müssen wir uns stets vor Augen führen, daß Angst, Zweifel und Unsicherheit etwas ganz Natürliches sind.

Heute abend will ich mich entspannen, denn ich weiß, daß bei jedem Risiko die göttliche Macht hinter mir steht.

9. Januar

Später. Ich bin noch jung. Mit religiösen Fragen werde ich mich beschäftigen, wenn ich älter bin — auf meinem Sterbebett.
Garrison Keillor

Wie oft haben wir gedacht, das Beten überlassen wir den Alten, Kranken und Sterbenden. Solange wir jung, gesund und erfolgreich sind, haben wir es noch nicht nötig, uns mit Gott zu beschäftigen. »Jetzt geht es mir noch sehr gut«, sagen wir. »Das hat Zeit bis später ...«

Doch es ist jetzt schon an der Zeit, sich mit Gott zu beschäftigen. Von dem Augenblick an, in dem wir schreiend das Licht der Welt erblicken, bis zu unserem letzten Atemzug wacht Gott über uns. Er leitet uns, gibt uns Kraft und steht uns bei, auch wenn wir seiner nicht gewahr werden. Aber gerade weil wir ihn nicht zur Kenntnis nehmen, fühlen wir uns verlassen, verwirrt und niedergeschlagen, sind wütend, mutlos und intolerant.

Nicht erst dann, wenn uns unsere Kräfte verlassen, sollen wir uns an Gott erinnern. Schon jetzt ist es an der Zeit, sich seiner zu besinnen und seiner Obhut anzuvertrauen. Wenn unser Herz sich ihm öffnet, werden wir wachsen und stark sein.

Bin ich bereit, mich auf Gott einzulassen und mich ihm anzuvertrauen?

Großer Geist, steh mir bei, daß ich über keinen Menschen urteile, bevor ich nicht zwei Wochen lang in seinen Mokassins gegangen bin.

Gebet der Sioux-Indianer

Immer wieder begegnen wir einem Menschen, der sich anders kleidet und anders benimmt als wir. Wie reagieren wir gewöhnlich darauf? Mustern wir ihn neugierig oder machen wir etwa eine abschätzige Bemerkung über ihn? Es gibt zahlreiche Gelegenheiten, mit Menschen verschiedenster Herkunft in Kontakt zu kommen. Begegnen wir ihnen freundlich oder reden wir hinter ihrem Rücken und lästern über sie?

Keiner von uns kann sich seine Herkunft und seine Persönlichkeit aussuchen. Manche haben ein besonders schweres Los, andere leiden an einer Krankheit oder hatten nicht die Möglichkeit, sich zu bilden; andere wiederum müssen auf engstem Raum leben. Natürlich gibt es auch Menschen, die reich sind, eine gute Bildung genossen haben und in einer großen Wohnung leben. Aber sind sie deshalb besser als die anderen?

Wenn wir dazu neigen, über andere ein Urteil zu fällen oder sie zu kritisieren, wollen wir uns heute abend fest vornehmen, ein für alle Male Schluß damit zu machen. Wir wollen unsere Mitmenschen in Ruhe lassen, denn wir haben eingesehen, daß Bildung und Reichtum die Menschen nicht besser machen. Ob arm oder reich, gebildet oder nicht, im Grunde sind wir alle gleich.

Ich will endlich damit aufhören, andere zu kritisieren.

11. Januar

Mit gutem Beispiel voranzugehen, ist nicht nur der beste Weg, andere zu beeinflussen, es ist der einzige.
Albert Schweitzer

Wie sinnlos wäre doch ein Meeting, wenn es keine Beispiele für den Erfolg unseres Zwölf-Schritte-Programms gäbe! Einerseits müßte sich jeder einzelne auch mit den Problemen der anderen auseinandersetzen, andererseits könnten wir natürlich unser Programm auch allein befolgen; doch ohne den positiven Einfluß der anderen würden wir uns ziemlich einsam und verloren fühlen.

Viele Menschen in unserer Umgebung wenden das Programm mit Erfolg an. Ihre Stärke, ihre positive Ausstrahlung, ihre freundlichen Worte, ihr verständnisvolles Wesen sowie der Ernst, die Zuversicht und die Ausdauer, mit denen sie das Leben angehen, dienen uns als Vorbild. Die Tatsache, daß es ihnen gelungen ist, sich positiv zu verändern, beweist uns, daß auch wir uns verändern können.

Wir brauchen nur diejenigen zu befragen, die sich als erste mit dem Programm auseinandergesetzt haben. Sie werden einstimmig zugeben, daß sie vorher unglücklich, verwirrt und verzweifelt waren. Durch das Programm haben sie jedoch andere Menschen kennengelernt, die sich in derselben Lage befanden. Es wird nicht lange dauern, und unsere Sorgenfalten werden einem Lächeln weichen, die Anspannung wird sich lösen, und aus Intoleranz wird Nachsichtigkeit. Wir brauchen uns nur an jene zu orientieren und mit gutem Beispiel vorangehen, und wir werden die nötige Kraft finden.

Gib mir die Kraft, zu mir zu finden und dankbar zu sein für all die Fortschritte, die ich durch das Programm gemacht habe.

Als erstes mußte ich lernen, meine Angst zu besiegen, nachdem ich eingesehen hatte, wie sehr sie mich lähmte. Angst macht hilflos und erzeugt wiederum Angst.

Byron Janis

Die Zukunft kann einem angst machen, vor allem, wenn man versucht, vorauszusagen, was sie bringen wird. Manchmal gehen wir sogar noch weiter, indem wir auch unsere Reaktionen auf mögliche künftige Ereignisse voraussagen wollen. Wenn wir tatsächlich wüßten, was die Zukunft bringt, könnten wir ihr völlig angstfrei entgegensehen.

Wenn wir aber gegen unsere Angst nicht ankämpfen, wird sie unser ganzes Leben beherrschen. Angst ist wie eine versteckte Falle: was wir auch tun, wohin wir auch gehen, jederzeit können wir in sie hineintappen. Wir sehen sie nicht, hören sie nicht und spüren sie nicht, aber dennoch ist ihre Macht über uns so groß, daß wir uns ihr nicht entziehen können.

Doch wir können die Fallen beseitigen, die die Angst aufstellt. Der Glaube an die göttliche Vorsehung wird uns dabei helfen. Und dieser Glaube wird uns Sicherheit und Selbstvertrauen geben.

Ich kann mich von den Fesseln der Angst befreien. Ohne Furcht werde ich die Sicherheit spüren, die mir der Glaube gibt.

13. Januar

Ohne Gesundheit können sich Wissen und Kunst nicht entfalten, vermag Stärke nichts auszurichten, und Reichtum und Intelligenz liegen brach. Herophilus

Auch wenn wir eine schlechte Gewohnheit abgelegt haben, müssen wir noch lange nicht gesund sein. Vielleicht achten wir zu wenig auf genügend Schlaf, ernähren uns falsch und bewegen uns zu wenig. Oder wir vernachlässigen unsere geistige Gesundheit, weil wir uns keine Zeit zum Meditieren oder zum Gedankenaustausch mit anderen nehmen.

Eine schlechte Gewohnheit abzustellen, bedeutet noch nicht, daß wir auch gesund sind. Das ist nur ein erster Schritt. Jetzt gilt es, unsere Tage und Abende einzuteilen, damit uns genügend Zeit für uns selbst bleibt — Zeit, über uns nachzudenken, aber auch Zeit für Gespräche mit anderen.

Wir sind auf dem Weg, ein besserer Mensch zu werden, wir arbeiten äußerlich und innerlich an uns. Eine gesunde Ernährung, genügend Schlaf, ein ausgewogenes Verhältnis zwischen Arbeit und Ruhe sind die Voraussetzungen für eine stabile Gesundheit. Machen wir noch heute den ersten Schritt zu einem besseren Ich.

Hilf mir, Gott, daß ich auf meine Gesundheit achte. Wo sind meine schwachen Stellen, an denen ich noch arbeiten muß?

Die Türen, die wir täglich öffnen und schließen, bestimmen unser Leben. Flora Whittemore

Ein Sprichwort sagt: »Wenn Gott eine Tür schließt, öffnet er eine andere.« Mit anderen Worten: Alles hat ein Ende und einen Anfang. Wenn wir am Ende eines Weges angelangt sind, liegt ein neuer Weg vor uns.

Es kann mitunter sehr schmerzvoll sein, wenn sich eine Tür schließt. Beziehungen, Freundschaften, eine Karriere und das Leben selbst können zu Ende gehen. Auch wenn wir nicht immer einsehen können, warum sich eine Tür schließt, sollten wir wissen, daß der göttliche Wille dahintersteht. Ebenso verstehen wir auch nicht immer, warum sich uns eine Tür öffnet und eine Gelegenheit sich offenbart, auf die wir schon lange gewartet haben. Aber auch hier weiß unser Schöpfer, daß wir jetzt für diese Erfahrung reif sind.

Die Türen, die sich heute geöffnet und geschlossen haben, helfen uns heute abend weiter. Und die Türen, die sich dann öffnen und schließen werden, helfen uns morgen weiter. Wir sind nicht wie Mäuse in einem Labyrinth, die ziellos umherirren, in der Hoffnung, ein Stück Käse zu ergattern. Wir sind Kinder Gottes, die durch Türen, die sich öffnen und schließen, ihrem Ziel näher gebracht werden.

Ist mir klar geworden, daß alles im Leben seinen Sinn hat? Bin ich bereit zu glauben, daß mein Weg von Gott vorgegeben ist?

15. Januar

... Niemals würde ich es wagen, mir das Leben zu nehmen ... Selbstmord ist für mich, als schleuderte ich Gott sein Geschenk ins Gesicht. Dr. Raymond A. Moody

Viele von uns haben schon einmal Selbstmordgedanken gehabt. Auf unseren Meetings hören wir immer wieder, daß jemand seinem Leben ein Ende setzen wollte. Vielleicht haben auch wir es schon einmal versucht oder haben einen Selbstmord im Bekanntenkreis erlebt. Vielleicht haben wir im Augenblick unser geregeltes, ordentliches und nach innen gekehrtes Leben satt und würden es am liebsten aufgeben.

Wenn es so ist, müssen wir unbedingt mit jemandem darüber sprechen oder zu einem Meeting gehen und es der Gruppe offen und ehrlich eingestehen. Es finden sich immer Menschen, die sich unserer Probleme annehmen. Sie begegnen uns mit dem Verständnis, das wir brauchen.

Wenn einer unserer Freunde am Leben verzweifeln würde, wären wir nicht auch bereit, ihm zu helfen? So können auch wir uns jetzt getrost anderen anvertrauen und ihre Hilfe annehmen.

An wen kann ich mich vertrauensvoll wenden, wenn ich einmal im Leben nicht mehr weiter weiß?

Jeder kehre vor der eigenen Tür, und die Welt ist sauber.
Johann Wolfgang von Goethe

Nicht immer fällt es uns leicht, uns um die eigenen Angelegenheiten zu kümmern und uns nicht in die Belange anderer einzumischen. Wir meinen, wir wären für die Handlungen unserer Mitmenschen verantwortlich. Nicht selten glauben wir, besser zu wissen, was unser Partner, ein Arbeitskollege oder ein Freund tun müßte. Manchmal gehen wir sogar so weit, dem anderen zu sagen, was er tun soll — oder tun es sogar für ihn.

Heute abend wollen wir darüber nachdenken, wie wir uns heute den anderen gegenüber verhalten haben. Haben wir uns neutral verhalten, oder haben wir uns in fremde Angelegenheiten eingemischt oder uns um etwas gekümmert, das uns nichts anging? Wir müssen uns darüber im klaren sein, daß wir niemandem einen Gefallen erweisen, wenn wir uns in sein Leben einmischen. Im Gegenteil, das lenkt uns nur von unserem eigenen Leben ab. Wenn wir den anderen alles abnehmen, was sie selbst bewältigen sollten, behindern wir sie in ihrer Entwicklung.

Stellen wir uns einmal vor, was geschehen würde, wollten alle in einer Klasse Lehrer sein. Wer würde dann noch zuhören und etwas lernen? Wer würde dann noch Fortschritte machen?

Unser Lehrmeister ist die göttliche Kraft. Auf sie wollen wir bauen, und sie soll uns leiten.

Hilf mir, daß ich es lerne, anderen zuzuhören und mich nicht in fremde Angelegenheiten einzumischen.

17. Januar

Die Begeisterungsfähigkeit trägt deine Hoffnungen empor zu den Sternen. Sie ist das Funkeln in deinen Augen, die Beschwingtheit deines Ganges, der Druck deiner Hand und der Wille und die Entschlossenheit, deine Wünsche in die Tat umzusetzen. Henry Ford

Das Auto ist eine der zahlreichen Erfindungen, die letztendlich auf der Begeisterungsfähigkeit eines Mannes beruht, der einen Traum verwirklichen wollte. Seiner Durchsetzungskraft verdanken wir eine Erfindung, die uns das Leben erleichtert und uns einander näher bringt.

Ohne Begeisterungsfähigkeit ist kein Fortschritt möglich. Wenn wir uns an Zeiten in unserem Leben erinnern, in denen wir sehr begeisterungsfähig waren, können wir für diese Zeit sicher auch einige Erfolge verbuchen. Vielleicht wurden wir beruflich befördert, haben eine Prämie erhalten oder sonst irgend etwas Besonderes geleistet.

Auch die Begeisterungsfähigkeit für unser Programm bringt Veränderungen mit sich. Bei genauerer Beobachtung werden wir feststellen, daß alle, die das Programm wirklich einhalten, sich zu ihrem Vorteil verändern und mehr Selbstbewußtsein entwickeln. Ihre Begeisterungsfähigkeit ist ansteckend, wenn wir fest daran glauben, daß nichts im Leben unmöglich ist.

Konnte ich mich heute für etwas begeistern? Kenne ich einen Menschen, von dessen Begeisterungsfähigkeit ich mich anstecken lassen möchte?

Kinder wissen nicht, wie sehr ihre Eltern sie lieben. Und sie werden es erst dann begreifen, wenn diese schon unter der Erde liegen oder sie selbst Kinder haben.

Edmund Vance Cooke

Viele Erwachsene glauben, sie wären um ihre Kindheit betrogen worden, weil ihre Eltern in mancher Hinsicht versagt hätten und meinen, ihnen ihr Handeln oder Nicht-Handeln niemals verzeihen zu können.

Stellen wir uns aber unser Leben heute einmal vor, ohne die Fähigkeit, anderen zu verzeihen. Wir wären haßerfüllt und verbittert und würden ein Register mit den Namen all jener anlegen, die uns verletzt haben. Doch wir sollten ihre Namen lieber vergessen und ihnen — wie auch unseren Eltern — verzeihen.

Das Programm lehrt uns, alle Menschen zu lieben, mit denen wir in Kontakt kommen — auch wenn wir sie nicht unbedingt mögen. Es lehrt uns, Nachsicht zu üben. Ebenso müssen wir auch einsehen, daß unsere Eltern uns auf ihre Art lieben und daß sie genauso unvollkommen sind wie wir.

Hilf mir, einzusehen, daß meine Eltern immer nur mein Bestes wollten. Mehr kann man von einem Menschen nicht verlangen.

19. Januar

Und wenn nicht jetzt, wann dann? Talmud

Es ist sehr einfach, Dinge aufzuschieben. Manchmal verhalten wir uns wie Scarlet O'Hara in dem Roman »Vom Winde verweht«, die stets von einem besseren Leben träumte und sich sagte: »Es gibt immer noch ein Morgen.«

Gibt es aber wirklich immer ein Morgen? Wenn wir im Laufe unseres Lebens zu häufig etwas auf morgen verschieben, wird vieles unerledigt und wir selbst werden unvollkommen bleiben.

Wenn aber kein Morgen mehr käme? Wenn uns für all das, was wir vorhaben, nur noch wenige Stunden blieben? Wir würden uns im Kreise drehen und versuchen, in der kurzen Zeit, die uns noch bliebe, möglichst viel zu erledigen. Da uns heute zeitlich aber keine Grenzen gesetzt sind, glauben wir, noch unendlich viel Zeit vor uns zu haben, und keine Aufgabe und kein Ziel erscheinen uns so wichtig, als daß sie nicht noch hinausgeschoben werden könnten.

Doch wir müssen jetzt handeln und jetzt leben. Solange wir meinen, das Morgen ist uns gewiß, leben wir nur im Hinblick auf dieses Morgen. Und solange wir nicht davon überzeugt sind, daß das Heute das wertvollste Geschenk ist, das wir besitzen, werden wir nie die Gegenwart wirklich leben können.

Wenn wir etwas lernen, erreichen oder an etwas teilhaben wollen, müssen wir mit dem Heute beginnen. Wenn wir jetzt nicht das Beste aus unserem Leben machen, wann wollen wir es dann tun?

Hilf mir, Höhere Macht, daß ich lerne, die Zeit zu nützen. Hilf mir, daß ich die Dinge nicht mehr aufschiebe.

Ich bin zu der Einsicht gelangt, daß ich gut daran tat, etwas für andere zu tun, solange das Handeln im Vordergrund stand … Das Handeln ist wichtiger als das Ergebnis.
Joanna Field

Wir kennen alle das Sprichwort: »Geben ist seliger denn Nehmen«, und trotzdem fällt es uns schwer, zu geben. Das kann ein Geschenk, der persönliche Einsatz — beispielsweise die Betreuung eines Kranken —, ein Botengang, eine Nackenmassage oder eine Einladung an jemanden sein, der sich einsam fühlt.

Oft scheuen wir uns, für andere etwas zu tun, ohne eine Gegenleistung zu erwarten. Völlig ohne Eigennutz zu handeln, legt unsere Gefühle bloß und zeigt dem anderen, wieviel er uns bedeutet. Doch wenn wir unsere Selbstlosigkeit annehmen können, werden wir reichlich dafür belohnt: Wir wissen dann, daß wir den Mut haben, anderen etwas zu geben, ohne von ihnen etwas dafür zu erwarten. Dieses selbstlose Geben ist nicht nur für uns eine Chance, sondern auch für jene, denen unsere Aufmerksamkeit gilt. Die Gabe zu geben öffnet die Tür zu unserer Seele.

Habe ich mir heute Zeit genommen, jemandem etwas zu geben? Habe ich den Mut, einem Menschen, der mir nahesteht, Gutes zu tun?

21. Januar

Ich bin größer als das, was mir widerfahren kann. Sorgen, Unglück und Leid bleiben draußen, vor meiner Tür. Ich bin im Haus und habe den Schlüssel.

Charles Fletcher Lummis

Von allen Seiten lauern Gefahren. Da ist die Abhängigkeit von Alkohol und anderen Drogen und auch die Abhängigkeit von Menschen. Da sind unsere Ängste, Liebe zu zeigen, Empfindungen zu haben, zu versagen, allein, verlassen und verstoßen zu sein. Da sind die traurigen Kindheitserinnerungen, unglückliche Beziehungen, eine gescheiterte Ehe oder ein Todesfall. Manchmal ist es die ganze Welt, die ganze Menschheit, die uns zuwider ist, und an manchen Tagen scheint uns alles über den Kopf zu wachsen.

Doch nichts hat unumschränkte Macht über uns, wenn wir fest an uns und an die göttliche Macht glauben. Sie gibt uns Kraft und hilft uns, stark zu bleiben.

Das Unglück lauert uns nicht in der Dunkelheit auf und überfällt uns nicht von einem Augenblick zum anderen. Es gibt weder Menschen, die uns Böses wollen, noch werden uns Fallen gestellt, die unsere Pläne zum Scheitern bringen. Wir sind in Sicherheit, weil wir an die Höhere Macht glauben.

Das einzige, das größer ist als ich, ist die Höhere Macht. Heute abend fühle ich mich sicher und stark, wo immer ich auch bin.

Sei du selbst. Wer kann es besser sein? Frank J. Giblin

Auf der Titelseite nahezu jeder Zeitschrift ist ein Filmstar oder eine andere bekannte Persönlichkeit abgebildet. Man versucht uns einzureden, wir müßten aussehen wie diese Glamour-Stars, müßten uns kleiden wie sie, das gleiche essen und die gleichen Frisuren tragen. Die Devise lautet: Sei ja nicht du selbst, sei wie der oder die.

Es wird immer jemanden geben, der besser aussieht als wir, der reicher ist, bessere Prüfungsergebnisse erzielt oder kreativer ist. Wenn wir aber ständig anderen nacheifern, sind wir nicht mehr wir selbst. Für den anderen ist es zweifellos schmeichelhaft, wenn wir ihn nachahmen, uns aber hindert es, uns selbst zu verwirklichen.

Wir müssen aufhören, uns fortwährend an anderen zu messen. Wir sollten die guten Seiten an uns schätzen lernen und auch, unsere Fehler anzunehmen. Wir müssen uns so sehen, wie wir wirklich sind. Die Menschheit besteht nicht nur aus Titelseiten-Größen, sondern aus guten und schlechten, glücklichen und unglücklichen, armen und reichen, aus schönen und häßlichen Menschen — aus Menschen, die einfach das sind, was sie sind.

Ich will beginnen, ich selbst zu sein. Hilf mir, den anderen mein wahres Ich zu zeigen und nicht das Abbild eines anderen Menschen.

23. Januar

... die Dunkelheit war bedrückend, denn ich verließ mich ganz auf meine Augen, nichtsahnend, daß mich eine andere Kraft führen könnte. Carlos Castaneda

Man muß nicht blind sein, um nichts zu sehen. Erinnern wir uns nur, wie lange es dauerte, bis wir unsere Abhängigkeiten »sahen«, bis wir endlich aufhörten, uns ständig etwas vorzumachen.

Wir haben aber auch lernen müssen, zu »sehen«, was das Programm alles beinhaltet. Auch jetzt, da wir bereit sind, es zu befolgen, sind wir auf dem Weg der Genesung aber dennoch auf fremde Hilfe angewiesen. Manchmal sträuben wir uns dagegen und meinen, wir müßten auch allein zurechtkommen; doch ausgerechnet dann versagen wir und erleiden eine Niederlage. Vielleicht haben wir auch heute die Hilfe anderer zurückgewiesen, weil wir dachten, wir würden es auch allein schaffen. Wenn wir die Hilfe anderer ablehnen, werden wir immer wieder mit Rückschlägen rechnen müssen. Genauso wie sich der Blinde auf seinen Stock und seinen Hund verläßt, müssen wir Vertrauen in die Kraft der Gruppe und der Höheren Macht haben, die uns helfen, unseren Weg zu »sehen«.

War ich heute blind für die Hand, die sich mir hilfreich entgegenstreckte? Bin ich heute abend bereit, Gott zu bitten, er möge mich sehend machen?

Ein Gespräch ist immer gut, du solltest aber auch nur einmal zuhören können. Richard Armour

Hören wir genau zu, wenn jemand mit uns spricht, oder gehören wir zu denen, die die meiste Zeit selbst reden? Sind wir aufmerksame Zuhörer? Oder hören wir nur das, was wir hören wollen und sind mit unseren Gedanken schon ganz woanders?

Eine gute Methode, sich im Zuhören zu üben, ist, die Worte des anderen zu wiederholen — genauso wie ein Papagei es tut. Das klingt einfacher, als es in Wirklichkeit ist. Die meisten von uns sind mehr darauf bedacht, ihre Gedanken mitzuteilen, als dem anderen zuzuhören. Wenn wir über die Gespräche dieses Tages nachdenken, werden wir feststellen, daß wir nicht imstande sind, uns an all das zu erinnern, worüber wir mit einem Arbeitskollegen, mit Freunden oder Verwandten gesprochen haben. An unsere eigenen Worte erinnern wir uns aber recht gut. Wissen wir noch, worüber bei dem Meeting gestern abend oder heute mittag geredet wurde? Wenn wir es vergessen haben, waren wir nicht aufmerksam genug. Wenn wir von nun an täglich das Zuhören üben, werden wir bald angenehme Gesprächspartner sein, die auch zuhören können.

Hilf mir, ein guter Zuhörer zu werden. Ich möchte gerne allen Menschen, mit denen ich zu tun habe, aufmerksam zuhören können, um von ihnen zu lernen.

25. Januar

Viele Menschen betrachten Disziplin als eine Last. Für mich ist sie eine Art Ordnung, die mich frei macht.
Julie Andrews

Bei dem Wort Disziplin denken wir unwillkürlich an Tadel und Bestrafung, wie wir sie von Lehrern, Eltern und Chefs her kennen. Disziplin muß aber keineswegs einen negativen Anstrich haben und ist auch nicht unbedingt gleichzusetzen mit Tränen und Tortur. Disziplin kann ganz einfach eine Richtlinie sein, die es uns ermöglicht, unserem Ziel näher zu kommen.

Innerhalb unseres Programmes wird ebenfalls Disziplin von uns verlangt, damit wir eine neue Einstellung zum Leben gewinnen. Die Zwölf Schritte erfordern wahrscheinlich die größte Disziplin, denn durch sie gelangen wir zu einer positiven Einstellung zu uns selbst und dem Leben gegenüber. Die Teilnahme an den Meetings verlangt ebenfalls Disziplin. Das Teilen mit anderen, das Lesen guter Bücher, die Anpassungsfähigkeit in der Gruppe sowie das Einhalten unseres Programmes sind ohne Disziplin nicht möglich. Doch alle diese Formen von Disziplin bringen uns unserem letzten Ziel näher, der Befreiung von alten Ängsten und Zwängen. Die Disziplin, die uns das Programm auferlegt, macht uns letztendlich frei.

Ich will das Programm ganz diszipliniert befolgen, denn ich weiß, wie sehr sich Disziplin lohnt.

Zuerst muß der Anfang gemacht werden, dann erst kommt die Durchführung. Richard L. Evans

Wie oft haben wir uns schon vorgenommen, unser Leben zu ändern und neue Wege zu beschreiten. Doch wenig später sind wir bereits wieder davon abgekommen. Wir glaubten, auf dem falschen Weg zu sein oder zu wenig Zeit zu haben. Anstatt durchzuhalten, haben wir aufgegeben, sobald die ersten Schwierigkeiten auftauchten.

Wovon träumen wir heute? Möchten wir eine Fremdsprache lernen, die Textverarbeitung am Bildschirm beherrschen, täglich Übungen machen oder häufiger an Meetings teilnehmen? Was hindert uns daran? Jede Aufgabe, die man sich stellt, erfordert Geduld und Ausdauer. Eine Fremdsprache muß man Wort für Wort erlernen, mit der Textverarbeitung muß man sich ebenfalls Schritt für Schritt vertraut machen, auch unsere Übungen müssen wir regelmäßig wiederholen und so oft wie möglich zu einem Meeting gehen.

Wir dürfen eine Sache nicht sofort wieder aufgeben, sobald sie Anforderungen an uns stellt. Wir dürfen nicht nur das Ziel unserer Wünsche vor Augen haben, sonden müssen uns auf jeden Schritt, der uns diesem Ziel näher bringt, konzentrieren. Wenn wir Schritt für Schritt unserem Ziel entgegensehen, sind wir ihm näher, als wenn wir immer nur das Ziel vor Augen sehen.

Ich werde mein Ziel erreichen, wenn ich mir immer wieder sage, daß ich ihm mit jedem Schritt näher komme.

27. Januar

Eisen rostet, wenn es nicht benützt wird; Wasser wird trübe, wenn es steht; und auch unser Geist beginnt zu rosten, wenn er zu lange nicht gebraucht wird.

Leonardo da Vinci

Nach einem hektischen, arbeitsreichen Tag haben wir das Bedürfnis, uns zu entspannen und nichts zu tun. Immer wieder aber kommt es vor, daß unsere Gedanken nicht zur Ruhe kommen, obwohl unser Körper müde ist. Immer wieder drängen sich uns Gedanken auf, die eng mit unseren Gefühlen verbunden sind. Während wir unseren Körper bei einem wohltuenden Bad entspannen, können wir unseren Geist mit einer angenehmen Lektüre erfrischen. Wir können auch ein warmes Fußbad nehmen und dabei Musik hören oder etwas ganz anderes tun, zum Beispiel ein neues Kochrezept ausprobieren.

Es gibt vielfältige Möglichkeiten, die geistigen und körperlichen Kräfte wieder zu aktivieren. Anstatt uns vor den Fernsehapparat zu setzen und dabei wertloses Zeug zu knabbern, sollten wir auf jede oberflächliche Ablenkung verzichten und uns lieber geistig betätigen.

Habe ich heute abend etwas für meinen Geist getan?

Entweder kommst du heute eine Stufe höher, oder du sammelst deine Kräfte, damit du morgen höher steigst.
Friedrich Nietzsche

Es heißt, Wahrheit macht frei. Wahrheit bedeutet nicht nur, sich selbst und anderen gegenüber aufrichtig zu sein; unter Wahrheit verstehen wir auch die Ideale, nach denen wir leben möchten. Manche Menschen haben ihr Leben lang die Wahrheit nicht kennengelernt, andere waren vergeblich auf der Suche nach ihr. Um die Wahrheit zu finden, müssen wir uns ganz allein auf den Weg machen.

Im Fernen Osten glaubt man, die Wahrheit gefunden zu haben, wenn man einen hohen Berg erklommen oder bei einem Guru Rat gefunden hat.

Auch wir müssen einen langen Weg antreten, wollen wir der Höheren Macht näher kommen. Unser Ziel ist es jedoch nicht, eines Tages ganz oben zu stehen, sondern bereits unterwegs zur Wahrheit zu gelangen. Wenn wir uns das vornehmen, wird unser Weg einfacher und weniger beschwerlich sein.

Wie immer auch der heutige Tag verlaufen ist, auf unserer Suche sind wir der Wahrheit auf jeden Fall ein Stück näher gekommen. Und wir haben bereits einige Einsichten in unser Leben gewonnen. Sind wir auf unserem Weg jedoch heute nicht so weit gekommen, wie wir es uns vorgenommen hatten, wird es morgen der Fall sein. Die Suche nach der Wahrheit hört nie auf, aber sie wird reichlich belohnt.

Gib mir die Kraft, die Wahrheit zu suchen.

29. Januar

Was immer auch der Mensch tut, er neigt zur Übertreibung.
Bernard Baruch

Meist fällt es uns schwer, ein harmonisches Leben zu führen, denn wir machen uns gerne mehr zu schaffen, als nötig wäre. Die Haus- und Gartenarbeit nimmt uns mitunter zu sehr in Anspruch, und was immer wir auch tun oder haben möchten, wir geben uns nur selten damit zufrieden.

Jede Tätigkeit erfordert Zeit, Konzentration und Kraft. Doch die meisten von uns sind so beschäftigt, daß es ihnen gar nicht mehr auffällt, wie angespannt und rastlos sie sind. Die einen jagen ständig dem Geld nach, nehmen noch zusätzliche Arbeit an und sind sich dabei gar nicht bewußt, wie schwierig sie im Umgang mit ihren Mitmenschen geworden sind. Die anderen gehen ganz in ihren Hobbys auf und nehmen ihre Mitmenschen gar nicht mehr richtig zur Kenntnis, geschweige denn, sie nehmen wahr, daß diese ihre Hilfe brauchen.

Heute abend wollen wir über unsere Übertreibungen nachdenken und uns vornehmen, gegen sie anzukämpfen. Das bedeutet, wir werden unsere Aktivitäten zeitlich begrenzen oder auf die eine oder andere ganz verzichten.

Noch heute abend wollen wir damit beginnen, unser Leben harmonischer zu gestalten — schrittweise und ganz allmählich.

Ich weiß, ich muß mein Leben harmonischer gestalten. Was kann ich ändern, damit es mir gelingt?

Solange wir uns für arme Sterbliche halten, werden wir nur Leid, Schmerz, Krankheit und Tod erfahren.
Donald Curtis

Stellen wir uns einmal ein Leben vor, das frei von Ängsten, Kummer und Sorgen ist, ein Leben ohne Neid, Haß und Traurigkeit. Das mag uns zunächst sehr verlockend erscheinen, doch dann müssen wir uns die Frage stellen: Wodurch sollen diese Gefühle ersetzt werden? Was werden wir statt dessen empfinden? Ist es überhaupt möglich, nur glücklich und sorgenfrei zu sein?

Man behauptet immer, wir erleben das, woran wir glauben. Können wir glauben, in einer Welt, in der wir leiden, auch erfolgreich zu sein? Wir können uns sogar einreden, daß Leid etwas Positives ist. »Wenn ich nicht so sehr gelitten hätte, hätte ich mich nie so stark verändert.«

Wir dürfen uns von den Schwierigkeiten des Lebens nicht erdrücken lassen und müssen ihnen mit positiven Gedanken, dem Glauben an das Gute und einer optimistischen Lebenseinstellung entgegentreten. Das Leben muß kein Kampf sein, wir müssen nicht leiden, um glücklich zu werden.

Ich kann gegen Sorgen, Eifersucht, Angst und Unzufriedenheit ankämpfen und das Leben von der positiven Seite her betrachten. Es ist voller Freuden, Hoffnung und Glück.

31. Januar

Binde die Deichsel deines Wagens an einem Stern fest. Ralph Waldo Emerson

Wie oft haben wir uns mit einer Sache allein abgeplagt und Hilfe von anderer Seite zurückgewiesen! Vielleicht haben wir allein ein großes Essen für ein Familienfest zubereitet, Möbelstücke in der Wohnung hin- und hergeschoben oder eine andere schwierige Arbeit verrichtet. Statt jemanden zu bitten, uns zu helfen, erledigen wir lieber alles allein. Hat uns das aber in irgendeiner Weise weitergebracht?

Unsere Vorfahren haben dieses Land urbar gemacht, indem sie sich gegenseitig unterstützten. Gemeinsam haben sie die Felder bebaut und ihre Siedlungen errichtet. Auf demselben »Pioniergeist« beruht auch unser Programm, bei dem jedes Mitglied in guten und schlechten Zeiten für den anderen da ist.

Allein erfolgreich zu sein, heißt, imstande zu sein, zu überleben. Mit anderen erfolgreich zu sein, bedeutet, wirklich zu leben. Der Sinn unseres Daseins besteht aber nicht darin, allein zu überleben, sondern mit anderen zu leben. Indem wir uns in die Gemeinschaft eingliedern, denken und fühlen wir solidarisch.

Auch ich will mit den anderen gemeinsame Sache machen. Wie geht es heute abend wohl meinen Brüdern und Schwestern?

Februar

1. Februar

Da stehen tausend Bücher in einem Laden,
in allen Größen und Farben.
Sie öffnen sich wie Türen,
die uns in eine andre Welt entführen.

Nancy Byrd Turner

Jeden Tag können wir uns in eine der zahlreichen Meditationslektüren vertiefen, die uns zur Verfügung stehen und uns in unserem Glauben, Denken und Hoffen bestärken. Zeitschriften und Bücher erweitern unseren geistigen Horizont und helfen uns, das Leben besser zu meistern. Durch sie wird uns bewußt, daß wir nicht alleine sind mit unseren Schwierigkeiten und deren Bewältigung.

Die Fragen, die wir uns stellen, haben sich schon viele vor uns gestellt und werden sich noch viele nach uns stellen, weil alle die gleichen Schwierigkeiten und Hoffnungen haben.

Unsere Bücher werden von Leuten geschrieben, die ihre Gedanken und Gefühle mit Hilfe ihrer geistigen Kraft zu Papier bringen. Aber auch wir können in einem Tagebuch unsere Gedanken, Empfindungen und Wünsche festhalten, um uns auf diese Weise besser kennenzulernen. Diese persönlichen Aufzeichnungen sowie die Bücher, die uns das Programm empfiehlt, werden unser Leben in jeder Hinsicht bereichern.

Ich nehme mir vor, meine Ziele, Pläne, Fortschritte, Wünsche, Träume und Gefühle niederzuschreiben. Ich will Autor meiner eigenen Lebensgeschichte sein.

Wir sollten aus jeder Erfahrung lernen. Genau wie eine Katze, die sich auf die heiße Herdplatte setzt. Sie wird sich nie wieder auf eine heiße Herdplatte setzen ... sie wird sich aber auch nicht auf eine kalte setzen.

Mark Twain

»Gestern abend bat ich jemanden um Hilfe, jedoch vergeblich. Heute abend werde ich niemanden mehr darum bitten, denn vielleicht werde ich wieder abgewiesen.« Wie rasch verlieren wir doch den Mut! Jemand hat uns seine Hilfe verweigert, und schon meinen wir, die ganze Menschheit sei gegen uns. Wir glauben, wenn ein Mensch uns im Stich läßt, tun es alle anderen auch.

Eine derartige Denkweise kann uns, so pessimistisch sie auch ist, Sicherheit geben. Wenn wir meinen, wir können uns auf niemanden verlassen, dann wird es auch so sein. Eine solche Sicherheit ist aber nur hinderlich. Wenn wir von vornherein jeden verurteilen, werden wir auch diejenigen nicht mehr erkennen, die bereit sind, uns zu helfen.

Um Hilfe zu bekommen, müssen wir uns an mehrere Menschen wenden. Selbst wenn wir von einigen abgewiesen werden, ist das noch lange kein Grund, die Flinte ins Korn zu werfen. Am Rande unseres Weges wachsen viele Blumen. Um aber die schönste zu pflücken, müssen wir uns alle ansehen.

Wenn ich auf Ablehnung stoße, bedeutet das keineswegs, daß ich minderwertig oder nicht vertrauenswürdig bin. In einem solchen Fall muß ich einen zweiten oder dritten Versuch wagen.

3. Februar

Habe ich dir doch selbst geboten: Sei mutig und stark! Habe keine Furcht und keine Angst! Denn der Herr, dein Gott, ist mit dir überall, wohin du gehst!«

Josua **1,** 9

Ist das Ende unseres Seiles erreicht, haben wir drei Möglichkeiten: entweder loszulassen oder einen Knoten zu machen und uns daran festzuhalten oder das Seil zu splissen und zu verlängern und von neuem zu beginnen. Wann immer wir das Gefühl haben, daß wir am Ende sind und uns niemand hilfreich zur Seite steht, gibt es immer einen neuen Anfang. Wenn wir imstande sind, über das Ende einer Sache hinauszusehen, werden wir auch immer einen neuen Anfang entdecken.

Auf jeden Sturm folgt Stille. Nach jedem Streit tritt Schweigen ein. Ist eine Beziehung zu Ende, beginnt eine neue. »Das Leben geht weiter.« Das ist allein schon durch die Zeit bedingt, denn nach Ablauf jeder Minute fängt die nächste an.

Jede Nacht ist ein Ende und ein Anfang. Wenn die Sonne untergeht, geht der Mond auf, und die Sterne erscheinen am Himmel. Haben wir die Aktivitäten des Tages beendet, setzen die des Abends ein. Und sind auch diese zu Ende, bringt der neue Tag neue Aufgaben.

Ich muß keinem Ende mit Bangen entgegensehen, denn jedes Ende birgt einen neuen Anfang.

»Ach was«, sagte Fritz, mein ältester Sohn, ärgerlich. »Weißt du nicht, daß wir Gott nicht vorschreiben können, was er für uns zu tun hat? Wir müssen uns gedulden und warten, bis er sich für uns Zeit nimmt.«

Johann R. Wyss

Die Geschichte der schiffbrüchigen Familie Robinson ist ein Beispiel dafür, wie wichtig es ist, Geduld zu haben. Es dauerte Jahre, bis sie gerettet wurde. Ihr Schicksal auf dieser einsamen Insel war völlig ungewiß. Doch sie überlebten Tag um Tag, weil sie zusammenhielten und auf eine höhere Macht vertrauten.

Zweifelsohne lassen sich unsere Probleme nicht mit denen dieser Familie vergleichen. Und dennoch meinen wir, es ginge uns viel besser, wenn Gott uns öfter erhören würde. Wie oft haben wir ihn vergeblich um etwas gebeten! Vielleicht hat er auch heute unsere Bitte nicht erhört, wenngleich wir sicher sein können, daß er sie gehört hat. Wir müssen aber schon Gott die Entscheidung überlassen, ob er unsere Bitten erhören will.

Habe ich mich heute mit einer Bitte an Gott gewandt? Heute abend werde ich ihn nicht bedrängen.

5. Februar

Täglich stehen uns vierundzwanzig Stunden zur Verfügung, in denen wir uns um so vieles kümmern müssen: um unsere Gesundheit, unsere Freunde, um Geldangelegenheiten, Zufriedenheit und um unsere geistig-seelische Entwicklung. Die Zeit gut zu nützen und das Beste daraus zu machen, ist unser erstes Gebot.

Arnold Bennet

Innerhalb von vierundzwanzig Stunden gilt es, unsere geistigen, körperlichen und seelischen Bedürfnisse zufriedenzustellen, damit wir weiterhin wachsen. Doch mit der morgendlichen Meditationslektüre und der Verrichtung unserer Arbeiten ist es nicht getan.

Die ersten zwölf Stunden des Tages verbringen wir meist mit Hausarbeit, der Betreuung der Kinder, mit unserer beruflichen Tätigkeit und allen möglichen Besorgungen.

Haben wir das alles hinter uns gebracht, müssen wir uns auf die nächsten zwölf Stunden einstellen. Sie dienen zur Entspannung, zum Nachdenken, für Gespräche mit der Familie oder mit Freunden, für Einladungen oder Meetings.

Wir nützen jeden Tag am besten, wenn wir davon überzeugt sind, etwas geleistet zu haben. Jeden Tag sollten wir dankbar sein für die Erfahrungen, die wir gemacht haben. Wir können uns und anderen näherkommen. Jeder Tag ist eine Chance zu wachsen.

Wie kann ich das Beste aus dem morgigen Tag machen?

Gott gab uns den Verstand, damit wir glauben können oder auch nicht. Aber selbst Gott kann uns nicht gläubig machen. Erst wenn wir glauben können, können wir auch beten. Harriet Arnow

Nach einem anstrengenden Tag, einem Streit mit einem Menschen, den man gerne hat, nach einer ärgerlichen Reifenpanne, nach langem Warten am Bankschalter oder irgendeiner anderen Unannehmlichkeit fällt es uns nicht immer leicht, an eine höhere Macht zu glauben. »Warum passiert das ausgerechnet mir?« fragen wir uns. Vielleicht fällt es uns an einem Tag wie heute leichter, an eine höhere Macht zu glauben.

Aber Gott sucht sich nicht die Menschen aus, die er »bestraft«. Er hat auch nicht ausgerechnet uns ausgewählt. Gott ist immer an unserer Seite, wir müssen nur aufgeschlossen für ihn sein und an ihn glauben.

Wenn wir über die Ereignisse des Tages nachdenken, müssen wir uns fragen, wie oft wir Gott um Hilfe gebeten haben und wie oft nicht. Und wir müssen, bevor wir heute abend zu ihm beten, fest daran glauben, daß Gott in jeder Minute des Tages gegenwärtig ist, um uns zu helfen.

Habe ich heute Gott um Hilfe gebeten oder habe ich es unterlassen? Wofür werde ich mich heute abend entscheiden?

7. Februar

Laß ab von all dem, was dich wortbrüchig und hoffärtig macht, was dich zu unlauterm Handeln verführt, und du der Welt nicht mehr ins Antlitz blicken kannst.

Marcus Antonius

Es ist nicht leicht, sich selbst und anderen gegenüber ehrlich zu sein. Ehrlichkeit bedeutet nicht immer, die Wahrheit zu sagen. Ehrlichkeit kann auch bedeuten, daß wir unsere Grenzen erkennen und somit keine leeren Versprechungen machen. Ehrlichkeit bedeutet auch, auf Worte Taten folgen zu lassen oder den Augenblick zu leben und nicht immer auf das Morgen zu hoffen.

Was empfinden wir, wenn wir einem unehrlichen Menschen begegnen? Wer immer es auch ist, wir werden ihm nicht unser Vertrauen schenken. Wir zweifeln an seinen Worten und verlassen uns nicht auf seine Hilfe. Wenn wir selbst anderen gegenüber nicht ehrlich sind, müssen wir damit rechnen, daß auch sie uns mißtrauisch gegenübertreten.

Unaufrichtigkeit kann im Augenblick von Nutzen sein, wird aber, auf längere Sicht gesehen, keine Basis für die Zukunft sein. Wir sollten versuchen, unsere Fähigkeiten und Grenzen richtig einzuschätzen. Ehrliche Menschen werden auch ehrliche Menschen kennenlernen.

Ich will mir und den anderen nichts vormachen über das, was und wie ich es erlebe.

Alles Übel rührt daher, daß wir unfähig sind, allein in einem stillen Raum zu sitzen. Blaise Pascal

Was tun wir als erstes, wenn wir allein sind? Schalten wir das Radio oder das Fernsehen ein? Legen wir eine Schallplatte auf, rufen wir Freunde an, laden wir jemanden zu uns ein oder gehen wir aus? Wie leicht fällt es uns, Einsamkeit und Stille zu ertragen?

Vielleicht sind wir in einer turbulenten Familie groß geworden, wo immer alle gleichzeitig redeten und weshalb uns heute die Stille um uns herum so unerträglich scheint. Vielleicht brauchen wir aber auch deshalb ständig einen bestimmten Geräuschpegel, damit uns die Einsamkeit weniger bewußt ist? Was immer wir auch tun, um gegen die Stille anzugehen: wir übertönen dabei auch unsere innere Stimme.

Wie können wir denken, lesen, meditieren oder Notizen in unser Tagebuch machen, wenn ständig Geräusche auf uns einwirken? Die Stille als wohltuend zu empfinden, muß man allmählich, Schritt für Schritt, lernen. Wir beginnen deshalb mit fünf Minuten, gehen weiter auf zehn, dann auf fünfzehn Minuten und schließlich auf eine halbe Stunde. Wenn wir uns eines Tages in der Stille wohl fühlen, können wir unsere innere Stimme hören und werden innerlich wachsen.

Ich kann bereits für kurze Zeit Stille um mich herum ertragen und höre auf meine innere Stimme.

9. Februar

Das Leben läßt sich vergleichen mit der Bibliothek eines Schriftstellers. Einige Bücher hat er selbst verfaßt, die meisten aber wurden für ihn geschrieben.

Harry Emerson Fosdick

In unserem Gedächtnis sind Erinnerungen, Wissen und Fertigkeiten gespeichert. Einen Teil davon haben wir durch Erfahrungen und Lernen erworben, das meiste aber wurde uns über andere Menschen vermittelt. Unsere Familie, der Freundeskreis, Arbeitskollegen, Lehrer und unsere Kinder liefern uns den größten Teil aller Informationen.

Unser Wissen haben wir hauptsächlich von anderen erworben. Lehrer vermittelten uns das theoretische Wissen, unsere Familie bildete uns in moralischer Hinsicht. Unsere Freunde geben uns ein Beispiel für verschiedene Persönlichkeiten und Anschauungen. Unsere Kinder lernen von uns und vermitteln uns wiederum ihre Lebenseindrücke.

All das Wissen, das wir in uns gespeichert haben, ist wichtig für unsere Entwickung und unsere Reife. Jeder Mensch, dem wir begegnen, jeder Ort, den wir aufsuchen, und alles, was wir unternehmen, trägt zur Bibliothek unseres Wissens und unserer Erfahrung bei. Gelegentlich greifen wir auf alte Bücher in den Regalen zurück, viel wichtiger aber ist, daß immer neue Bücher hinzukommen. Jeden Abend können wir einen neuen Band hinzufügen, geschrieben aus der Erfahrung, die wir tagsüber gemacht haben.

Ich kann meine Bibliothek noch mit vielen wertvollen Beiträgen erweitern.

Wenn Menschen sich einer gemeinsamen Aufgabe widmen und zusammenarbeiten, suchen sie einen Weg aus der Verzweiflung. Emile Zola

Vielleicht sind wir schon immer ziemlich einsam gewesen und haben das Alleinsein der Gesellschaft anderer vorgezogen. Vielleicht haben wir unsere Kindheit mehr mit Büchern verbracht als mit anderen Kindern. Vielleicht sind wir bis zum Abitur nur selten mit einem Jungen ausgegangen. Und vielleicht fühlen wir uns heute in der Gesellschaft eines einzigen Menschen wohler als unter mehreren.

Ein Meeting ist eine ausgezeichnete Gelegenheit, den Umgang mit anderen zu üben. Hier brauchen wir uns nicht anders zu geben, als wir sind, denn die Gruppe wird uns verstehen und annehmen. Wir können so weit aus uns herausgehen, wie wir wollen, und niemand wird uns in irgendeiner Weise bedrängen.

Durch den regelmäßigen Besuch von Meetings werden wir einsehen, daß diese nur durch das Zusammenwirken mehrerer Menschen möglich sind. Einer öffnet die Tür, andere bereiten Kaffee zu, der eine hat Lust zu reden, der andere möchte lieber nur zuhören, und am Schluß räumen einige auf.

Die Stärke der Gruppe liegt darin, daß jeder genau weiß, was er sich zutrauen kann. Ein solches Beisammensein läßt uns erkennen, daß Gemeinsamkeit stark macht.

Auch ich kann zur Stärke der Gruppe beitragen.

11. Februar

Wenn es mir gelingt, einem Menschen wieder Mut zu machen, habe ich nicht umsonst gelebt.

Emily Dickinson

Wir werden uns noch oft sagen: »Jetzt bräuchte ich ein Meeting« oder »Ich muß jetzt jemanden anrufen.« Aber auch andere werden das sagen, denn auch sie brauchen Hilfe.

Mit dem Programm sind wir in der Lage, uns selbst zu helfen. Dabei dürfen wir aber nicht vergessen, daß es andere gibt, die nicht allein zurechtkommen und auf fremde Hilfe angewiesen sind. Kennen wir jemanden, der Hilfe braucht? Die Hilfe, die man einem Menschen zukommen läßt, wird immer belohnt. Die schönste Belohnung ist die, daß wir unseren Egoismus überwunden haben. Wenn wir einem verzweifelten Menschen helfen können, sind wir auch imstande, uns selbst zu helfen, wenn wir in einer verzweifelten Lage sind. Die Worte, mit denen wir dem anderen Mut zusprechen, machen auch uns Mut.

Eine weitere Belohnung ist, daß man erkennt: auch andere sind schwach. Wenn wir jemandem helfen, werden wir selbst mutiger und haben weniger Scheu davor, den anderen unsere eigenen Schwächen einzugestehen. Jemandem zu helfen ist letzten Endes auch ein Ausdruck von Liebe, die jedoch nicht mit der körperlichen Liebe verwechselt werden darf. Viele von uns glauben nämlich noch immer, daß Liebe und Sexualität nicht voneinander zu trennen sind. Liebe ist Anteilnahme und Hingabe, ohne Erwartung von Gegenliebe.

Ich bin fähig, einem anderen zu helfen und werde reichlich dafür belohnt.

Erkenne dich selbst und lerne aus deinen Erfahrungen. Achte auf die Wahl deiner Worte und auf das, was um dich herum geschieht. Spüre deine Stärke und versuche, sie richtig einzusetzen. Alexandra G. Kaplan

Um das Hier und Heute bewußt zu erleben, müssen wir in der Gegenwart leben, ohne den Ballast der Vergangenheit und ohne Erwartungen für die Zukunft.

Was fühlen und denken wir heute? Wenn wir weder an gestern noch an morgen denken, werden wir uns ziemlich verloren vorkommen. Man muß lernen, die Gegenwart bewußt zu leben und Vertrauen in sie zu haben. Wir sind dazu bereit, denn solange wir die Gegenwart nicht bewußt erleben, leben wir nicht, wir existieren nur.

Stellen wir uns den Augenblick als ein nagelneues Auto vor. Wir brauchen nur die Tür zu öffnen, uns hineinzusetzen und loszufahren. In diesem Augenblick sind unsere Gedanken nicht bei den Autos, die wir einmal gehabt haben und auch nicht bei jenen, die wir noch haben werden. Unsere Gedanken konzentrieren sich jetzt nur auf die gegenwärtige Situation. So könnte jeder Augenblick unseres Lebens sein: neu, frisch und aufregend.

Ich lenke meinen Wagen und genieße jeden Augenblick. Darin beruht meine Stärke.

Hast du wirklich nur durch jene dazugelernt, die dich bewunderten, nachsichtig mit dir waren und zu dir hielten? Oder hast du nicht vielmehr durch jene gelernt, die dich herausforderten und gegen dich antraten?

Walt Whitman

Wie schön wäre es doch, wenn alles nach unseren Vorstellungen verliefe! Wir bräuchten den anderen nur zu winken oder sie zu rufen, und schon wären sie zur Stelle. Wir wären nie für uns selbst verantwortlich, müßten nichts erkämpfen, und kein Wunsch bliebe unerfüllt.

Doch wie sollten wir dabei reifer werden? Lernen ist nur durch Erfolge möglich, die unter Anstrengung erzielt wurden. Bereits als Kinder haben wir die Erfahrung gemacht, daß wir der Spieluhr nur dann Töne entlocken können, wenn wir sie vorher aufziehen. In der Schule wurde uns klar, daß wir nur durch fleißiges Lernen gute Noten erzielen konnten. Und heute wissen wir, daß wir uns nur dann ändern können, wenn wir das Programm befolgen.

Nur wenn sich unsere Anstrengungen lohnen, werden wir motiviert und können ein größeres Selbstbewußtsein entwickeln. Manche Dinge erlernen wir sehr rasch, andere wiederum fallen uns schwerer. Und die Dinge, an denen wir derzeit arbeiten, erfordern Ausdauer und Geduld.

Ich scheue nicht davor zurück, Kraft und Energie in etwas zu investieren, das ich erreichen will. Das bin ich schon meiner Selbstachtung schuldig.

Ich werde dich immer lieben, was auch geschieht. Ich werde dich lieben, wenn du eine Dummheit begehst, wenn du strauchelst und fällst, wenn du dich irrst und Fehler machst. Ich werde dich lieben, weil das alles ganz menschlich ist. Leo Buscaglia

Wäre es nicht herrlich, wenn es einen Menschen in unserem Leben gäbe, der uns bedingungslos lieben würde? Aber wäre es nicht genauso schön, wenn auch wir einen Menschen auf dieselbe Weise lieben könnten?

Es fällt uns nicht immer leicht, Liebe zu empfinden. Wir kennen sie meist nur in Verbindung mit negativen Gefühlen, wie Schmerz, Abweisung und Enttäuschung. Doch wir können lernen, uns von den negativen Gefühlen zu befreien und Liebe als einen positiven Gefühlszustand zu empfinden.

Liebe muß nicht unbedingt mit körperlicher Anziehung verbunden sein, Liebe ist auch, den anderen, sei es den Freund, einen Arbeitskollegen, den Chef oder ein Familienmitglied, so zu akzeptieren, wie er ist. Um Liebe zu zeigen, bedarf es keiner großen Gesten. Schon ein Anruf, ein Brief oder eine Umarmung können dem anderen zeigen, daß man ihn gerne hat.

Mit welchen kleinen Aufmerksamkeiten kann ich jemandem zeigen, daß ich ihn mag?

15. Februar

Die Menschen sind einsam, weil sie Mauern errichten, statt Brücken zu bauen. Joseph Fort Newton

Erinnern wir uns an die Mauern aus Schnee, die wir als Kinder gebaut haben? Anschließend wurden die Schneebälle für die Schneeballschlacht vorbereitet. Die Mannschaft, die die stärkere Mauer gebaut hatte, siegte auch gewöhnlich, denn ihre Mauer bot den besseren Schutz.

Spielen wir heute noch immer dieses Spiel, wenn wir Menschen begegnen oder mit der Familie zusammentreffen? Jeder von uns hat schon in seiner Kindheit begonnen, eine Mauer um sich herum zu errichten. Jedesmal wenn uns jemand verletzt, verstärken wir sie, damit sie uns noch größeren Schutz bietet. Vielleicht ist es uns noch gar nicht bewußt geworden, wie mächtig diese Mauer um uns bereits ist? Vielleicht hält sie bereits unsere besten Freunde von uns fern?

Hinter dieser Mauer jedoch fühlen wir uns sicher. Aber der Preis für diese Sicherheit ist Einsamkeit. Mauern werden errichtet, um Menschen fernzuhalten. Um weniger einsam zu sein, müssen wir nur die anderen an uns heranlassen. Dazu müssen wir die Mauer nicht von einem Tag auf den anderen abtragen; es genügt schon, wenn wir eine Öffnung einbauen und zunächst einmal einen Menschen hereinlassen. Mit der Zeit werden es immer mehr werden. Dann werden wir uns zwar weniger sicher, dafür aber auch nicht mehr so einsam fühlen.

Ich werde die Mauer um mich herum öffnen und mich den anderen zeigen, wie ich bin. Trotzdem werde ich mich dabei sicher fühlen.

Auf die Berührung mit anderen, die Berührung deiner Hand mit der meinen, darauf kommt es an.

Spencer Michael Free

Damit niemand merkt, wie einsam und traurig es war, wollte ein Mädchen in allem, was es tat, perfekt sein. Während die anderen Kinder spielten, lernte es, damit es die besten Noten bekam. Ganz allein trieb es Sport, um auch darin besser als die anderen zu sein. Und es erreichte, was es wollte. Die Eltern dachten, ihre Tochter wäre glücklich und zufrieden. Doch in Wirklichkeit war sie genau das Gegenteil und wußte nicht, wie sie es sagen sollte.

Wie vielen von uns ist es nicht genauso ergangen? Vielleicht haben wir schon von klein auf gelernt, unsere Gefühle nicht zu zeigen? Die einen wurden Perfektionisten, die anderen Alkoholiker oder tablettensüchtig oder aber fanden nicht das richtige Maß in der Liebe und im Essen. Wohin auch immer wir tendierten, eines ist uns allen gemeinsam: Wir waren stets darauf bedacht, ja niemanden an uns heranzulassen.

Jetzt können wir unsere Gefühle annehmen und sie anderen zeigen. Jetzt haben wir auch keine Scheu mehr davor, daß jemand unsere Hand hält oder uns in die Arme schließt. Denn wir wissen mittlerweile, daß das Bedürfnis nach menschlicher Nähe etwas ganz Natürliches ist.

Ich habe keine Angst davor, einen mir nahestehenden Menschen zu berühren oder von ihm berührt zu werden.

17. Februar

Wir müssen immer wieder Deiche des Mutes gegen die Flut der Angst errichten. Martin Luther King, jun.

Unter Mut verstehen wir die Fähigkeit, Angst und Verzweiflung zu besiegen. Früher galten wir etwa als mutig, weil wir uns schwierigen und ausweglosen Situationen aussetzten. Den Partner, die Kinder oder einen Freund zu verlassen, hätten wir als Schwäche gedeutet. Und keine Tränen zu vergießen, betrachteten wir als Stärke.

Doch all das, was wir für Schwäche hielten, ist in Wirklichkeit ein Zeichen von Mut. Und was wir bislang für Mut hielten, war im Grunde keiner. Wären wir vor einer schwierigen Situation weggelaufen, hätten wir die Angst besiegt. Hätten wir geweint, wären wir mutig gewesen, denn wir hätten uns Angst, Schmerz und Trauer eingestanden.

Mut bedeutet nicht, sich in ausweglose Situationen zu fügen. Mut bedeutet auch nicht, seine Gefühle zu kontrollieren. Mut ist vielmehr die Fähigkeit, gegen Angst und Verzweiflung anzukämpfen, anstatt sich unterkriegen zu lassen.

Habe ich heute Mut bewiesen? Ich bin dankbar für meinen Mut und werde mich bemühen, daß er noch größer wird.

Sei froh, daß du leiden kannst, sei froh, daß du fühlen kannst ... Wie willst du wissen, ob es dir gut oder schlecht geht, wenn du beides nicht miteinander vergleichen kannst?
Thomas Tryon

Wie oft schon sind wir abends nach Hause gekommen, verärgert und unzufrieden über diesen fürchterlichen Tag! Oder aber unser Partner, unsere Kinder oder die Freundin, mit der wir die Wohnung teilen, haben ihren Ärger und den Frust des Tages mit nach Hause gebracht. Wie kann man sich wohl fühlen, wenn man einen schlechten Tag hinter sich hat?

Als erstes müssen wir unsere Einstellung ändern und uns an einem Tag, an dem alles schiefgeht, sagen: »Gegensätze ziehen sich an.« Wir wüßten nicht, was ein Lächeln ist, wenn wir nicht auch die Sorgenfalten kennen würden. Wir könnten nicht lachen, wenn wir nicht auch fähig wären zu weinen. Und wir würden nicht einmal merken, daß wir krank sind, wenn wir nicht wüßten, wie es ist, gesund zu sein.

Weil wir die Gegensätze kennen — das Gute wie das Schlechte —, sind wir uns unserer selbst bewußt. Und haben wir einmal einen schlechten Tag, können wir uns damit trösten, daß auch wieder gute Tage kommen werden.

Gott, gib mir die Kraft, alle negativen Gefühle zu überwinden. Hilf mir, für jeden Tag dankbar zu sein, wie auch immer er war.

19. Februar

Dein Ruf eilt dir voraus, wenn du in eine neue Gemeinschaft kommst. Wenn du wieder fortgehst, kennt man deinen Charakter. William Hersey Davis

Uns allen, die das Programm befolgen, geht ein bestimmter Ruf voraus. Wir sind Kinder oder Partner von Alkoholikern oder selbst von Alkohol oder anderen Drogen abhängig.

Wenn wir uns bei einem Meeting vorstellen, erfährt niemand etwas über unseren wahren Charakter. Doch wenn die anderen Teilnehmer uns dann näher kennenlernen, erfahren sie, was wir denken und fühlen, wie wir handeln, was wir mögen und was nicht. All das macht den Charakter, vielmehr die einzigartige Persönlichkeit eines Menschen aus.

Geben wir uns anderen Menschen gegenüber so, wie wir wirklich sind, oder spielen wir eine bestimmte Rolle? Manchmal ist es sicher einfacher, sich hinter einer Fassade aus Snobismus, Verschlossenheit oder Ironie zu verstecken. Aber das, was zählt, ist unsere wahre Persönlichkeit. Unser Charakter macht uns zu dem, was wir wirklich sind, durch ihn geben wir uns den anderen zu erkennen. Unseres Rufes wegen werden wir angesehen, aber zweimal angesehen und geachtet werden wir nur wegen unserer Persönlichkeit.

Wie kann ich lernen, meinen wahren Charakter zu zeigen?

Die Stärke, die du anderen geben konntest, trägt zu deiner eigenen bei. Lisa Alther

---

Wenn wir an Menschen denken, die wir bewundern und achten, werden wir gewöhnlich feststellen, daß sie neben den Eigenschaften, die wir so sehr an ihnen schätzen, auch über ein gewisses Maß an Stärke verfügen. Deshalb bewundern wir diese Menschen und wären auch gerne so stark wie sie.

Doch jeder von uns hat innere Stärke. Sie prägt unseren Charakter und unterscheidet uns von den anderen. Wir können nicht alle in jeder Hinsicht — geistig, körperlich und seelisch — gleich stark sein, denn wir sind auch sonst nicht gleich.

Denken wir einmal über die Ereignisse des vergangenen Tages nach und versuchen wir herauszufinden, wo unsere Stärke liegt. Vielleicht leisten wir gute Arbeit, können uns in ein Team einfügen oder sind erfolgreich im Studium. Und wenn wir uns in unserer Wohnung umsehen, entdekken wir womöglich noch andere starke Seiten an uns: handwerkliches Geschick, Talent zum Kochen, eine gute Hand für Pflanzen; wir haben viele Bücher gelesen, können jedes Kreuzworträtsel lösen. Statt andere um ihre Stärke zu beneiden, sollten wir das Augenmerk lieber auf uns selbst richten und unsere Stärke noch besser entwickeln.

Worin liegt meine Stärke? Was kann ich tun, damit ich noch stärker werde?

21. Februar

Die Dämmerung wies unterschiedliche Schattierungen auf, und während sie unaufhaltsam fortschritt, verfärbte sich der Himmel zusehends anders, und die Bäume an den Hängen erstrahlten in einem neuen Licht.

Henry David Thoreau

Bereits mit kleinen Kerzen bringen wir Licht in unser Leben und können die Finsternis erhellen. Da sind die Kerzen in unserem Programm, sie geben ein weiches, warmes Licht, wann immer wir vertrauensvoll das Programm befolgen.

Da ist die Kerze, die wir von jedem Meeting mit nach Hause nehmen können und deren Licht wir mit unseren Mitmenschen teilen. Da sind die Kerzen, die wir von unserem Partner und unseren Freunden bekommen haben und die jedesmal heller brennen, wenn wir sie um Hilfe bitten. Und da ist die Kerze, die wir von Gott bekommen — ein ewiges Licht, das Stärke, Hoffnung und Erlösung verspricht.

Nach Sonnenuntergang umfängt uns die Finsternis, aber wir haben unzählige Kerzen, die die Nacht erhellen.

Wie können mich meine Kerzen durch die Finsternis der Nacht führen?

Das Gebet ist weder Schwarze Magie noch eine Forderung. Es ist ein Zwiegespräch. John Heuss

Ein echtes Gespräch besteht aus zwei Parts: aus dem Reden und aus dem Zuhören. Wenn wir nur reden, handelt es sich um einen Monolog. Und wenn jemand einen Vortrag hält, hören wir zu. Das Gebet kann eine Art Gespräch sein, doch wenn wir über die Art und Weise unseres Betens nachdenken, werden wir feststellen, daß es ein Monolog ist.

Wir beten, weil wir Hilfe erhoffen. Wir können aber unsere Bitten einschränken, damit wir uns nicht nur Wünsche äußern hören. Wir können Gott darum bitten, daß wir lernen mögen, zuzuhören, und dann schweigen wir, so, als hörten wir zu. Die Antworten werden ganz von selbst kommen, und wir werden geführt werden, wenn wir dazu bereit sind.

Die Ausgewogenheit zwischen Sprechen und Zuhören wird uns helfen, unsere Beziehung zu Gott zu vertiefen.

Ich werde beten und dann schweigen, damit Gott mir antworten kann.

23. Februar

Statt uns an Dinge zu erinnern, die uns unangenehm sind und uns seelisch belasten, sollten wir versuchen, sie zu vergessen. Leere deinen Kopf von unerwünschten Gedanken, bevor du dich schlafen legst, so wie du auch deine Taschen leerst. Eric Butterworth

Viele von uns legen wahrscheinlich eine Liste über alles an, was sie erledigen müssen, oder sie tragen ihre Termine in einem Kalender ein. Vielleicht notieren sie auch in einem Aufgabenheft die Kapitel, die sie lesen, oder die Arbeiten, die sie schreiben müssen. Man kann natürlich auch alles im Kopf behalten und in Gedanken jeweils das abhaken, was man erledigt hat.

Doch heute abend wollen wir die Listen, Kalender und Aufgabenhefte beiseite legen und den ganzen Ballast von Aufgaben und Verpflichtungen abwerfen. Wenn uns nicht in schlaflosen Nächten alles mögliche durch den Kopf gehen soll, müssen wir lernen, nicht ständig an die unerledigten Dinge zu denken, sondern angenehmeren Fragen Platz zu machen. Alles, was uns Kopfzerbrechen bereitet, sollten wir nach und nach beiseite schieben.

Heute abend wollen wir uns entspannen und dem nächsten Tag mit Freude entgegensehen.

Heute abend will ich die Augen schließen und versuchen, alles beiseite zu schieben. Dadurch werde ich Ruhe und Entspannung finden.

Habe Nachsicht mit den Fehlern deiner Mitmenschen; auch sie sind nachsichtig gegen dich.

Unser täglich' Brot

Wie reagieren wir, wenn jemand einen Fehler macht? Wenn unser Chef sich irrt und wir deshalb Überstunden machen müssen? Wie verhalten wir uns, wenn sich jemand zu unseren Ungunsten verrechnet, bei der Post ein Päckchen verlorenging oder der Mechaniker schlampige Arbeit geleistet hat?

Die meisten von uns werden wütend. Da wir von Kindheit an in dem Glauben erzogen wurden, immer die Opfer zu sein, ist es nur allzu verständlich, daß wir auch als Erwachsene noch so denken. Wir sind davon überzeugt, daß alle gegen uns sind und uns schaden wollen.

Aber jeder Mensch macht Fehler. Wer ist schon vollkommen? Auch wir haben viele Fehler auf Kosten anderer begangen. Wenn wir dazu bereit sind, über die Fehler unserer Mitmenschen hinwegzusehen, anstatt uns darüber zu ärgern, werden auch sie uns gegenüber Nachsicht üben.

Ich versuche, über die Fehler meiner Mitmenschen hinwegzusehen und hoffe, daß sie es bei mir auch tun.

25. Februar

Liebe ist nicht einfach vorhanden, so wie ein Stein. Liebe muß ständig neu geschaffen werden, genauso wie das Brot. Ursula K. Leguin

Am Anfang einer Beziehung ist alles neu und aufregend, und es scheint, als ob nichts sie trüben könne.

Doch wenn eines Tages die erste Begeisterung vorbei ist, tauchen die Probleme auf. Plötzlich stellen wir fest, daß das eine oder andere an unserem Partner stört. Unstimmigkeiten und Schwierigkeiten nehmen zu. Wir ziehen uns zurück, errichten eine Mauer um uns, die Distanz wird größer.

In diesem Stadium ist man rasch geneigt, die Beziehung zu beenden. In dieser Situation zeigt sich aber auch, wie stark eine Beziehung ist. Wenn wir uns weigern, unsere Liebe zu erneuern und ihre Fundamente — das gegenseitige Vertrauen und den Glauben an den anderen — zu festigen, wird die Liebe verkümmern. Liebe muß ständig gepflegt werden, sie braucht viel Geduld und Nachsicht. Jeder Tag ist eine Chance, die Liebe neu zu entdecken. Jedes Stadium einer Beziehung zeigt uns eine andere Seite der Liebe. Wir müssen nur dazu bereit sein.

Ich will alle meine Beziehungen vertiefen. Hilf mir, durch den Glauben meine Gefühle zu erneuern.

Immer wieder heißt es, der eine oder andere habe noch nicht zu sich selbst gefunden. Aber das Selbst kann man nicht finden, man muß es schaffen. Thomas Szasz

In den späten sechziger Jahren versuchten viele, durch Drogen oder politische Parolen zu sich selbst zu finden. Das Motto der Blumenkinder lautete: »Macht Liebe statt Krieg«. Sie hörten Hard Rock und politische Songs und hofften, auf ihrem Ego-Trip zu sich selbst zu finden. Doch in den meisten Fällen war es eine Flucht vor sich selbst und dem Leben.

Viele von uns bemühen sich, ihr wahres Ich zu entdekken. Wir verändern zum Beispiel unser Aussehen, kleiden und schminken uns anders, wir lassen uns unser Horoskop erstellen, machen eine Psychotherapie, um uns besser kennenzulernen. Wir beschäftigen uns eventuell auch mit unserem Familienstammbaum, um uns unserer Wurzeln bewußt zu werden.

Doch weder ein neues Kleid noch eine Psychotherapie oder unser Stammbaum können uns zur Findung unserer Identität verhelfen. Wir sind ein unbeschriebenes Blatt, auf dem wir festhalten, wer wir sein möchten. Ebenso wie ein Architekt einen Plan braucht, um ein Haus zu bauen, müssen wir auch vorher bestimmen, wer wir sein möchten. Wir machen uns selbst, wir werden nicht gemacht. Wir allein bestimmen über uns. Deshalb wollen wir noch heute damit beginnen, aufzuschreiben, wie wir sein möchten.

Ich verfüge über alle Werkzeuge, die ich brauche, um aus mir den Menschen zu machen, der ich sein möchte.

27. Februar

Wir wagen es nicht, uns unseren Flügeln anzuvertrauen. Wir hegen und pflegen sie, aber haben Angst vor dem Fliegen und sitzen lieber herum. Chales B. Newcomb

Noch ehe ein kleiner Vogel überhaupt fliegen kann, wird er bereits aus dem Nest gestoßen. Auf wackeligen Beinen und mit gespreizten Flügeln macht er, dem Beispiel der Eltern folgend, seine ersten Flugversuche.

Auch wir tapsten unsicher durchs Leben, als wir jung und unsere Flügel noch nicht entwickelt waren. Nur hin und wieder bekamen wir einen Wink, wie man fliegt. Als wir älter wurden, haben wir uns ein Nest gebaut, in das wir uns zurückzogen — aber noch immer waren wir nicht imstande zu fliegen.

Auch wenn wir von unseren Flügeln noch keinen Gebrauch machen, hindert uns nichts daran, endlich fliegen zu lernen. Eine Möglichkeit dazu finden wir zum Beispiel bei den Meetings. Die Leute dort haben auch erst nach jahrelangem Nesthocken fliegen gelernt. Am Anfang ist es nicht leicht, es ist sogar sehr anstrengend und mitunter schmerzvoll. Wenn wir aber jeden Tag üben, werden unsere Flügel kräftiger, und wir können immer besser damit umgehen. Unser Nest steht immer bereit, doch wir werden es nicht mehr so häufig aufsuchen, wir werden die meiste Zeit damit beschäftigt sein, fliegen zu lernen.

Noch heute abend will ich die Freiheit des Fliegens kennenlernen und mich ganz auf meine Flügel verlassen.

Wer sich selbst kennt, dem ist niemand fremd und keine Tür verschlossen. Möge mein Gebet bewirken, daß mir im Spiel der vielen die Berührung eines einzigen bleibt. Rabindranath Tagore

Wenn wir eine Telefonnummer wählen, möchten wir mit einer bestimmten Person verbunden werden. Wenn diese nicht da ist, kommt keine Verbindung zustande.

Nehmen wir uns für einen bestimmten Menschen Zeit? Oder ziehen wir die Gesellschaft mehrerer Menschen dem Kontakt mit einem einzelnen vor, damit wir nicht zu persönlich werden müssen? Wir alle brauchen wenigstens einen Menschen, dem wir vertrauen, mit dem wir lachen und weinen und dem wir unsere Pläne und Wünsche erzählen können. Ohne einen solchen Menschen sind wir wie ein Vogel im Nest: geborgen und warm, aber allein und einsam.

Wir können jeden Abend zu einem Meeting gehen und sind trotzdem allein und einsam. Unter Menschen zu sein, heißt noch lange nicht, mit ihnen Kontakt zu haben. Um unser Leben mit anderen zu teilen, müssen wir unere Tür öffnen und wenigstens einen Menschen hereinlassen. Denn bereits ein einziger kann entscheiden, ob wir einsam sind oder nicht.

Ich brauche die Freundschaft wenigstens eines Menschen. Wie kann ich ihm meine Tür öffnen?

29. Februar

Es sollte angestrebt werden, daß in einem gesunden Körper auch ein gesunder Geist wohnt.

Herbert Spencer

Wie oft lassen wir es zu, daß wir hungrig, wütend, einsam oder müde sind? Diese Gefühle sind ein Zeichen dafür, daß wir uns vernachlässigen. Und wenn wir uns in einer schlechten körperlichen Verfassung befinden, leidet auch unsere Seele darunter.

Möglicherweise haben wir bis jetzt zuwenig auf unsere Ernährung geachtet und meist leere Kalorien zu uns genommen oder uns nächtelang mit Kaffee und Alkohol aufgeputscht. Genauso wie wir heute um unser seelisches Wohlbefinden bemüht sind, müssen wir auch auf unsere körperliche Gesundheit achten. Der erste Schritt dazu ist eine gute Ernährung. Wir müssen lernen, bewußt zu essen und dem Körper das zu geben, was er braucht. Der zweite Schritt ist körperliche Betätigung. Der dritte Schritt ist der Weg heraus aus der Isolation, sei es durch Meetings oder durch das Beisammensein mit Freunden. Der vierte Schritt besteht darin, gegen Wut, Frust und Trauer anzukämpfen. Der fünfte Schritt ist genügend Schlaf.

Mit diesen fünf Schritten werden wir nicht mehr hungrig, wütend, einsam, traurig oder müde sein. Durch sie werden wir körperliches und seelisches Wohlbefinden erlangen.

Heute werde ich ruhig schlafen, denn mit einem gesunden Geist in einem gesunden Körper werde ich morgen die richtigen Entscheidungen treffen.

März

1. März

Für Luftschlösser gibt es keine architektonischen Regeln. Gilbert Keith Chesterton

Als wir noch Kinder waren und gefragt wurden, was wir einmal werden wollten, hatten wir schnell eine Antwort parat. Wir hatten keinen Grund anzunehmen, unsere Träume ließen sich nicht verwirklichen, denn wir kannten weder Ängstlichkeit noch Zweifel und Unsicherheit.

Als wir älter wurden, verliefen unsere Träume allmählich im Sand. Wir dachten nur noch praktisch oder aber scheuten jede Verantwortung. Wir ließen unserer Phantasie nicht mehr die Zügel schießen: Zweifel und Unsicherheit hinderten uns daran. Wir wurden pessimistisch und skeptisch. Wie sollten wir da noch von Luftschlössern träumen? Unser praktischer Sinn sagte uns, ein Schloß könne unmöglich auf Wolken gebaut werden. Und in unserer Scheu vor Verantwortung sagten wir uns, die solle ruhig ein anderer bauen.

Mit der Zeit sehen wir ein, daß viele Dinge möglich sind, wenn wir nur fest daran glauben. Wir lernen, ohne Angst und ohne Unsicherheit zu leben. Schritt für Schritt verbessern wir unsere Gesundheit und arbeiten an unserem Glück. Und jetzt sind wir gerade dabei, die Fundamente für unsere Luftschlösser zu legen. Wenn wir nicht den Glauben an uns verlieren, werden wir eines Tages imstande sein, alles zu erreichen, was wir uns vornehmen.

Ich kann so sein, wie ich sein möchte. Ich kann träumen, was ich träumen möchte.

Denn das ganze Gesetz wird in einem einzigen Wort erfüllt, in dem: »Du sollst deinen Nächsten lieben wie dich selbst.« Galater 5, 14

Nichts ist so wichtig wie eine glückliche und harmonische Beziehung. Wenn wir unsere Mitmenschen lieblos und gleichgültig behandeln, werden sie uns meiden. Setzen wir zu hohe Erwartungen in sie und tun unsere Mitmenschen mehr für uns als wir für sie, werden sie sich von uns abwenden.

Wie haben wir uns heute unseren Mitmenschen gegenüber verhalten? Waren wir unfreundlich gegenüber unseren Arbeitskollegen, ungeduldig mit unseren Schülern, Patienten oder Kindern? Waren wir grob zu Verwandten oder Freunden? Waren wir so sehr mit uns selbst beschäftigt, daß wir gar nicht bemerkt haben, daß andere uns gebraucht hätten?

Wir können den Weg zu unserem Herzen ebnen, damit die anderen zu uns finden. Wir können alte Beziehungen pflegen und neue aufbauen. Wenn wir uns so verhalten, daß unsere Mitmenschen sich in unserer Gegenwart wohl fühlen, werden sie unsere Nähe suchen. Sie werden Vertrauen zu uns haben und unsere Freunde sein.

Ist der Weg zu meinem Herzen geebnet? Hilf mir, ihn mit Liebe, Frieden und Sicherheit zu pflastern.

3. März

Aller Haß, zu dem wir Menschen fähig sind, kann mit einer ganz einfachen Methode abgebaut werden: Man setzt sich jeden Abend eine halbe Stunde hin und verzeiht in Gedanken jedem Menschen, dem man etwas nachträgt oder den man haßt. Charles Fillmore

Was ist Nachsicht? Es ist die Fähigkeit, negative Gefühle uns und anderen gegenüber abzuwehren und sie durch angenehme, positive zu ersetzen. Sind wir anderen gegenüber nachsichtig?

Wenn wir den heutigen Tag überdenken, werden wir feststellen, daß wir jemandem etwas übelgenommen haben. Vielleicht hat uns ein Autofahrer den Weg versperrt, und wir haben ihn im Zorn angeschrien. Vielleicht waren wir auch unfreundlich zu Arbeitskollegen, zu einem Familienmitglied oder zu einem Freund? Oder haben wir jemanden heftig kritisiert, weil uns sein Benehmen nicht paßte? Vielleicht tragen wir auch jemandem noch immer eine uralte Sache nach?

Schon morgen wollen wir damit beginnen, unseren Mitmenschen zu verzeihen. Dann werden wir auch uns selbst für unser Verhalten gegenüber unseren Mitmenschen verzeihen können. Nachsicht zu üben und zu verzeihen ist der beste Weg, sich selbst zu läutern und Platz für positive Gefühle zu schaffen.

Wem habe ich noch nicht verziehen? Ich will alle meine negativen Gefühle durch positive ersetzen.

Geh mit den Klugen, und du wirst klug sein;
geh mit den Dummen, und du wirst irregeführt.
Amerikanisches Sprichwort

Wir werden uns vielleicht nicht zu den Klugen rechnen und uns fragen: »Wie kann ich mich für klug halten, wenn ich mir nichts als Ärger und Schmerz einhandle?«

Was ist eigentlich Klugheit? Ganz einfach: Klugheit ist der ganz normale Hausverstand. Es ist die Fähigkeit, die richtigen Entscheidungen für uns zu treffen. Niemand wird klug geboren. Wir werden es nur durch Irrtümer und Fehler. Ein einziger Blick in unsere Vergangenheit wird uns eine Menge Fehlentscheidungen aufzeigen, die wir getroffen haben.

Es war eine kluge Entscheidung, das Programm zu befolgen. Durch diesen Schritt haben wir unser Leben besser in den Griff bekommen und begonnen, gesünder zu leben. Wir wissen jetzt, daß es eine allwissende Macht gibt, der wir unser Leben anvertrauen und unseren Willen unterordnen wollen.

Wir sind klug, denn klug ist der, der sich der göttlichen Macht bewußt ist.

Habe ich heute eine kluge Entscheidung getroffen? Wie kann ich mit Hilfe des Programms noch klüger werden?

Vergiß nicht, »haben« ist nicht gleich »haben«. Du kannst Eigentum besitzen und es nicht genießen. Du kannst ein Vermögen erben und keinen Gebrauch davon machen. Die großen Wünsche, die dir Gott erfüllen kann, hängen davon ab, wie du mit Besitz und Reichtum umgehst. H. C. G. Moule

Vieles ist für uns ganz selbstverständlich. Wir streben mehr nach materiellen Dingen, anstatt uns mit den Schätzen zu begnügen, die wir bereits besitzen. Vielleicht haben wir uns heute mehr Kleider, mehr Geld oder eine größere Wohnung gewünscht. Wir glauben, materieller Besitz mache zufriedener, glücklicher und mächtiger.

Dabei besitzen wir immaterielle Schätze, die man nicht mit Geld erwerben kann. Sie tragen wesentlich zu unserer Lebensqualität bei und helfen uns, ein zufriedener Mensch zu werden. Durch sie haben wir unser Leben besser im Griff, ihnen verdanken wir, daß wir glücklich sind. Diese Schätze haben wir nicht durch Überstunden oder einen Kredit erworben, denn Gesundheit, Intelligenz und Glaube kann man nicht kaufen — sie sind uns von Gott gegeben. Ohne diese Gaben Gottes sind wir arm. Doch mit ihnen verfügen wir über einen Reichtum, den man mit Geld nicht aufwiegen kann.

Ist mir eigentlich bewußt, welche große Schätze Intelligenz, Gesundheit und Glaube sind? Ich will dankbar sein für diese Gaben und werde sie von nun an mehr schätzen.

Ich habe immer gedacht, nach einem guten Arbeitstag wäre ich auch ein guter Mensch, und nach einem schlechten wäre ich ein schlechter Mensch. Byron Janis

Immer wieder kommt es vor, daß Leistung und Erfolg unsere Stimmung heben und Mißerfolg sie trübt. Wenn wir etwas geleistet haben oder einen guten Tag hatten, halten wir uns auch für einen guten Menschen. Haben wir dagegen einen schlechten Tag hinter uns oder ist uns ein Fehler unterlaufen, zweifeln wir an uns.

Egal, was passiert, egal, was wir geleistet haben: wir sind deshalb keineswegs weniger wert. Niemand ist zu jeder Zeit vollkommen. Wenn wir gute Arbeit geleistet haben, heißt das noch lange nicht, daß wir gute Menschen sind — und umgekehrt.

Wir können uns selbst einschätzen und herausfinden, wie wir sind. Dabei müssen wir uns aber immer sagen, daß wir gut sind, egal, wie uns im Augenblick zumute ist. Vielleicht sind wir nicht so, wie wir gerne wären; vielleicht handeln wir nicht immer so, wie wir möchten; vielleicht leben wir auch nicht so, wie wir gerne leben würden. Doch wir haben die Möglichkeit, all diese Dinge zu ändern, vorausgesetzt, wir sind ehrlich zu uns selbst und sehen uns, wie wir wirklich sind. Und wir sind gute Menschen.

Wie sehe ich mich selbst? Heute abend will ich in mich hineinschauen und Gott darum bitten, daß ich mich richtig sehe.

7. März

Wenn du dich veränderst, mußt du damit rechnen, daß sich die Menschen, mit denen du bisher zusammen warst, von dir abwenden. Aber du wirst andere kennenlernen, die dir zugetan sind. Lisa Alther

Bald nachdem wir uns für das Programm entschieden hatten, begannen wir uns zu verändern. Die Folge war, daß Freundschaften sich lockerten, Beziehungen sich verschlechterten oder gar in die Brüche gingen, daß wir uns mit dem einen oder anderen Familienmitglied nicht mehr verstanden oder sogar den Kontakt abbrachen.

Die meisten von uns haben wahrscheinlich das Gefühl, den Beziehungen und Kontakten der Vergangenheit entwachsen zu sein. Sicherlich hat man ihnen gesagt: »Hast du dich aber verändert! Jetzt gefällst du mir nicht mehr.« Diejenigen, die uns bislang nahegestanden hatten, konnten sich nicht vorstellen, welche Freuden und Hoffnungen mit unserem neuen Leben verknüpft werden. So fühlten wir uns bald allein und im Stich gelassen, weil sie unsere Veränderung nicht akzeptierten.

Sich zu verändern, ist meist mit Risiken verbunden. Weil wir dann aber uns und den anderen gegenüber ehrlicher sind, werden wir bald neue Freunde finden, die zu uns halten.

Ich möchte neue Freundschaften knüpfen.

Man muß vor nichts im Leben Angst haben, wenn man seine Angst versteht. Marie Curie

Die meisten von uns haben ältere Verwandte über unsere Ängste in der Kindheit erzählen hören. Dabei handelte es sich vorwiegend um ganz natürliche Kinderängste, wie die Angst vor dem ersten Schultag, vor großen Hunden oder die Angst vor der Dunkelheit. Später lernten wir, mit diesen Ängsten umzugehen und verloren sie schließlich. Wenn wir heute von diesen Ängsten hören, können wir nur darüber lächeln.

Doch wie gehen wir heute mit unseren Ängsten um? Zum Beispiel mit der Angst vor einer Begegnung mit fremden Menschen, vor einer Veranstaltung, vor einem Verlust oder einem Treffen mit den Eltern? Anstatt zu versuchen, den Grund unserer Angst zu verstehen, lassen wir uns von ihr überwältigen.

Wir können unsere Ängste jedoch überwinden, indem wir uns die Frage stellen: »Was kann mir schlimmstenfalls passieren?« Vielleicht ist das, wovor wir Angst haben, im Grunde genommen ganz harmlos? Vielleicht haben wir Angst vor einer Beförderung oder einer Auseinandersetzung mit den Eltern? Wovor immer wir auch Angst haben, wichtig ist, daß wir unserer Angst auf den Grund gehen. Denn wenn wir imstande sind, sie zu verstehen, werden wir eines Tages auch in der Lage sein, unser Leben zu meistern. Dann werden wir bewußt handeln, statt uns von unseren Ängsten leiten zu lassen.

Ich werde mich zunächst mit einer meiner zahlreichen Ängste auseinandersetzen, um besser damit umgehen zu können.

9. März

Wenn wir uns wünschten, nur glücklich zu sein, ginge das sicher in Erfüllung. Aber wir wünschen uns, glücklicher als andere zu sein. Doch das ist nicht möglich, denn wir halten die anderen immer für glücklicher, als sie sind. Charles de Secondat Montesquieu

Wie oft sind wir mit Freunden essen gegangen und haben das gleiche bestellt wie sie? Oder wir haben uns ein Paar Schuhe oder sonst ein Kleidungsstück gekauft, nur weil es uns an jemand anderem gefallen hat. Jemanden nachzuahmen ist sicherlich ein Kompliment an den anderen, aber es bedeutet auch, daß wir so sein möchten wie andere.

Immer wieder wünschen wir uns: »Wenn ich doch so glücklich wäre wie der oder die!« Gewiß ist es leichter, die Gefühle unserer Mitmenschen zu beurteilen, als die eigenen. Das kann so weit führen, daß wir ohne den Vergleich mit den anderen nicht einmal wissen, wie wir uns selbst fühlen.

Aber der Schein trügt. Jemand kann den glücklichsten Eindruck erwecken und dennoch sehr unglücklich sein. Glück muß von innen kommen. Keinesfalls dürfen wir versuchen, dem Glück anderer nachzueifern. Das Glück, das wir ausstrahlen, kann nur aus uns selbst kommen.

Der Blick in den Spiegel verrät mir, ob ich tatsächlich glücklich bin. Wenn ich noch glücklicher sein möchte, muß ich mir mein Glück selbst schmieden.

Wir wissen kaum, was wirkliche Einsamkeit ist und wie groß sie sein kann, denn viele Menschen um sich zu haben bedeutet nicht unbedingt Gesellschaft. Und Gesichter sind nur eine Galerie von Bildern, und ein Gespräch ist nur ein hohles Geräusch, wenn keine Liebe vorhanden ist. Sir John Lubbock

Heute werden wir uns vielleicht darüber klar werden, was Freundschaft für uns bedeutet. Sicher haben wir schon festgestellt, daß die Zeit und die Veränderung, die wir an uns erfahren haben, auch unseren Bekanntenkreis verändert haben. Die früher unsere Freunde waren, sind es heute nicht mehr. Und Menschen, von denen wir nie gedacht hätten, daß sie uns eines Tages etwas bedeuten würden, zählen nun zu unserem Freundeskreis. Trotzdem mag es uns schwerfallen, uns ihnen zu öffnen, und noch zögern wir, ob wir Freundschaften einer unverbindlichen Gesellschaft vorziehen sollen oder nicht.

Freundschaft beruht allein auf gegenseitigem Vertrauen. Heute nehmen wir uns vor, den anderen mehr zu vertrauen. Wir müssen lernen, etwas zu riskieren, wollen wir uns in Gesellschaft anderer wohl fühlen. Der erste Schritt, einander näherzukommen, ist, jemand die Hand zu reichen oder die Hand, die er uns reicht, zu ergreifen.

Ich möchte jemandem ein Freund sein. Ich will mich dem anderen öffnen, und auch er kann sich mir öffnen.

11. März

Nicht die körperliche Isolation macht die Menschen einsam, sondern die geistige. Anne Morrow Lindbergh

Inzwischen ist uns klargeworden, daß unser inneres Wachstum heute von unserer geistigen, körperlichen und seelischen Gesundheit abhängt. Wenn wir uns diese drei Voraussetzungen als die Beine eines Schemels vorstellen, werden wir auch verstehen, wie wichtig es ist, daß sie sich die Balance halten, denn wenn ein Bein zu kurz ist oder gar fehlt, verliert der Schemel seine Standfestigkeit.

Wir können an einem Meeting teilnehmen und dennoch nicht bereit sein, zuzuhören oder etwas zu lernen. Wir können auch am Ende des Meetings den Kopf zum gemeinsamen Gebet senken und trotzdem nicht bereit sein, die geistige Energie zu spüren, die von einer Hand in die andere strömt. Jedesmal wenn wir uns dem inneren Wachstum verschließen, isolieren wir uns von den anderen, auch wenn wir physisch in ihrer Mitte sind.

Physische Einsamkeit können wir durchbrechen, indem wir uns in die Gesellschaft mit anderen begeben. Die geistige Isolation können wir aber nur dann bekämpfen, wenn wir bereit sind, am Leben teilzunehmen und uns nicht der Liebe verschließen, die allgegenwärtig ist.

Die geistige Teilnahme am Leben ist jederzeit möglich, ob wir allein oder in Gesellschaft anderer sind.

Wie kann ich heute abend meine geistige Isolation beenden?

Die meisten von uns leben neunundfünfzig Minuten von einer Stunde in der Vergangenheit, hängen früheren Freuden nach oder haben begangene Fehler noch immer nicht überwunden ... Oder aber sie leben nur in der Zukunft, die sie sich herrlich oder schrecklich ausmalen. Storm Jamerson

Neigen wir nicht auch dazu, mit dem Gespenst Vergangenheit oder Zukunft durchs Leben zu gehen? Statt uns auf die gegenwärtigen Ereignisse zu konzentrieren, schweifen unsere Gedanken immer wieder ab in die Vergangenheit, zu Dingen, die wir versäumt haben oder die wir uns von der Zukunft erträumen.

Solange wir so durchs Leben gehen, werden wir unendlich viel Zeit versäumen. Und wir werden die Gegenwart nicht dazu nutzen, um Erfahrungen zu sammeln, zuzuhören, zu lernen, zu planen und zu wachsen.

Das Gespenst Vergangenheit oder Zukunft dient uns als Krücke, auf die wir uns stützen, wenn wir zu schwach sind, uns auf unsere eigene Kraft zu verlassen. Aber wir können stark sein; wir müssen nur lernen, uns auf uns selbst zu verlassen, auf Gott und auf unsere Mitmenschen.

Ich möchte jede Minute bewußt erleben, ohne daß meine Gedanken der Vergangenheit nachhängen oder in die Zukunft gerichtet sind.

Ich dachte, das Geheimnis, nie mehr verletzt zu werden, ist, von niemandem abhängig zu sein, niemanden zu brauchen, niemanden zu lieben. Von niemandem mehr berührt zu werden, das ist der letzte Traum der Kindheit.

Audre Lorde

Wie herrlich wäre es doch, wenn wir bis an unser Lebensende von niemandem mehr verletzt würden, nie mehr körperlichen oder seelischen Schmerz durch Tod, Verlust oder Veränderung verspürten! Wie angenehm wäre unser Leben, müßten wir keinen Schmerz mehr ertragen!

Doch ohne Schmerz gibt es auch kein Lernen und kein Wachsen. Um Fahrradfahren zu lernen, mußten wir uns vorher die Knie aufschlagen; um zu erkennen, wie sehr uns an etwas gelegen war, mußten wir Enttäuschungen hinnehmen; und um einzusehen, wie sehr wir einen Menschen geliebt haben, müssen wir seinen Verlust beweinen.

Es gibt keine Garantie dafür, daß wir nie wieder verletzt werden. Immer wieder werden wir körperliches und seelisches Leid erfahren. Doch eines ist gewiß: Wir können unseren Schmerz lindern, indem wir an uns und an eine höhere Macht glauben und darauf vertrauen.

Habe ich mich heute in eine Scheinwelt geflüchtet, aus Angst, von jemandem verletzt zu werden?

Durch Gelassenheit und Ruhe findet ihr Rettung, im Stillsein und im Vertrauen liegt eure Kraft.

Isaias 30, *15*

Körperliches Training regt den Brutkreislauf an und kräftigt die Muskeln. Was aber müssen wir tun, um unsere geistige und spirituelle Kraft zu stärken, unserem Glauben ein solides Fundament zu geben und unsere Hoffnung zu erneuern?

Körperliche Kraft wird durch fleißiges, ausdauerndes Training erreicht, ebenso die spirituelle. Wir müssen nur mehr Zeit für das Gebet und die Meditation aufwenden, um mit der höheren Macht in eine engere Beziehung zu treten. Wir müssen sie bitten, uns in allen schwierigen Situationen beizustehen.

Wir können unsere spirituellen Fähigkeiten wecken und fördern, indem wir tagsüber und abends den Elften Schritt des Zwölf-Schritte-Programms befolgen. Ein einziges Gebet am Tag wird unsere spirituelle Kraft ebensowenig stärken, wie eine Kniebeuge jeden Morgen unsere Beinmuskeln nicht kräftigen kann. So wie wir für das körperliche Training ein Programm erstellen müssen, benötigen wir auch ein Programm zur Stärkung unserer spirituellen Kraft. Anfangs wird es uns nicht leicht fallen, doch mit Geduld und Fleiß werden wir deutliche Fortschritte erzielen.

Höhere Macht, ich möchte meine spirituellen Fähigkeiten entwickeln. Hilf mir, Wege zu finden, meine spirituelle Kraft zu stärken.

15. März

Die Freude kehrt ein in dein Haus. Sie läßt sich auf dem Fenstersims nieder und wartet, ob du sie willkommen heißt.
Kim Chernin

Ist Freude ein angenehmes Gefühl für uns, oder fällt es uns schwer, positive Gefühle auszudrücken? Wenn wir in unserem Elternhaus mit dem Alkoholismus konfrontiert wurden, haben wir uns von Kindheit an angewöhnt, positiven Gefühlen skeptisch gegenüberzustehen, denn wir wußten, daß sie nicht von Dauer sind. Möglicherweise haben wir mit Menschen zusammengelebt, die starken Gefühlsschwankungen unterworfen waren, so daß wir dachten, positive Gefühle wären etwas ganz Flüchtiges.

Ist uns die Freude willkommen, oder haben wir noch immer Angst davor? Auch wenn wir uns noch immer in einer schwierigen Situation befinden, so haben wir jetzt wenigstens das richtige Werkzeug zur Hand, um nicht mehr von den Gefühlsschwankungen anderer abhängig zu sein. Wir wissen inzwischen, daß uns eine Höhere Macht zur Seite steht. Wenn wir ihr und unseren Werkzeugen vertrauen, können wir getrost positive Gefühle in unserem Leben zulassen.

Wir können wieder lachen und sind imstande, jemandem zuzulächeln oder dessen Lächeln zu erwidern. Es gibt wieder friedliche, zärtliche Augenblicke in unserem Leben, die wir mit anderen teilen. Unser Leben kann wieder voll Freude sein, wir müssen nur bereit sein, sie anzunehmen.

Wenn ich will, kann ich Freude verspüren. Worüber werde ich mich heute abend freuen?

Nur wenige Menschen beginnen etwas mit einer klaren Vorstellung von dem, was sie tun werden. Und das, was sie anstreben, ist oft etwas ganz anderes, als sie sich vorgestellt haben. The Independent, *August 1898*

Wenn wir berühmte und erfolgreiche Menschen näher betrachten, werden wir in vielen Fällen etwas Gemeinsames an ihnen entdecken: Alle strebten ursprünglich ein bestimmtes Ziel an, ohne zu ahnen, was auf sie zukommen würde. Christoph Columbus wollte eigentlich beweisen, daß die Erde keine Scheibe ist und hat dabei Amerika entdeckt. Alexander Graham Bell war fasziniert von der Aufzeichnung und Wiedergabe der menschlichen Stimme und hätte sich nie gedacht, daß er eines Tages ein weltweites Telefonnetz schaffen würde.

Was diese Menschen gemeinsam haben, ist die Tatsache, daß sie eine bestimmte Leistung erbringen wollten. Sie saßen nicht untätig und träumend herum, sondern hatten sich ein ganz bestimmtes Ziel vorgenommen. Und um dieses zu erreichen, ließen sie sich weder durch wiederholte Niederlagen noch durch jahrelange Arbeit abschrecken.

Wir können vor uns hinträumen und fantasieren, so viel wir wollen; doch solange wir nicht aktiv werden, werden wir unsere Wünsche und Träume nicht realisieren.

Was möchte ich gerne erreichen? Ich will Gott darum bitten, daß er mir die Kraft gibt, den ersten Schritt zum Handeln zu tun, damit ich meinem Ziel näher komme.

17. März

Die großen Rhythmen der Natur, die wir heute nicht selten mißachten und sogar stören, vollziehen sich in großer, urzeitlicher Freiheit ... Zugvögel lassen sich zum Brüten in unseren Breiten nieder und fliegen dann unbeobachtet wieder fort, Fischschwärme lassen sich von den Wellen tragen, und die Brandung kehrt immer wieder mit weiß aufspritzender Gischt zurück.

Henry Beston

Betrachten wir einmal das, was auf der Erde geschieht. Wenn wir Abend haben, ist anderswo Morgen. Ein neuer Tag dämmert herauf, die Vögel erwachen. Der Rhythmus der Erde läßt sich mit unserem Rhythmus vergleichen.

Irgendwo auf dem Ozean fährt ein Frachter und bringt Ladung in einen anderen Hafen. Um ihn herum erstreckt sich das weite, tiefe Meer, in dem sich unzählige Fische tummeln. Auch dieser Rhythmus findet ganz unbemerkt statt.

Irgendwo auf der Welt fliegen jetzt gerade Vögel über den Himmel. In einem Nest brütet ein Vogelweibchen seine Eier aus. Irgendwo bestellen Bauern ihre Äcker, spielen Kinder, musizieren Menschen, unterrichten Lehrer. Wir sind ein Teil von ihnen. Wir gehören zu allen Geschöpfen, überall auf der Erde. Wir sind hier und überall.

Heute will ich meine Augen schließen und mir das Leben um mich herum vorstellen und dabei daran denken, daß ich ein Teil des Ganzen bin.

Ich kann dir nicht das Rezept für Erfolg geben, aber ich kann dir das Rezept für Mißerfolg verraten: Versuche, es allen recht zu tun. Herbert Bayard Swope

Prinzipien sind Verhaltensregeln, die wir für uns aufstellen, zum Beispiel ehrlich, pünktlich oder zuverlässig zu sein. Es liegt ganz an uns, diese Prinzipien einzuhalten oder nicht.

Wenn wir zum Nachteil eines anderen gegen ein Prinzip verstoßen, stellen wir die Gültigkeit und die Bedeutung, die dieses Prinzip für uns hat, in Frage. Nehmen wir uns vor, ehrlich zu sein, greifen dann aber doch, um einen anderen zu schützen, zu einer Lüge, so verstoßen wir gegen das Prinzip der Aufrichtigkeit. Möchten wir pünktlich sein, werden jedoch von jemandem daran gehindert, mißachten wir wieder unseren Grundsatz und lassen uns darüber hinaus den Willen eines anderen aufdrängen.

Wir müssen eine Reihe von Prinzipien für uns aufstellen, die wir unter allen Umständen einhalten wollen, auch wenn das dem einen oder anderen nicht paßt. Unsere Prinzipien gegenüber den Wünschen und Forderungen anderer durchzusetzen, bedeutet einen Sieg für unseren inneren Frieden. Wenn wir ehrlich zu uns selbst sind, werden wir zu der Einsicht gelangen, daß wir uns auf uns verlassen können, egal, was passiert.

Gibt es jemanden, der mich daran hindern will, an meinen Prinzipien festzuhalten? Hilf mir, ehrlich zu mir selbst zu sein und mich nicht zu Kompromissen verleiten zu lassen, die ich später bereuen werde.

So wie der menschliche Körper nur durch das Zusammenspiel sämtlicher Organe funktioniert, so kann auch der Mensch nur in der Gemeinschaft existieren.

Indisches Sprichwort

Vermutlich haben wir angenommen, daß wir unsere Probleme ganz allein lösen und unsere Bedürfnisse nur auf uns selbst gestellt befriedigen müßten. Wahrscheinlich haben wir uns auch auf übertriebene Weise für unsere Mitmenschen verantwortlich gefühlt und uns selbst dabei stark vernachlässigt. »Laß das nur meine Sorge sein!« lautete einer unserer Standardsätze.

Sicherlich können nur wir selbst zu unserer körperlichen, geistigen und seelischen Gesundheit beitragen, indem wir uns richtig ernähren, viel bewegen, ausreichend schlafen und täglich beten und meditieren. Doch es gibt auch Bedürfnisse, die wir nicht allein befriedigen können, so zum Beispiel die Lösung unserer Probleme, in bestimmten Situationen Trost zu spenden, Vertraulichkeiten auszutauschen oder das Gefühl, geliebt zu werden. Hierzu brauchen wir die Nähe unserer Mitmenschen.

Führen wir uns einmal vor Augen, wie sehr wir von unseren Mitmenschen abhängig wären, wenn wir blind, taub oder gelähmt wären. Doch man muß nicht unbedingt an einem körperlichen Gebrechen leiden, um auf andere angewiesen zu sein. Unsere Gebrechen sind unsichtbar, denn sie sind geistiger und seelischer Natur. Um sie zu heilen, brauchen wir Hilfe und Führung durch andere. Allein sind wir machtlos.

Heute abend werde ich nicht sagen: »Das soll meine Sorge sein«, sondern fragen: »Kannst du mir helfen?«

Du willst mir sagen, Gott liebt dich und hast nie etwas für ihn getan? Ich meine nicht, in die Kirche zu gehen, im Chor mitzusingen, den Pfarrer zum Essen einzuladen und was sonst noch alles dazugehört ... Wenn Gott mich liebt, brauche ich das alles nicht. Es gibt eine Menge anderer Dinge, die ich tun kann, um Gott zu erfreuen ... Ich lege mich einfach zurück und bewundere all das Zeug um mich herum und bin glücklich.

Alice Walker
»Beim Schreiben der Farbe Lila«

Als Kinder schärfte man uns ein, schlechte Menschen kämen nach dem Tod in die Hölle. So halfen wir alten Frauen über die Straße, verkniffen es uns, unserem Bruder einen Fußtritt zu versetzen oder den Eltern zu widersprechen, und gingen zur heiligen Messe, in der Hoffnung, der liebe Gott würde uns dafür gute Noten geben.

Aber auch heute noch glauben wir, Gott verlange von uns handfeste Beweise unserer Liebe. Vielleicht gehen wir noch immer zur Messe, weil wir meinen, daß sich das gehört. Oder wir knien zweimal am Tag zum Gebet nieder, in der Annahme, daß Gott das von uns erwartet.

Das Programm verlangt von uns nichts weiter, als daß wir an eine Höhere Macht glauben. Es schreibt uns nicht vor, wie oder wann wir beten sollen oder was wir tun müssen, um Gott zu gefallen. Alles, was wir tun müssen, ist, die Höhere Macht als einen Teil unseres Lebens zu betrachten.

Ich weiß, daß alles von einer Höheren Macht erschaffen wurde. Bin ich bereit, diese Macht in mein Leben einzubeziehen?

21. März

Du darfst auf keinen Fall deinen inneren Frieden verlieren, auch dann nicht, wenn die Welt aus den Fugen zu geraten scheint. Franz von Sales

Vielleicht haben wir heute nur Nervosität und Hektik um uns herum erlebt und uns von der allgemeinen Anspannung und Verwirrung anstecken lassen. Doch Streßsituationen — von leichten bis nahezu unerträglichen — gehören zu unserem Alltag. Unser innerer Friede hängt davon ab, wie wir mit solchen Situationen fertig werden. Wir können uns wie eine Amöbe verhalten und die Stimmung um uns herum förmlich aufsaugen, oder aber wir bleiben von der Situation völlig unberührt und lassen nichts an uns heran, was uns aus der Fassung bringen könnte.

Nur weil es um uns herum wie auf einem Schlachtfeld aussieht und es so ungemütlich ist, bedeutet das noch lange nicht, daß wir uns für den Kampf rüsten und ständig in Bewegung sein müssen. Alles, was um uns herum geschieht, ist Sache der anderen. Unsere Sache aber soll es sein, für unseren inneren Frieden zu sorgen. Die Voraussetzung dafür ist, daß wir ihn herbeisehnen. Wir müssen unser innerstes Wesen unter Kontrolle haben und nicht die Welt um uns herum.

Ich kann in Krisensituationen Ruhe und Heiterkeit bewahren, denn mein Glaube ist stark. Ich bin überzeugt, auf dem richtigen Weg zu sein.

Der Erfolg ist nicht danach zu beurteilen, was ein Mensch im Leben erreicht, sondern nach den Hindernissen, die er auf dem Weg zum Erfolg überwunden hat.
Booker T. Washington

Hürdenläufer sehen während des Rennens jede Hürde, über die sie springen müssen; Stabhochspringer sehen genau, wie hoch der Stab ist; Geschäftsleute sind sich im klaren darüber, welche Hierarchie sie durchlaufen müssen, um eine Spitzenposition zu erreichen; Studenten wissen, wie viele Prüfungen in welchen Fächern auf sie zukommen, wenn sie einen Studienabschluß machen wollen.

Doch nicht alle Hindernisse im Leben sind so klar überschaubar. Wer in einer Alkoholikerfamilie aufwuchs, mußte besonders schwere Hürden nehmen. Die meisten von uns haben so wenig Selbstvertrauen, da sie schon allein durch die Genugtuung über eine vollbrachte Leistung gewaltige Hürden auf dem Weg zu ihrem inneren Wachstum überwunden haben.

Wenn wir die Erfolge jedes Tages messen wollen, müssen wir die Hindernisse betrachten, die wir überwunden haben. Mit jeder genommenen Hürde haben wir einen Erfolg erzielt. Ein Hindernis zu bewältigen, bedeutet ein Hindernis weniger auf dem Weg, den wir vor uns haben.

Heute abend werde ich auf den abgelaufenen Tag zurückblicken, um zu sehen, welche kleinen Erfolge ich verzeichnen kann. Ich weiß, ich habe heute einige Hürden genommen und bin stolz auf meine Leistung.

Die einzelnen Teile eines Schiffes würden untergehen ... Fügt man sie aber zusammen, schwimmen sie auf dem Wasser. Genauso muß man die Ereignisse in seinem Leben betrachten. Einige waren tragisch, andere glücklich. In ihrer Gesamtheit gesehen, sind sie jedoch wie ein Schiff, das seinem Ziel entgegensteuert. Das zu wissen, ist sehr tröstlich. Ralph W. Sockman

Wenn wir uns nur an unglückliche Zeiten erinnern, werden wir depressiv; wenn wir dagegen nur an glückliche Zeiten zurückdenken, bekommen wir ein sehr einseitiges Bild von unserem Leben. Um die Realität zu erkennen, müssen wir die guten wie die schlechten Zeiten wahrnehmen. Unser Bemühen, ein Gleichgewicht zwischen diesen Gegensätzen herzustellen, trägt bei zu unserer geistigen Reife. Wenn wir zu der Einsicht gelangen, daß zu jedem schlechten Tag in unserem Leben auch ein guter gehört, akzeptieren wir das Leben, wie es ist.

Man sagt, *ein Schiff im Hafen ist in Sicherheit.* Aber Schiffe sind nicht dazu bestimmt, im Hafen zu liegen. Jeder von uns ist Kapitän seines Schiffes. Wenn wir aufs Meer hinausfahren, sind wir auch bereit, Risiken auf uns zu nehmen. Wir werden ruhige Fahrten erleben, aber auch gegen Stürme anzukämpfen haben. Doch mit einer tüchtigen Mannschaft und dem festen Glauben, sicher ans Ziel zu gelangen, werden wir jedem Unwetter gewachsen sein.

Ich habe keine Angst, Kapitän meines Schiffes zu sein. Heute abend werde ich mich für alles bedanken, was mir geholfen hat, mich in meinem Leben über Wasser zu halten.

Wir können uns nicht an einem Seil festhalten, das nur an unserem Gürtel befestigt ist.

William Ernest Hocking

Stellen wir uns einen Ertrinkenden vor, der um Hilfe ruft. Ein Passant wirft ihm ein Seil zu und geht weiter. Ohne die Hilfe eines anderen kann der Ertrinkende nicht an das sichere Ufer kommen. Die meisten von uns kennen — zum Teil aus ihrer Kindheit — eine ähnliche Situation, in der sie vergeblich um Hilfe gerufen haben.

Von welchen Menschen sind wir heute abhängig? Wahrscheinlich lehnen wir es ab, auf andere angewiesen zu sein. Doch können wir allen Ernstes glauben, allein ohne fremde Hilfe zurechtzukommen und über die nötige Stärke und Hoffnung zu verfügen? Auch wenn es uns schwerfällt, unseren Mitmenschen zu vertrauen, sollten wir wenigstens zu uns selbst und zu einer Höheren Macht Vertrauen haben. Diese Macht muß nicht unbedingt Gott sein, es kann auch nur der Glaube daran sein, daß wir das Richtige tun und in Sicherheit sind.

Ich weiß, daß ich auf die Hilfe anderer nicht verzichten kann. Ich muß mich auf jemanden oder auf etwas verlassen können.

25. März

Schau nicht auf die kleinen Vorteile. Der Wunsch, etwas rasch zu tun, hindert uns daran, es sorgfältig zu tun. Der Blick auf die kleinen Vorteile macht große Leistungen unmöglich. Konfuzius

Die beste Arbeit leisten wir, wenn wir uns genügend Zeit dafür nehmen. Die Deckenmalerei in der Sixtinischen Kapelle ist das Ergebnis sechsjähriger Arbeit. Die schönsten und feinsten Schmuckstücke sind jene, an denen stundenlang geschmiedet, geschliffen und poliert wurde.

Um etwas ordentlich zu machen, ist es mit dem Tun allein nicht getan. Wenn wir uns anstrengen, können wir quantitativ sicher gute Arbeit leisten. Doch es kommt auf die qualitativ wertvolle Arbeit an, ihr gilt unsere Bewunderung, und noch nach Jahren werden wir sie bestaunen — und nur sie zählt wirklich.

Ob wir an uns selbst arbeiten, unsere Beziehungen zu unseren Mitmenschen verbessern oder ein altes Möbelstück restaurieren: das beste Resultat erreichen wir, wenn wir uns viel Zeit dafür nehmen.

Ich will mir genügend Zeit für eine Arbeit nehmen, denn ich weiß, daß etwas nur dann wirklich gelingt, wenn es nicht in Eile geschieht.

Die Tragik des Menschen liegt darin, daß er nicht imstande ist, den Augenblick zu genießen. Wir träumen von einem fernen Rosengarten über dem Horizont, anstatt uns an den Rosen vor unserem Fenster zu erfreuen.
Dale Carnegie

Denken wir nicht gern an das, was wir uns vorgenommen haben zu tun und sehen uns die lange Liste an, auf der wir all das festgehalten haben, was wir tun oder haben möchten, sobald wir Zeit und Geld dafür haben?

Worauf warten wir? Warum handeln wir nicht gleich? Welche Gründe schieben wir vor? Immer wieder lassen wir uns Ausreden einfallen, damit wir nicht planen, umdisponieren oder Geld ausgeben müssen. Häufig benutzen wir unsere Ausreden als Bausteine, mit denen wir eine Mauer um uns herum errichten, die immer höher wird, bis sie schließlich unüberwindbar ist.

Leben aber bedeutet, Neues, Aufregendes und Interessantes zu erleben. Leben heißt, Zeitpläne umzuwerfen, Verhaltensweisen abzulegen und Dinge außerhalb der Norm zu tun. Leben heißt, an Freuden teilzuhaben, zu reisen, neuen Menschen zu begegnen, aktiv zu sein. Doch wenn wir alles auf morgen verschieben, leben wir dann?

Ich will an etwas denken, was ich gerne tun möchte und werde mir aufschreiben, was ich alles tun muß, um dieses Ziel zu erreichen. Damit mir das leichterfällt, werde ich jemanden in mein Vorhaben einweihen.

Wenn man — gegen seinen Willen — unter Druck gesetzt wird, um sich rasch zu entscheiden, antwortet man am besten mit Nein; denn es ist weitaus leichter, aus einem Nein ein Ja zu machen als aus einem Ja ein Nein. Charles E. Nielson

Es gibt sicher viele Menschen, denen wir noch nie unsere Hilfe verweigert haben. Wahrscheinlich haben wir unsere Zeit geopfert oder eine Freundschaft riskiert, nur um es möglichst vielen Menschen recht zu machen.

Als wir dann das Programm befolgten, wurde uns allmählich klar, daß wir nicht immer das tun müssen, was andere von uns erwarten. Wir haben gelernt, nein zu sagen, und das ist ganz in Ordnung.

Es mag jedoch den einen oder anderen Menschen geben, dem wir keinen Wunsch abschlagen können. Das können unsere Eltern, der Partner, ein früherer Freund oder sonst jemand sein, dem wir uns verpflichtet fühlen. Worum immer sie uns bitten — ohne Rücksicht auf unsere eigenen Vorlieben und Bedürfnisse —, kommen wir ihren Wünschen stets nach.

Doch was hindert uns daran, nein zu sagen? Fürchten wir, ihre Liebe und Anerkennung zu verlieren? Oder glauben wir, sie könnten Schlechtes über uns erzählen? Solange wir niemandem einen Wunsch abschlagen können, leben wir nicht nach dem Programm. Um wir selbst zu sein, müssen wir den Mut aufbringen, nein zu sagen, wenn wir merken, daß es in unserem eigenen Interesse ist.

Ich kann lernen, nein zu jemandem zu sagen, dem ich bisher keinen Wunsch abschlagen konnte.

In meiner Welt gibt es nur Gebende und Nehmende. Die Nehmenden werden wahrscheinlich besser essen, die Gebenden besser schlafen. Byron Frederick

Am Schluß jedes Perry-Mason-Krimis wird der Täter gefaßt. Egal, ob Neid, Rache oder Gerechtigkeit sein Motiv gewesen ist, am Ende bekam er Schuldgefühle, und die Gerechtigkeit siegte.

Bevor wir uns für das Programm entschlossen, waren wir uns vielleicht auch keiner Schuld bewußt. Wir haben von anderen etwas angenommen, in dem Glauben, sie seien es uns schuldig. Aber nun wissen wir, daß uns niemand etwas schuldet. Jetzt sagen wir es dem Verkäufer, wenn er sich zu unseren Gunsten geirrt hat. Das Schuldgefühl, das wir hätten, weil wir etwas angenommen haben, was uns nicht zusteht, würde uns keine Ruhe lassen.

Geben wir dagegen, statt zu nehmen, bekommen wir weder Schuldgefühle, noch müßten wir uns deshalb schämen. Da wir anderen nichts mehr wegnehmen, bekommen wir nur das, was uns gebührt.

Wir haben heute weder gestohlen noch gelogen oder geschwindelt. Heute nacht werden wir besser schlafen, weil wir Gebende und nicht Nehmende waren.

Was habe ich heute anderen oder mir selbst gegeben? Heute nacht werde ich ein ruhiges Gewissen haben, denn ich weiß, daß ich gegeben, nicht genommen habe.

Ich muß allmählich lernen, mich weniger zu kontrollieren, die Pedale loszulassen, wenn es an der Zeit ist ... Schritt für Schritt ganz sachte lernen, daß das, was ich bin, was wir sind, diese Macht ist, die bewegt und bewegt wird, die verändert und sich ändert.

Linda Roach

Loslassen zu können, heißt nicht, daß wir das Leben nicht mehr im Griff haben und in einen tiefen Abgrund stürzen. Nicht mehr an einer fixen Idee, einer Charakterschwäche, einem negativen Gefühl einem anderen gegenüber festzuhalten, ist ein ganz langsamer, kaum spürbarer Vorgang.

Wir müssen uns vorstellen, wir wären der Kapitän eines Flugzeuges, das voll besetzt mit Passagieren ist. Nach dem Abheben müssen wir die Maschine allmählich in die richtigen Koordinaten lenken. Wir können nicht eine jähe Kurve einschlagen, sonst würden die Passagiere aus ihren Sitzen geschleudert. Im Gegenteil, wir müssen ganz sachte die Richtung ändern und dabei den Wind berücksichtigen.

Auch mit uns selbst müssen wir ganz behutsam umgehen. Es ist unmöglich, von heute auf morgen eine Gewohnheit abzulegen, die uns an uns mißfällt. Doch wenn wir bereit sind, sie aufzugeben, ist schon der erste Schritt zum »Loslassen« getan. Dann müssen wir uns langsam auf diese Veränderung einstellen.

Loszulassen ist ein langsamer Vorgang. Mit Hilfe der Höheren Macht kann ich noch heute damit beginnen.

Die Menschen hier scheinen das Geheimnis der Stille zu kennen … Vielleicht kann man sie nur finden, wenn man die alten Wege zu den kleinen vergessenen Weilern in den Bergen hinaufgeht oder auf den Inseln im Meer oder auf den Halbinseln. Aber wer weiß, ob sie nicht auch hier vergänglich ist. Louise Dickinson Rich

Als Kinder haben wir meistens ein geheimes Versteck gehabt, wohin wir uns verkrochen, wenn wir unglücklich waren oder allein sein wollten. Wo immer es auch war, wir fühlten uns dort in Sicherheit.

Als Erwachsene nun haben wir kein solches Versteck mehr. Doch statt uns zu verstecken, haben wir uns vielleicht angewöhnt, vor etwas wegzulaufen oder eine Mauer um uns errichtet. Heute kommen wir zwar ohne geheimes Versteck aus, aber die Sehnsucht danach ist geblieben. Heute hoffen wir, unsere Gelassenheit wiederzuerlangen, indem wir vor etwas weglaufen oder eine Abwehrhaltung einnehmen.

Doch wir können uns auch heute wieder einen Platz suchen, wo wir uns geborgen fühlen. Das kann ein Lieblingssessel sein oder auch etwas Immaterielles wie ein Lied, das wir gerne hören. Wo immer und was auch immer wir als unseren Zufluchtsort wählen, es kommt darauf an, daß er uns Sicherheit und Geborgenheit geben kann. Wir können dem Kind in uns ohne weiteres sein geheimes Versteck lassen, wenn es das Bedürfnis danach hat. Wenn wir diesem Wunsch nachgeben, tun wir uns nur Gutes.

Habe ich einen geheimen Platz, an dem ich mich sicher und geborgen fühle?

31. März

Warum hortest du Schwierigkeiten? Sie haben keinen Marktwert, also wirf sie über Bord. Ann Schade

Es gibt Leute, die von nichts anderem als von ihren Problemen reden. Fragen wir sie ganz arglos, wie es ihnen ginge, müssen wir einen endlos langen Monolog über dieses Problem und jenes Problem über uns ergehen lassen. Allmählich meiden wir diese Leute oder wagen es nicht mehr, uns nach ihrem Wohlbefinden zu erkundigen. Wir wissen ganz genau, wie es darum bestellt ist, denn wir haben es ja schon zur Genüge gehört.

Wir fragen uns, was diese Menschen zu erzählen hätten, wenn alle ihre Probleme gelöst wären. Sie blieben wahrscheinlich stumm, weil sie nicht wüßten, worüber sie reden sollten. Haben auch wir Angst davor zu sagen, daß es uns gut geht? Fühlen wir uns unbehaglich, wenn wir über nichts zu klagen haben?

Probleme sind wie Fußringe und schwere Ketten. Sie erfüllen keinen Zweck, lassen uns kaum schöner erscheinen, machen jedoch viel Lärm. Wir verlieren nichts, wenn wir sie abnehmen. Wahrscheinlich werden wir ohne sie sogar besser aussehen und und uns wohler fühlen. Auch von den Problemen, die so überflüssig sind wie Fußringe, sollten wir uns befreien. Wir verlieren nichts, wenn wir sie über Bord werfen.

Ich sehe ganz deutlich die Probleme, die ich mit mir herumtrage und will wenigstens eines von ihnen loswerden. Dann werde ich mich sicher gleich wohler fühlen.

April

1. April

Mitunter wächst aus einem steinigen Boden ein kräftiger Baum, dessen Wurzeln sich tief in eine Felsspalte graben. Um ihn herum nur kahle Hügel, nirgends ein Acker oder ein Pflug. Aber dieser Baum wird selbst im trockensten Sommer grüne Blätter tragen. Sarah Orne Jewett

Am Ende eines Meetings reichen wir uns die Hände oder legen uns die Arme auf die Schultern, um einen Kreis zum Gebet zu bilden. Dieser Kreis gibt uns Kraft zu wachsen, selbst dann, wenn es uns schlecht geht.

Ohne diesen energiespendenden Kreis wären wir das, was wir vor dem Programm gewesen sind: ein Baum mit flachen Wurzeln, der kaum Nahrung findet. Das Programm aber hilft uns, tiefe Wurzeln zu schlagen und sie auch zu festigen.

Ob wir uns entscheiden, in einem Wald zu wachsen oder irgendwo für uns allein, wir können sicher überleben: dank des Geistes, der von den anderen Mitgliedern des Programms in unsere Herzen überströmt. Sowohl innerhalb dieses Kreises als auch außerhalb wird unser Bedürfnis zu wachsen gestillt werden, denn es wird durch das Programm genährt.

Heute abend will ich meine Wurzeln tief ausstrecken, damit ich mich gefestigt fühle. Ich habe den Platz gefunden, wo meine Bedürfnisse befriedigt werden.

Schweigen zur rechten Zeit vermag mehr als Worte.
Unser täglich' Brot

Wie verhalten wir uns, wenn jemand uns wütend zur Rede stellt, weil wir etwas falsch gemacht haben? Wenden wir uns ab, damit wir seine Worte nicht anhören müssen oder verzeihen wir ihm seine Heftigkeit? Gehen wir in ein anderes Zimmer oder verlassen wir das Haus?

Viele von uns sind den Wutausbrüchen anderer hilflos ausgeliefert. Allzu leicht lassen wir uns beherrschen, und das spüren die anderen auch. Sie erwarten, daß wir reagieren, sei es, daß wir zurückschreien, in Tränen ausbrechen oder uns verteidigen. Es ist einfach, sich vorzunehmen, das nächste Mal anders zu reagieren. Doch sobald wir uns wieder in einer solchen Situation befinden, sind alle guten Vorsätze vergessen.

Wir können unser Verhalten ändern, wenn wir uns der Stärke des Schweigens bewußt werden. Auf Angriffe mit Schweigen zu reagieren, sich wortlos von einem wütenden Menschen abzuwenden oder ihn einfach stehenzulassen, ist eine wirksame Methode. Anstatt Öl ins Feuer zu gießen, können wir uns abreagieren, indem wir uns wortlos vom Feuer abwenden. Schweigen vermag mehr auszurichten als Worte.

Ich will mir angewöhnen, angesichts von Wut und Zorn zu schweigen. Ich muß einer unangenehmen Situation nur aus dem Weg gehen.

3. April

Manchmal müssen wir mit jemandem Nachsicht üben und uns sagen, er hat sein Möglichstes getan. Er versucht schließlich, seinen Weg zu finden.

Ernest Thompson

Manchmal kommt es vor, daß wir am Ende eines Tages Nachsicht mit uns haben müssen und uns damit trösten, daß wir unser Bestes getan haben. Wir müssen unsere Handlungen und Reaktionen so objektiv wie möglich beurteilen. Jetzt ist die Zeit gekommen, da wir über das Positive und nicht über das Negative Bilanz ziehen sollten.

Schon die Tatsache, daß wir morgens aufgestanden sind, uns angezogen haben und uns auf den neuen Tag einstellen, kann als beachtliche Leistung gelten, zu der ein bestimmtes Maß an Stärke notwendig war. Wir haben uns nicht vor dem Tag versteckt, sondern uns auf ihn eingestellt, trotz der Angst oder Trauer, die wir verspürten. Es kommt allein darauf an, daß wir unser Möglichstes tun.

Denken wir einmal an die Ereignisse des vergangenen Tages zurück und vergessen wir dabei nicht, daß wir unser Bestes gegeben haben, um den Tag zu meistern.

Was habe ich heute Besonderes geleistet? Welche positiven Seiten habe ich an mir entdeckt?

Manchmal überkommt uns die Bereitschaft zu verzeihen blitzartig. Dann wieder kostet es uns eine schlaflose Nacht oder hält uns tagelang gefagen. In beiden Fällen müssen wir damit fertig werden. Laurence Shames

Zuzugeben, daß man sich geirrt hat oder sich bei jemandem zu entschuldigen, ist wirklich keine leichte Sache. Doch wenn wir es nicht ehrlich meinen, hat eine Entschuldigung wenig Sinn. Für eine ernsthafte Entschuldigung bedarf es einiger Anstrengung.

Als erstes müssen wir unsere Wut und Verbitterung überwinden. Der nächste Schritt heißt Einsicht. Dazu gilt es, unseren Egoismus abzulegen und bereit zu sein, unsere defensive Haltung und die Kampfbereitschaft aufzugeben und statt dessen Offenheit und Ehrlichkeit an den Tag zu legen.

Manchmal kann schon eine gute Nacht dazu beitragen, uns diesen Schritt zu erleichtern. Genügend Nachtruhe kann uns den Mut und die nötige Kraft geben, eine Entschuldigung ohne Unbehagen auszusprechen.

Heute nacht will ich besonders gut schlafen, damit ich am nächsten Tag stark genug bin, mich für etwas zu entschuldigen.

5. April

Um Seelenfrieden zu erlangen, mußt du auf deinen Wunsch verzichten, Generaldirektor des Universums zu sein.
Larry Eisenberg

Wie oft haben wir heute versucht, jemandem unsere Meinung aufzudrängen? Vielleicht haben wir schon auf dem Weg zur Arbeit einen Autofahrer eines Besseren belehrt und später dann versucht, unserem Chef, den Arbeitskollegen, einem Bankangestellten, unseren Kindern oder dem Ehepartner unsere Meinung aufzuzwingen. Und vielleicht sind wir jetzt vor Erschöpfung über diese Anstrengungen dem Zusammenbruch nahe.

Statt uns für die Belange anderer zu interessieren, sollten wir uns um die eigenen Angelegenheiten kümmern. Als erstes müssen wir uns selbst an der Nase fassen, wenn wir merken, daß wir andere beherrschen wollen. Wir müssen herausfinden, was für uns das Richtige ist und nicht für die anderen, und in diesem Sinn sollten wir auch handeln. Wir dürfen uns nicht mehr mit den Problemen unserer Mitmenschen befassen, selbst wenn sie uns darum bitten. Wir müssen in den Spiegel schauen und bereit sein, uns so zu sehen, wie wir wirklich sind.

Heute abend werden wir erkennen, daß wir von einer Höheren Macht geführt werden, die uns in dem großen Welttheater eine bestimmte Rolle zugewiesen hat und uns befähigt zu agieren. Auch wenn viele andere mit uns auf der Bühne stehen, so ist es nicht unsere Aufgabe, sie zu führen.

Ich will die Höhere Macht darum bitten, mich zu führen und werde aufhören, meine Mitmenschen beherrschen zu wollen.

Die beste Mutprobe ist nicht, zu sterben, sondern zu leben.
Vittorio Alfieri

»Jetzt erst recht!« ist einer jener Sätze, die uns in einer hoffnungslosen Situation wieder Mut machen. Jene von uns, die in einer Alkoholikerfamilie, mit wenig Zuwendung oder in Armut oder unter anderen Mißständen aufgewachsen sind, haben durch ihren Willen, ungeachtet der widrigen Umstände weiterzuleben, großen Mut bewiesen. Und dennoch glauben wir heute hin und wieder, daß es einfacher wäre, zu kapitulieren.

Ist aber nicht schon der Mut allein ein Beweis dafür, daß wir überleben wollen? Wenn wir uns die Lebensgeschichten der Teilnehmer des Programms anhören, müssen wir ihnen allen Mut zuerkennen. Leben heißt wachsen. Um aber wachsen zu können, müssen wir unseren Glauben stärken. Glauben heißt, über uns hinaus die Vollkommenheit des Lebens und unseren Anteil daran zu erkennen. Am Leben teilzuhaben heißt, sich mit dem zufriedenzugeben, was man hat und sich um das zu bemühen, was man noch haben möchte. Dabei können wir auf gute Werkzeuge zurückgreifen, die uns das Leben bietet: Hoffnung, Glaube und Vertrauen.

Ich bin dankbar für alles, was ich bis jetzt überlebt habe und was ich noch überleben werde — dank meines Vertrauens und meines Glaubens an eine Höhere Macht.

7. April

Heute kann ich nur lachen über die Zeiten, in denen ich mich über ein Hindernis quälte, um dann festzustellen, daß es einen ganz einfachen Weg gegeben hätte.

Robert Franklin Leslie

Unser Alltag ist voll von Anweisungen, die uns bedeuten, wie wir etwas tun sollen. An den Türen heißt es: »Ziehen«; das rote Licht der Ampel verbietet uns weiterzufahren; auf Verpackungen steht die Anweisung: »Hier eindrücken und hochreißen«; der Benzinanzeiger in unserem Auto steht auf »Leer«. Auf all diesen Botschaften beruht letztlich unsere Entscheidung zu handeln.

Wir können auch beschließen, die Tür nicht zu ziehen. In diesem Fall werden wir unsere Kraft und Zeit nur sinnlos verschwenden, denn wir werden die Tür nicht öffnen können. Wenn wir also eine Anweisung nicht befolgen, vergeuden wir nur Zeit und Energie.

Die Zwölf Schritte sind dazu bestimmt, uns den Weg durchs Leben zu erleichtern. Wir brauchen dabei keine Klimmzüge zu machen, alles was wir tun müssen, ist nur, die Richtung einzuhalten, die sie uns vorgeben.

Wie kann ich die Zwölf Schritte am besten einsetzen, damit sie mir das Leben erleichtern?

Jeder von uns ist schon im Sturm gegangen und vor den Wölfen am Wegesrand geflohen. Aber hier drinnen ist es trocken und warm. Für diesen sicheren und hellen Platz will ich dir heute abend danken, mein Gott.

Sarah Teasdale

Wieder ein Tag vorüber! Manchmal verspüren wir Erleichterung bei dieser Feststellung, manchmal Enttäuschung und ein anderes Mal Zufriedenheit.

Heute abend können wir dankbar sein für den vergangenen Tag. Das heißt nicht, daß wir nur Dankbarkeit und Anerkennung verspüren für etwas, das wir uns gewünscht und bekommen haben. Dankbar sein bedeutet, alle Ereignisse des Tages und alle Begegnungen mit Menschen wichtig zu nehmen. Es bedeutet auch, Enttäuschungen und Schmerzen zu verstehen, damit wir uns bewußt werden, welchen Sinn sie in unserem Leben haben. Dankbar sein heißt auch, darauf zu vertrauen, daß alles, was geschieht, die Höhere Macht uns beschert hat. Wir können getrost davon ausgehen, daß hinter allem ein höherer Sinn steht.

Es ist an der Zeit, daß wir Dankbarkeit empfinden. Wir können die Ereignisse des Tages wie ein Tonband vor uns ablaufen lassen und dabei sehen, hören und fühlen. Am Ende des Bandes können wir der Höheren Macht danken für den heutigen Tag, für die Begegnungen, die wir hatten, und für das Wissen und die Erfahrung, die wir gewonnen haben.

Mein Gott, ich danke dir für den heutigen Tag. Ich weiß, daß ich alles, was ich heute erhalten habe, dir verdanke.

9. April

Wir schlagen uns mit den Ideen anderer herum, lesen dieses oder jenes Buch und eilen von Ort zu Ort … anstatt uns in aller Ruhe die großen, einfachen Gesetze und Wahrheiten des Geistes zu eigen zu machen.

Horatio Dresser

An dieser Stelle sollten wir uns daran erinnern, daß das Programm eine Reihe von Sinnsprüchen wie folgende enthält: »Eile mit Weile«, »Loslassen und auf Gott vertrauen«, »Leben und leben lassen«. Diese Sinnsprüche sind mehr als einfache Aussagen. Es handelt sich um Wahrheiten, die zu unserem geistigen Wohlbefinden beitragen.

Heute haben wir wieder einen hektischen Tag hinter uns. Wir haben uns bei der Arbeit abgehetzt und meinen dennoch, wir hätten noch mehr leisten können. Vielleicht sind wir dann nach Hause gehetzt, um rasch etwas zu essen, um dann gleich wieder fortzueilen.

Jetzt ist es Zeit, zu entspannen und wenigstens für ein paar Minuten zur Ruhe zu kommen. Wir werden tief durchatmen und den Ärger und die Anspannung des Tages vergessen, indem wir uns ein paar Sinnsprüche des Programms vorsagen. Sie sind ganz einfach, aber trotzdem wahr. Nun wollen wir uns entspannen und uns heiter und gelöst fühlen.

Was ist mein bevorzugter Sinnspruch? Wird er mir helfen, heute abend entspannt zu sein?

»Alles geht vorüber.« Wie unterschiedlich ist doch die Bedeutung dieses Satzes! In einer glücklichen Stunde wirkt er ernüchternd, angesichts von Kummer und Schmerz hingegen tröstlich. »Alles geht vorüber.«

Abraham Lincoln

Manchmal wenn wir niedergeschlagen sind, meinen wir, die Zeit stünde still, und Schmerz und Trauer würden kein Ende nehmen. Wir bilden uns ein, es würde immer so weitergehen, eine schmerzvolle Minute würde auf die nächste folgen.

Wir dürfen aber nicht vergessen, daß die Zeit hingegen sehr schnell verrinnt, wenn wir glücklich sind. Nur wenn wir deprimiert sind, kommt uns jede Stunde doppelt so lange vor. Doch die Stunden vergehen und mit ihnen die Sorge, aber auch das Glück. Der Schmerz ist nicht von Dauer, ebensowenig wie die Freude. Nichts hat Bestand.

Alles, was wir jetzt tun müssen, ist, den Augenblick ertragen. Auch er geht vorüber. Wir müssen jetzt stark und geduldig sein und fest daran glauben, daß dieser Augenblick und die momentanen Empfindungen nicht von Dauer sind.

Die Zeit vergeht und mit ihr der Schmerz.

Heute abend will ich mir vor Augen halten, daß alles vorübergeht. Was kann ich tun, damit die Höhere Macht mir dabei hilft?

11. April

Es erfordert Mut, um ein Vorhaben zu beginnen und durchzuführen, und man braucht Mut, um aufzuhören, wenn etwas nicht gut ist. Richard L. Evans

Was ist Mut? Viele von uns meinen, Mut habe mit dem Bestehen und Überleben von Gefahren zu tun. Manche glauben, bestimmte Menschen könnten Mut verkörpern, zum Beispiel Helen Keller, die sich mit ihrem körperlichen Gebrechen abfand, das ihr eigenes und das Leben ihrer Angehörigen völlig veränderte. Andere wiederum sind der Meinung, jemand wie der Astronaut John Glenn, der sein Leben für den Fortschritt aufs Spiel setzte, sei der Inbegriff von Mut.

Sind wir mutig? Wenn wir uns mit den beiden genannten Personen vergleichen, werden wir diese Frage sicher verneinen. Doch wir sind trotzdem mutig, denn wir sind das Risiko eingegangen, unser Leben zu ändern. Der Wille, eine Veränderung herbeizuführen, ist immer ein Beweis von Mut. An eine Veränderung zu glauben und einen neuen, unbekannten Weg einzuschlagen, ist ein Zeichen des Mutes.

Nur wir selbst können uns ändern. Ebenso wie Helen Keller und John Glenn sich für eine bestimmte Lebensform entschieden haben, so haben auch wir uns für eine Änderung entschieden. Ob wir vor Jahren, Tagen oder erst vor Stunden begonnen haben, ein anderes Leben zu führen — immer ist Mut dazu nötig gewesen.

Ich will beten und für meinen Mut danken.

Ich habe nachts geweint über meine Kurzsichtigkeit. Denn ich habe nicht gesehen, daß jemand mich brauchte. Aber ich habe noch nie Reue verspürt, wenn ich nett zu jemandem war. Anonym

Wir brauchen nur abends die Nachrichten anzuhören, und schon werden wir mit Schreckensmeldungen überhäuft: Naturkatastrophen, Mord und Zerstörung. Menschen werden umgebracht. Totalitäre Regime unterdrücken und foltern. Völker diskriminieren sich gegenseitig. Wenn wir die Nachrichten wieder ausschalten und unser eigenes Leben betrachten, so werden wir feststellen, daß auch hier die Lieblosigkeit vorherrscht.

Zuwendung ist wie eine schöne, blühende Pflanze. Wenn man sie pflegt und ihr das gibt, was sie braucht, wird sie zum Dank reichlich blühen. Vernachlässigen wir sie aber, so wird sie verwelken und sterben.

Überall um mich herum wachsen Blumen. Ich muß meinem Garten nur viel Aufmerksamkeit und Zuwendung schenken.

13. April

Ehrlichkeit ist das erste Kapitel im Buch der Weisheit.
Thomas Jefferson

Wir sehen unser wahres Selbst nicht, wenn wir unseren Körper verändern, uns eine neue Frisur zulegen oder versuchen, jemanden nachzuahmen. Wir sehen uns nur dann so, wie wir sind, wenn wir bereit sind, auch die Unvollkommenheiten zu sehen, die unsere Person ausmachen: ein paar Pfunde zuviel oder zuwenig, ein unscheinbares Äußeres, einige Zentimeter zu groß oder zu klein. Wir werden nie so aussehen, wie wir möchten, denn unsere diesbezüglichen Wünsche lassen sich gewöhnlich nicht erfüllen. Gewiß können wir uns etwas verändern, aber nur soweit, daß wir uns immer noch ein ehrliches Bild von uns machen können.

Der erste Schritt, uns besser kennenzulernen, ist, zu wissen, wie wir tatsächlich aussehen. Wir können damit beginnen, indem wir uns ausziehen und nackt vor den Spiegel stellen. Was wir darin sehen, sind wirklich wir. Da hilft kein Wegschauen, kein Lachen und kein Weinen. Wenn wir gerne anders aussehen möchten, dann deshalb, weil wir es uns zur Gewohnheit gemacht haben, mehr unsere Mitmenschen anzusehen als uns selbst. Den ersten Schritt zur Selbsterkenntnis können wir tun, indem wir unser Spiegelbild akzeptieren.

Ich will den Mut aufbringen, mich so zu sehen, wie ich wirklich bin und nehme mir vor, gute und schlechte Eigenschaften gleichermaßen zu akzeptieren.

Sind sie allein, möchten sie mit anderen sein. Und sind sie mit anderen, möchten sie allein sein. So sind nun mal die Menschen. Gertrude Stein

Manchmal könnte uns wirklich der Mut verlassen, wenn unsere Stimmung von einer Minute zur anderen umschlägt. Es kann sein, daß wir vorhaben, zu einer Veranstaltung zu gehen, doch kurz zuvor machen wir einen Rückzieher. Es kann auch vorkommen, daß uns unsere Arbeit an einem Tag Spaß macht, und am nächsten würden wir am liebsten kündigen und noch einmal die Schulbank drücken. »Was ist nur los mit uns?« fragen wir uns ratlos.

Weil wir einen Augenblick lang glücklich und zufrieden sind, so heißt das noch lange nicht, daß wir es auch im nächsten sein werden. Wenn wir uns von einer Krankheit erholen, ist der Beginn unserer Genesung immer von drastischen Stimmungsschwankungen begleitet. Wir sind es nicht gewohnt, unsere Gefühle zu zeigen, und deshalb ist es nur allzu natürlich, daß sie alle zugleich aus uns hervorbrechen.

Wir können unsere Gefühle oder Meinungen bezüglich einer Sache ruhig ändern. Mit der Zeit werden wir immer weniger wankelmütig sein. Aber heute abend müssen wir uns vor Augen halten, daß wir im Begriff sind, zu wachsen und Erfahrungen zu sammeln. Um uns selbst zu akzeptieren, müssen wir mit uns und unseren Stimmungsschwankungen Nachsicht üben.

Ich weiß, daß meine Art, Gefühle zu empfinden, ganz richtig ist.

15. April

Wir wollen unbeirrt weitergehen, auch wenn es bereits Nacht ist und wir kaum noch den Weg erkennen. Ein höheres Wesen als der Mensch sieht den Weg vor uns. Wir brauchen uns nicht anzustrengen, sondern können zuversichtlich weitergehen, denn mit jedem Schritt kommen wir dem Guten näher. Charles B. Newcomb

Denken wir einmal daran, wie stark wir uns fühlen, wenn wir eine gute Nacht verbracht haben und mit der Morgensonne alle lästigen Gedanken von uns gewichen sind.

Auch jetzt sind wir voll Energie und Hoffnung, selbst wenn es Abend ist. Die Höhere Macht, zu der wir am Morgen gebetet haben, damit sie uns Kraft und Hoffnung spende und uns tagsüber begleite, ist auch jetzt bei uns und wird uns helfen, uns zu entspannen.

Wir wollen den Abend als einen neuen Anfang betrachten und an all das denken, was wir uns für den kommenden Tag vorgenommen haben. Wir wollen wieder zu einem Meeting gehen oder zu einer anderen Gruppe, wir wollen den Vierten Schritt des Programms befolgen oder jemanden, den wir respektieren, bitten, unser »Sponsor« zu sein. Neue Anfänge erwarten uns, wir müssen nur unsere Augen, Ohren und Herzen öffnen, um die Botschaft der Höheren Macht in uns aufzunehmen.

Was erhoffe ich mir Gutes vom morgigen Tag? Wie kann ich die Höhere Macht darum bitten, zu helfen?

Ich bin weniger mit dem Lernen beschäftigt als damit, das Gelernte zu vergessen. Ich muß den Unsinn, den man mir eingeimpft hat, wieder loswerden.

Leo Buscaglia

Was haben wir uns als Kinder und Jugendliche nicht alles anhören müssen! Wir wären Plagegeister, Dummköpfe, Nichtsnutze und Faulpelze. Und mit der Zeit glaubten wir es auch, und selbst als Erwachsene haben wir Mühe, uns in einem besseren Licht zu sehen.

Auch heute noch ertappen wir uns immer wieder dabei, daß wir uns wie Kinder verhalten. Wir tun oder sagen etwas, um Lob oder Anerkennung zu bekommen. Wir verstellen uns anderen gegenüber und geben unser wahres Ich nicht preis, aus Angst, wir könnten mißfallen.

Jetzt aber ist es an der Zeit, daß wir all diesen Unsinn, den man uns eingeredet hat, schnell vergessen. Wir müssen nichts tun, was nicht zu unserem inneren Wachsen beiträgt. Es ist auch nicht notwendig, daß wir uns anders geben, als wir sind. Wir können uns und den anderen gegenüber ganz ehrlich sein, selbst auf die Gefahr hin, daß wir auf Ablehnung stoßen. Wir können frei unsere Meinung äußern und unsere Gefühle und Stimmungen offen zeigen.

Ich lege mir meinen eigenen Lernplan zurecht. Wen soll ich als Lehrer wählen?

17. April

Hake jeden Tag ab und betrachte ihn als erledigt. Du hast dein Bestes getan. Irrtümer und Fehler sind immer möglich. Vergiß sie, so schnell du kannst.

Ralph Waldo Emerson

Leben wir im Jetzt oder hängen wir in Gedanken der Vergangenheit nach? Wenn wir immer nur zurückblicken, werden wir weder Wunder noch Überraschung erleben. Das wäre genauso, als würden wir uns im Fernsehen nur Wiederholungen anschauen. Wir kennen bereits die Handlung, die Charaktere und die Dialoge.

Wenn ein Tag vorbei ist, können auch die Fehler, Verwechslungen, Enttäuschungen und Probleme dieses Tages nicht mehr ungeschehen gemacht werden. Was geschehen ist, ist geschehen. Jetzt heißt es, sich auf die Gegenwart zu konzentrieren und die Zeit zu nützen, so gut es geht.

Schon heute abend wollen wir unser Augenmerk auf die Gegenwart richten. Wir werden die ewigen Wiederholungen aus unseren Köpfen verbannen, um Platz für neue Eindrücke zu gewinnen. Wir wollen auf der Stelle damit beginnen, denn unser Geist ist frisch und aufnahmebereit.

Ich bin bereit, die Ereignisse des vergangenen Tages aus meinem Gedächtnis zu streichen.

Schon eine kleine Sache kann durch die Sorge einen großen Schatten werfen. Schwedisches Sprichwort

Unser körperliches, geistiges und seelisches Wachsen wird durch die leiseste Sorge beeinträchtigt. Wir werden nicht nur ängstlich, sondern neigen auch dazu, »aus einer Mücke einen Elefanten zu machen«. Durch die Sorge wirft schon die kleinste Schwierigkeit einen langen, dunklen Schatten auf unser Leben.

»Wie wichtig ist mir eine Sache?« ist die erste Frage, die wir uns stellen sollten, wenn wir in Sorge sind. »Wie kann ich gegen diese Sorge angehen?« Wenn wir ihr auf den Grund gehen, werden wir feststellen, daß sie mit der Vergangenheit oder der Zukunft zu tun hat, aber nichts mit der Gegenwart. Solange wir den Gegenstand unserer Sorge hegen und pflegen, werden wir auch nicht in der Gegenwart leben.

Es liegt ganz in unserer Macht, unsere Sorge ins Unermeßliche zu steigern oder sie auf ein Minimum zu reduzieren. Wenn wir heute abend auf die Ereignisse des Tages zurückblicken, sollten wir keine Zeit dafür verschwenden, uns über Geschehenes oder Ungeschehenes Sorgen zu machen. Auch die Zukunft sollte kein Anlaß zur Besorgnis sein. Statt dessen sollten wir uns ganz auf die Gegenwart konzentrieren und alle Sorgen von uns weisen.

Ich will nur von meinem eigenen Schatten begleitet werden und nicht von dem, den die Sorge auf mich wirft.

19. April

Tust du Gutes, wisse wohl, wem du es tust, so wirst du Dank für deine Guttat haben! Jesus Sirach **12,** *1*

Unser Leben bietet zahlreiche Annehmlichkeiten: Zentralheizung, Polaroid-Kamera, Geldautomat, Mikrowellenherd, Einkauf per Bestellkatalog, um nur einige Errungenschaften aufzuzählen, die das Leben vereinfachen und uns mehr Freizeit ermöglichen.

Die Kehrseite der Medaille sind jedoch Unannehmlichkeiten wie ein nichtfunktionierender Geldautomat, ein defekter Fön oder eine Flugverspätung.

Empfinden wir auch unsere Mitmenschen hin und wieder als unangenehm? Wenn uns zum Beispiel die Kinder zu einem höchst ungelegenen Zeitpunkt brauchen? Oder wenn ein Familienfest ausgerechnet in eine stressige Zeit fällt? Doch der ungünstige Zeitpunkt sollte kein Hindernis sein. Denn die Tür, die wir jemandem zuschlagen, könnte eines Tages auch uns zugeschlagen werden, wenn wir Hilfe brauchen. Sind wir denn so wichtig, daß wir uns nicht ein paar Minuten, Stunden oder einen Abend lang für jemanden Zeit nehmen wollen, dem wir mit unserer Aufmerksamkeit, mit tröstenden Worten oder nur durch unsere Anwesenheit helfen könnten? Je mehr wir geben, desto mehr bekommen wir zurück.

Gibt es Menschen in meinem Leben, die ich als störend empfinde? Werde ich es lernen, auch für sie dazusein?

Ich weiß, daß ich in einer Welt lebe, in der nichts so beständig ist wie die Veränderung … daß ich Dinge ändern und Menschen beeinflussen kann, so wie auch sie mich verändern und beeinflussen. Elbert Hubbard

Alle Menschen, denen wir tagsüber begegnen, stehen mit uns in Verbindung. Das kann der Busfahrer oder ein Familienmitglied, der Hausmeister oder unser Chef, ein Passant auf der Straße oder ein guter Freund sein. Wir verändern uns unentwegt, indem wir ständig mit Menschen, Plätzen und Dingen um uns herum in Berührung kommen. Wir sind wie die Glieder einer Kette miteinander verbunden. Ein Glied hält das andere und wird von anderen gehalten.

Diese Verbundenheit kommt besonders deutlich zum Ausdruck bei einem Meeting, wenn andere unsere Geschichte erzählen oder die gleichen Gefühle empfinden wie wir. Diese Verbundenheit können wir auch außerhalb der Meetings mit Leuten verspüren, die nicht das Programm befolgen. Kommen wir mit Süchtigen zusammen, so fühlen wir uns durch ihre Krankheit mit ihnen verbunden. Sie weckt Verständnis bei uns und bewirkt gleichzeitig, daß wir uns dadurch auch besser verstehen lernen. Wir sind ein Glied einer starken Kette, die durch unsere individuelle Unterschiedlichkeit noch stärker wird.

Es gibt Menschen, die unsere Empfindungen nachvollziehen können und sich mit uns verbunden fühlen. Ich will lernen, ein Glied in dieser Kette zu sein.

21. April

Das Gebet ist eines der größten Geheimnisse des Lebens. Manchmal habe ich Bedenken, Gott mit meinen Problemen zu behelligen. Celestine Sibley

Wir haben viel zu lange geglaubt, es gäbe keinen Gott. Oder wir haben an ein allmächtiges Wesen geglaubt, das uns richtet: das uns wohlgesonnen ist, wenn wir eine gute Tat vollbracht haben, oder uns verurteilt, wenn wir versagt haben. Unsere Spiritualität lag verschüttet unter Angst und mangelndem Selbstvertrauen.

Durch das Programm erfahren wir, daß es eine Höhere Macht gibt, die unser Gebet und unsere Meditation zur Kenntnis nimmt. Aber wie können wir beten lernen? Worum sollen wir bitten? Was sollen wir sagen? Sollen wir uns niederknien, den Kopf senken oder den Blick zum Himmel richten?

Wir müssen uns immer vergegenwärtigen, daß die Höhere Macht uns hört, unabhängig davon, wie wir beten. Ob wir einige Minuten lang laut über die Ereignisse des Tages sprechen oder eine Weile nur still dasitzen und Positives denken, wichtig ist nur, daß wir bereit sind, zu beten.

Höhere Macht, hilf mir zu erkennen, daß Beten etwas ganz Natürliches ist.

Die Lebensleiter ist voller Splitter, doch am ärgsten stechen sie uns, wenn wir herunterfallen.

William L. Brownell

Ein Aufstieg ist fast immer beschwerlich — ob wir nun einen Baum hinaufklettern, eine Treppe hochsteigen, eine Leiter hochklettern oder in der Schule in eine höhere Klasse aufsteigen —, er ist jedesmal mit großer Anstrengung verbunden. Und nicht selten hat sich die Mühe gar nicht gelohnt.

Wenn wir ein Semester oder unseren Arbeitsplatz verlieren oder eine Treppe hinunterfallen, so empfinden wir das noch härter als den Aufstieg. Ein Sturz oder Rückfall ist immer mit Schmerz, Verlust und dem Gefühl der Verlassenheit verbunden. Sich aufzurichten, um wieder hochzuklettern, ist doppelt so anstrengend wie das Klettern selbst.

Wollen wir aber nach oben kommen, müssen wir weiterklettern und dürfen unser Ziel, unsere Träume und Ideale nicht aus den Augen verlieren. Ohne Anstrengung gibt es kein Vorwärtskommen. Aber wenn wir nicht zurückblicken und nicht fallen, werden wir unser Ziel erreichen. Und solange wir unbeirrt nach oben streben, kann uns nichts passieren.

Ich darf nicht stürzen, das würde nur Schmerz und Enttäuschung für mich bedeuten. Ich muß immer höher und höher steigen.

23. April

Der Mensch wird defekt geboren. Nur durch ständige Reparaturen hält er sich am Leben. Die Gnade Gottes ist der Kleister dazu. Eugene O'Neill

Fühlen wir uns nach diesem Tag angeschlagen, verwirrt und ohne Selbstvertrauen? Und jetzt, am Abend, wissen wir nicht, wie wir uns wieder aufrichten sollen. Am liebsten würden wir uns wie eine Katze zusammenrollen und auf den nächsten Morgen warten.

Aber auch der neue Tag kann keine Wunder vollbringen. Wir müssen ganz allein wieder auf die Beine kommen. Wenn an einer Bluse ein Knopf fehlt, werfen wir auch nicht gleich die ganze Bluse weg, sondern greifen zu Nadel und Faden und nähen den Knopf wieder an. Die Arbeit, die wir uns mit der Bluse machen, muß nicht perfekt sein, die Bluse muß nur wieder tragbar sein.

Heute abend müssen wir uns Zeit nehmen, um uns selbst wiederherzustellen. Das richtige Werkzeug dazu haben wir ja: die Höhere Macht in uns, unsere Bücher und die Meditation. Durch die Gnade Gottes besitzen wir alles, was wir brauchen, um uns selbst zu »reparieren«.

Wie bediene ich mich am besten der Werkzeuge, die mir das Programm anbietet, um mich wieder aufzurichten?

Mitleid mit mir zu haben, ist ein Luxus, den ich mir nicht leisten kann. Stephen King und Peter Straub

Wir besitzen eine Reihe von Luxusgegenständen, die uns das Leben angenehmer gestalten: einen Mikrowellenherd, ein Farbfernsehgerät, eine reichhaltige Garderobe, Schmuck und vieles mehr. All diese Dinge haben wir uns zugelegt, auch wenn wir sie uns vielleicht gar nicht leisten konnten. Aber wenn wir sie schon haben, wollen wir sie auch benützen.

Genauso wichtig wie diese Dinge sind uns unsere negativen Gefühle: Niedergeschlagenheit, Selbstmitleid, Egoismus, Undankbarkeit und Wut. Was wäre aber, wenn wir für diese Gefühle auch etwas bezahlen müßten? Könnten wir es uns dann leisten, eine ganze Woche in Selbstmitleid zu ergehen, uns eine Stunde lang zu ärgern oder uns ein paar Minuten von egoistischen Gefühlen leiten lassen?

Den Wertmaßstab, den wir bei materiellen Dingen anlegen, können wir ebensogut bei unseren Gefühlen anwenden, die wir tagsüber und abends verspüren. Unsere positiven Gefühle bereichern uns, die negativen aber bringen uns nur in Unannehmlichkeiten.

Kann ich es mir leisten, so viel Zeit für Selbstmitleid zu verschwenden? Wie kann ich mir meine Reserven vernünftig einteilen?

25. April

Unwissenheit ist die Nacht des Verstandes,
aber eine Nacht ohne Mond und Sterne. Konfuzius

In früherer Zeit, vor der Erfindung des Radarsystems, war es für Seeleute und Entdecker unmöglich, nachts bei bedecktem Himmel voranzukommen. Wenn sie sich nicht nach dem Mond und den Sternen richten konnten, hatten sie keine Möglichkeit der Orientierung. Sie waren machtlos und mußten sich mit ihrer eigenen Unzulänglichkeit abfinden.

Auch heute abend scheint der Himmel dunkel und bedeckt. Wir haben auch das Gefühl, als hätten wir die Orientierung verloren und würden auf der Stelle treten. In unserer Verzweiflung beten wir, auch wenn wir nicht überzeugt sind, daß unser Gebet erhört wird. Wie ein Auto, das im Schlamm steckengeblieben ist und dessen Räder sich auf der Stelle drehen, kommen auch wir nicht voran.

Doch wir müssen uns mit diesem Zustand abfinden. Nur weil unser Gebet ohne die erhoffte Wirkung blieb, bedeutet das nicht, daß es nicht gehört wurde. Es wurde bestimmt gehört, doch die Antwort lautete, auszuharren und Geduld zu zeigen, denn unsere Reise wird für uns vorbereitet. Es wird nicht lange dauern, und die Wolken ziehen weiter, und der Mond und die Sterne weisen uns den Weg. Nicht unser Wille ist entscheidend, sondern der der Höheren Macht.

Auch wenn ich das Gefühl habe, auf der Stelle zu treten, will ich heute abend meinen Willen dem der Höheren Macht unterordnen und ihr mein Leben anvertrauen.

Wenn du über Wissen verfügst, dann lasse die anderen ihre Kerzen daran entzünden. Margaret Fuller

---

Jedesmal wenn wir bei einem Meeting das Wort ergreifen, geben wir den anderen ein Beispiel, flößen ihnen Mut ein und helfen all jenen, die Hilfe brauchen. Das Wissen, das wir uns dank der Stärke und Hoffnung, die das Programm vermittelt, angeeignet haben, ist ein Geschenk, das wir mit den anderen teilen sollten.

Wer je eine Zeremonie bei Kerzenschein erlebt hat, weiß, wieviel Licht von einer Kerze ausgeht. Das Wissen, das uns das Programm vermittelt, kann bereits durch eine einzige Kerze in uns zum Tragen kommen. Und jedesmal wenn wir unser Wissen an andere weitergeben, zünden wir in ihnen eine Kerze an.

Wahrscheinlich haben wir manchmal auch das Gefühl, unser Glaube und unsere Hoffnung ließen nach und unsere Kerze beginne zu flackern und würde bald erlöschen. Doch wenn es so wäre, können wir sie am Wissen anderer wieder entzünden. So werden wir nie im Dunkeln sein. Wir werden immer in der Lage sein, ein Licht zu entzünden und es an andere weiterzugeben.

Ich will andere ihre Kerze an meiner Flamme entzünden lassen und so das Licht der Hoffnung mit ihnen teilen, das das Programm ausstrahlt.

27. April

Optimismus ist lebenswichtig. Wer ihn nicht in sich trägt, dem wird er von außen her zuteil.

Dr. Denis Waitley

Was hat uns früher optimistisch gestimmt? Ein Glas Alkohol, ein Joint, ein gutes Essen oder eine glückliche Beziehung? Oder haben wir uns vom Optimismus der anderen anstecken lassen? Doch dieses Gefühl hat vermutlich nie lange angehalten, denn es kam nicht aus uns selbst heraus, sondern wurde uns durch andere vermittelt. Sobald sich dann etwas ändert, ist es auch mit unserem Optimismus vorbei.

Heute sind wir im Begriff zu lernen, wer wir eigentlich sind und was es heißt, »zu fühlen«. Wir lernen auch, das Alleinsein und die eigene Gesellschaft zu lieben. Wir lernen unsere Gefühle, die von innen kommen, kennen. Doch wie können wir aus eigener Kraft heraus optimistisch und hoffnungsvoll werden?

Wir können vergleichen, wie wir heute sind und wie wir früher waren, bevor wir das Programm kannten. Wir können auch Optimismus verspüren, wenn wir bei den anderen Teilnehmern Veränderungen feststellen. Abstinenz von Alkohol und Drogen, neue Verhaltensweisen und nachlassende Stimmungsschwankungen sind deutliche Beweise dafür, daß das Programm wirkt. Unser Optimismus wird noch zunehmen, wenn wir unser Wachstum und das der anderen klar erkennen können.

Kann ich hinsichtlich meines Wachstums optimistisch sein? Habe ich auch schon an den anderen Teilnehmern des Programms positive Veränderungen festgestellt?

In den steten Refrainen der Natur liegt unendliche Heilkraft — die Gewißheit, daß nach jeder Nacht ein Morgen kommt und nach jedem Winter ein Frühling.

Rachel Carson

Manchmal kommt es uns so vor, als verginge die Zeit viel rascher, wenn unsere Stunden ausgefüllt sind, und viel langsamer, wenn wir Langeweile, Verzweiflung und Schmerz empfinden. Aber die Zeit verrinnt immer gleich schnell. Das gibt uns die Gewißheit, daß wir mit jeder Minute neue Hoffnung schöpfen können. Auch schlechte Augenblicke gehen vorüber, denn die Zeit heilt alle Wunden.

Die Zeit bringt uns den Sommer und macht dem Winter ein Ende. Sie läßt die Blüten welken und neue Knospen sprießen. Die Zeit setzt dem Leben ein Ende und bringt neues Leben hervor. Ihre Kontinuität gibt uns die Gewißheit, daß sie uns Gutes beschert und alles Schlechte mit sich fortträgt.

Heute haben wir vielleicht einen anstrengenden Tag hinter uns. Aber das Morgen ist gewiß und wird neue Hoffnung mit sich bringen. Es ist tröstlich zu wissen, daß die Zeit unaufhörlich weiterläuft und uns mit sich fortnimmt — weg von allem Alten, dem Neuen entgegen.

Die Zeit arbeitet für mich. Sie schenkt mir neue Augenblicke, die frisch und unberührt sind. Der morgige Tag hält viele solcher Augenblicke für mich bereit, dessen kann ich sicher sein.

29. April

Als Kind war ich sehr jähzornig. Als ich wieder einmal wegen einer Kleinigkeit auf eine Freundin wütend war, sagte meine Mutter zu mir: »Elizabeth, jeder, der dich ärgert, besiegt dich.« Schwester Elizabeth Kenny

Wenn wir sagen, jemand »sieht rot«, meinen wir, daß er wütend ist. Wut zu verspüren kann ebenso Erleichterung verschaffen wie es auch Schmerz erzeugen kann. Doch solange wir nicht wissen, wie wir unsere Wut loswerden und ein ausgeglichenes Leben führen können, werden wir immer wieder unter Wutausbrüchen und ihren Folgen zu leiden haben.

Was können wir tun, um nicht bei jeder Gelegenheit zu explodieren? Das Programm zeigt uns mehrere Wege auf. Zuerst können wir unsere Ohnmacht den Menschen oder Dingen gegenüber eingestehen, die der Auslöser für unsere Wut waren. Zweitens können wir uns fragen: »Lohnt es sich eigentlich, daß ich mich wegen dieser Sache so aufrege?« Und drittens können wir die Höhere Macht bitten, uns von unserer Wut zu befreien. Das ist nicht immer einfach, denn im gleichen Maße, wie wir unsere Wut ablegen möchten, halten wir auch daran fest. Aber durch konstantes Üben wird es uns gelingen, unsere Wut zu besiegen, anstatt von ihr besiegt zu werden.

Bin ich heute abend wütend? Ich will die Zwölf Schritte zu Rate ziehen, um meine Wut zu besiegen und nicht überall gleich rot zu sehen.

... Gib acht auf deine Fähigkeit und Klugheit und laß beide nicht aus den Augen ... Dann wirst du deinen Weg bedenkenlos gehen, und deine Füße werden nicht straucheln. Wenn du dich niedersetzt, hast du nichts zu befürchten; wenn du dich niederlegst, wirst du ruhig schlafen. Sprichwort

---

Wenn wir unser Selbstvertrauen verlieren, beginnen wir, rasch daran zu zweifeln, ob wir noch zu etwas nütze sind. Vielleicht war heute so ein Tag, an dem alles schiefging? Es ist nur allzu leicht, sich für Menschen und Dinge verantwortlich zu fühlen, auf die man keinen Einfluß hat.

Rückblickend auf die Ereignisse dieses Tages werden wir feststellen, daß wir uns für Sachen verantwortlich fühlen, die nichts mit uns zu tun haben: der Wutausbruch eines Bekannten zum Beispiel, Mißverständnisse oder ein allgemeines Chaos. Aber nur weil die Dinge nicht so liefen, wie sie sollten, bedeutet das nicht, daß unsere von Gott gegebenen Fähigkeiten versagt haben.

Wir haben unsere ganz persönlichen Fähigkeiten. Mit Hilfe des Programms beginnen wir zu erkennen, daß wir vielseitig begabt sind. Es wäre uns selbst gegenüber nicht fair, an unseren Fähigkeiten zu zweifeln, sobald etwas schiefgeht.

Heute abend will ich über meine Talente und Fähigkeiten nachdenken. Ob ich wohl mindestens fünf aufzählen kann?

Mai

... der Anblick des Leuchtturms, der sich kühn auf dem Felsen erhob, das rasche Vorbeifliegen einer Möwe und die Lagerfeuer am Strand einer Insel gaben mir wieder Zuversicht und Stärke, nachdem ich mich so unglücklich und elend gefühlt hatte ... Es war, als kehrte das Glück zurück.
Sarah Orne Jewett

Für jeden von uns gibt es Dinge, die eine beruhigende Wirkung auf ihn ausüben, die das seelische Gleichgewicht wieder herstellen und ihm den inneren Frieden wieder geben. Für den einen ist es der Ozean mit seinen Gerüchen, Geräuschen, seinem Rhythmus und seiner unendlichen Weite. Für den anderen ist es ein stimmungsvoller Sonnenuntergang, der die umliegenden Wolken in farbenprächtiges Licht taucht. Und wieder ein anderer hat ein Lieblingslied, das ihn besänftigt und tröstet.

Es kann sein, daß wir auf diese und ähnliche Dinge so fixiert sind, daß wir, wenn wir den Ozean längere Zeit nicht gesehen haben, das Verlangen haben, ihn wiederzusehen. Sein bloßer Anblick genügt, um uns zufrieden und glücklich zu machen. Dasselbe gilt für den Sonnenuntergang oder das Lied, das eine so tröstliche Wirkung auf uns hat.

Unser Erinnerungsvermögen ist eine wunderbare Gabe. Wir brauchen nur die Augen zu schließen und uns etwas vorzustellen, das uns entspannt, und schon sehen, hören und spüren wir es. Schon wenige Minuten Meditation können stundenlanges Wohlbefinden hervorrufen.

Was entspannt mich und trägt zu meinem seelischen Wohlbefinden bei? Heute abend will ich an etwas Schönes denken und mich dabei zufrieden und glücklich fühlen.

2. Mai

Lege deine Worte auf die Waagschale und errichte eine Tür mit Riegel für deinen Mund.

Altes Testament, Apogrypha

Worte können verletzen und heilen. Rückblickend bereuen wir sicher das eine oder andere Wort, das wir zu jemandem gesagt haben. Vielleicht sehen wir jetzt auch ein, wie verletzend und beleidigend unsere Worte waren. Oder vielleicht erinnern wir uns auch an eine grobe und ungeduldige Bemerkung, mit der wir einen Fremden oder einen Freund bedacht haben. Worte können sehr wirkungsvolle Waffen sein.

In diesem Zusammenhang fällt uns vielleicht auch jemand ein, der zu uns sagte: »Danke, daß du mir das gesagt hast. Damit hast du mir sehr geholfen.« Vielleicht ist es uns aber auch gelungen, mit unseren Worten jemandem, der unglücklich war, ein Lächeln oder ein Lachen zu entlocken oder jemanden in seinem Zorn oder in seiner Ungeduld zu beschwichtigen, indem wir ihm ein Gegenargument aufzeigten. Worte können auch sehr heilsam sein.

Redefreiheit bedeutet nicht, daß wir zu jeder Zeit und überall das sagen können, wonach uns gerade der Sinn steht. Der Kommunikation mit anderen muß Verantwortungsbewußtsein zugrunde liegen. Mißbräuchliche Worte können unangenehme Auseinandersetzungen nach sich ziehen, zu gespannten Beziehungen und zu Isolation führen. Der verantwortungsbewußte Umgang mit der Sprache ermöglicht reibungslose Beziehungen und positive Gefühle. Wenn wir uns selbst zuhören, werden wir feststellen, ob unsere Worte eine heilende oder verletzende Wirkung haben.

Meine Worte können verletzen und heilen. Wofür entscheide ich mich?

Lebe, wie du möchtest, und versuche, deine Pläne und Vorhaben durchzuführen. Laß dich durch nichts davon abbringen, denn du wirst ohnehin an der Ausführung gehindert.
Richard L. Evans

Jeder von uns hat eine leise innere Stimme mit dem Namen »Zu vorsichtig«. Sie ist der Urheber von Mißgeschick, Unglück und Enttäuschungen. Wenn wir zum Beispiel unsere Ferien planen, wird sie uns sagen, daß wir nicht genügend Geld haben, daß bestimmt kein Platz mehr frei ist und daß noch eine Menge Arbeit auf uns wartet. Tragen wir uns mit dem Gedanken, nebenher ein Studium zu beginnen, wird sie uns zuflüstern, daß wir nicht genügend Zeit haben und sicherlich bei den Prüfungen durchfallen werden. Und wenn wir einen Freund fragen, ob er etwas mit uns unternehmen möchte, wird sie uns ins Ohr flüstern, daß wir nicht liebenswert sind und wahrscheinlich eine Absage erhalten.

Doch wir sollten nicht auf diese Stimme hören, sondern auf die Höhere Macht. Dann werden wir ermutigende Worte wie »Warum nicht?« oder »Das wäre doch fabelhaft!« oder »Was für eine ausgezeichnete Idee!« zu hören bekommen, die uns risikofreudiger machen. Hören wir auf die Höhere Macht, so werden wir unsere Pläne mit Optimismus und Tatkraft in die Wirklichkeit umsetzen.

Was hält mich davon ab, Pläne auszuführen und Risiken einzugehen?

4. Mai

Mein Vater lehrte mich, eine Rechnung sei wie ein weinender Säugling, um den man sich sofort kümmern muß. Anne Morrow Lindbergh

Früher haben wir Rechnungen ignoriert oder versucht, unsere Anschaffungen als notwendig zu rechtfertigen. Wahrscheinlich haben wir zu oft zur Kreditkarte gegriffen, so daß unser Bankkonto durch Ausgaben, die schon Jahre zurückliegen, noch immer überzogen ist. Und heute geben wir noch immer mehr Geld aus, als wir verdienen.

Oft liegt der Grund dafür in der irrigen Annahme, seelische Defizite durch materielle Dinge ausgleichen zu können, weil wir sonst keine Möglichkeiten der Zufriedenstellung sehen. Rückblickend sehen wir ein, daß wir durch den Kauf von Kleidern oder einer größeren Stereoanlage den seelischen Druck nicht loswerden können. Unsere emotionalen Bedürfnisse werden nicht auf diese Weise gestillt, aber wir werden trotzdem weiterhin versuchen, sie mit materiellen Anschaffungen zu befriedigen.

Wie der Alkoholiker auf dem Weg der Genesung jeden Schluck Alkohol meidet, so müssen auch wir der Versuchung der Kreditkarte widerstehen und unnötige Anschaffungen sowie das Leihen von Geld vermeiden. Materielle Dinge verschaffen uns nur vorübergehende Erleichterung und eignen sich nicht dafür, unsere seelischen Defizite auszugleichen. Seelischem Leid kann nicht durch materielle Dinge Abhilfe geschaffen werden, sondern nur durch Zeit, Zuversicht und Verständnis.

Ich muß mir nichts kaufen, um bestimmte Gefühle in mir zu unterdrücken, sondern werde mich der Werkzeuge bedienen, die mir das Programm anbietet.

Du solltest dir deine Zeit folgendermaßen einteilen: die Hälfte für die Arbeit und persönlichen Belange; ein Viertel für soziale Tätigkeit mit alten und jungen Menschen; und ein Viertel für die intensive und aufmerksame Beobachtung des Lebens. William B. Terhune

Im Leben eines jeden Menschen sollte ein Gleichgewicht zwischen Arbeit, Vergnügen und Ruhe bestehen. Wenn wir nicht arbeiten, sollten wir persönlichen Interessen nachgehen — Hobbys, geselliges Beisammensein oder Kinobesuche. Wenn wir weder arbeiten noch irgendwelchen Interessen nachgehen, sollten wir uns ausruhen. Ausruhen bedeutet nicht nur schlafen. Ausruhen kann auch heißen zu meditieren, entspannende Musik zu hören oder nur den Vögeln im Garten zuzusehen.

Unser Finanzbudget gibt uns Aufschluß über den Verbleib unseres Geldes; unser Zeitetat hingegen über die Verwendung unserer Zeit. Wenn wir wissen, womit wir den größten Teil der Zeit verbringen, können wir darauf achten, daß wir nicht nur arbeiten, sondern uns auch vergnügen und ausruhen.

Ich ziehe Bilanz über meine Zeit und frage mich: »Wofür habe ich mir schon lange keine Zeit mehr genommen?« Ich muß mir mehr Zeit für die Dinge nehmen, die eine ausgewogenere Zeiteinteilung ermöglichen.

> *Es ist nie eine leichte Arbeit gewesen und wird auch nie eine sein. Aber der Weg, der mit Hoffnung gebaut wurde, ist angenehmer für den Reisenden als der Weg, der mit Verzweiflung gebaut wurde, auch wenn beide ans gleiche Ziel führen.* Marian Zimmer Bradley

Stellen wir uns einen Augenblick lang eine Stadt in unserer Nähe vor, und überlegen wir uns, welche Straßen dorthin führen. Die eine ist vielleicht sehr kurvenreich, die andere eine Schnellstraße. Auf beiden werden wir unser Ziel erreichen. Doch das, worauf es ankommt, ist, wie angenehm die Reise verläuft.

Bevor wir das Programm kannten, reisten wir wahrscheinlich auf der Straße der Verzweiflung. Wir wußten nicht einmal, daß es auch andere Straßen gab. Doch das Programm hat uns gezeigt, daß viele Wege zur Genesung führen: der Weg der Stärke und der Hoffnung, der Weg des Friedens und der Zufriedenheit, der Weg der Zuwendung und der Liebe.

Solange die Genesung unser Ziel sein soll, können wir uns für jeden Weg entscheiden, den uns das Programm vorschlägt. Wenn wir heute untertags den Weg der Verzweiflung gewählt haben, können wir jetzt am Abend auf dem Weg der Hoffnung weitergehen. Solange das Programm unser Ziel ist, können wir uns nicht verirren.

Für welchen Weg werde ich mich heute abend entscheiden? Wohin wird er mich führen?

Verschwende nicht deine Zeit, um nach Vollkommenheit zu streben. Versuche lieber, hervorragend zu sein, indem du dein Bestes gibst. Sir Laurence Olivier

Jeder weiß, daß auch die schönste Rose Dornen hat. Aber kein Gärtner würde seine Zeit damit verschwenden, indem er versucht, einer Rose die Dornen abzuzwicken. Vielmehr ist er bemüht, ihr das richtige Maß an Sonne, Wasser und Dünger zukommen zu lassen, damit sie wächst und gedeiht.

Wir sind Rose und Gärtner in einem. Wir sind schön, auch wenn wir Dornen, das heißt, charakterliche Schwächen haben. Wahrscheinlich sind wir auch heute auf ein paar Dornen gestoßen. Aber als Gärtner verfügen wir über Mittel, die unser Wachstum fördern: das Programm, die Zwölf Schritte, die Sinnsprüche, die Gruppe. Mit Hilfe dieser Mittel ist ein gesundes Wachstum möglich.

Wir werden immer unsere Dornen haben. Aber dennoch bleiben wir schön, solange wir Geduld mit uns haben, uns lieben und uns der richtigen Werkzeuge bedienen.

Habe ich mich heute bemüht, hervorragend zu sein? Wie werde ich das Programm anwenden, damit ich wachse?

8. Mai

Greif zu den Sternen, sie sind verborgen in deiner Seele. Steig hinab in deine Träume, denn sie erreichen rascher das Ziel. Pamela Vaull Starr

Wenn es möglich wäre, das zu träumen, was wir uns vor dem Schlafengehen zu träumen vornehmen, könnten wir unsere eigenen Träume träumen. Anstatt uns durch wilde Träume verwirren oder durch Alpträume erschrecken zu lassen, können wir unseren Geist trainieren, positive Gedanken auszusenden, während wir schlafen. Nach einer Nacht mit angenehmen Träumen wachen wir erfrischt auf und werden auch tagsüber positiv denken.

Heute abend können wir einen Traum vorbereiten, indem wir uns seinen Inhalt bildlich vorstellen. Dabei schließen wir die Augen und beobachten uns bei einer beliebigen Handlung. Anschließend gehen wir mit diesen positiven Gedanken zu Bett. Diese Art des positiven Denkens ist einer der wichtigsten Schritte zur Selbstfindung.

Wovon möchte ich heute nacht träumen? Ich werde an etwas Positives denken und diese Gedanken in meine Träume einbeziehen.

Wie oft haben wir jemanden sagen hören: »Warum? Ich habe ihm mein letztes Hemd gegeben, und nun tut er mir das an«, oder »Ich habe ihm meine besten Jahre geschenkt, und was hat er mir dafür gegeben?« Wenn wir etwas geben und gleichzeitig eine Gegengabe erwarten, so ist das kein Geben, sondern ein Handel. Anonym

Es ist nicht immer leicht, jemandem etwas zu geben, ohne eine Gegenleistung zu erwarten. Früher haben wir wahrscheinlich jedem, der Geld, etwas zu essen oder auch Zeit von uns wollte, das Gewünschte gegeben. Wir fühlten uns einfach zum Geben verpflichtet.

Durch das Programm wurde uns klar, daß wir nicht immer nur geben müssen, sondern auch annehmen können. Vielleicht sind wir dann ins Gegenteil verfallen und waren nur mehr darauf bedacht, von niemandem mehr ausgenützt zu werden und wollten gar nichts mehr geben.

Weil wir durch das Programm inzwischen aber gewachsen sind, wird es uns nicht mehr schwerfallen, zu unterscheiden zwischen Menschen, die uns nur ausnützen wollen und denen, die uns wohlgesonnen sind. Wenn wir dazu imstande sind, wird uns das Geben leichtfallen, denn wir wissen, daß es nicht ausgenützt wird.

Jenen, von denen ich weiß, daß sie meine Großzügigkeit nicht ausnützen werden, kann ich getrost geben.

Ozon und Freundschaft sollen unsere Stimulazien sein und Drogen, Tabak und harte Drinks ersetzen. Natürliche Freude verursacht keine Kopfschmerzen und keine Herzbeschwerden. Elbert Hubbard

Je länger wir das Programm befolgen, desto größere Fortschritte erzielen wir und desto geringer wird unsere Abhängigkeit. Die Alkohol- und Tablettenabhängigen unter uns machen die Erfahrung, daß das Leben auch ohne künstliche Aufputschmittel schön sein kann. Die Eßsüchtigen bekommen plötzlich Appetit auf frische Luft und ziehen Geselligkeit dem Essen vor.

Wenn wir lernen, ein Leben ohne Abhängigkeit zu führen, können wir auch auf andere Exzesse wie Zigaretten, Kaffee und Süßigkeiten verzichten. Wir können uns von unserer Abhängigkeit befreien und uns über unsere heilenden Kräfte freuen, derer wir uns im Leben bedienen.

Wir müssen jedoch bedenken, daß wir auch süchtig nach Veränderungen werden können. Deshalb brauchen wir aber keine fanatischen Vegetarier zu werden oder jeden, der raucht oder weißen Zucker ißt, zu bekehren versuchen. Wir müssen das Maß unserer Abhängigkeit richtig einschätzen können. Wenn wir dazu imstande sind, wird es uns nicht schwerfallen, von ihr loszukommen.

Ich erkenne deutlich die Abhängigkeiten in meinem Leben. Noch heute abend will ich damit beginnen, mich von ihnen zu befreien.

Das Herz einer Mutter ist das Schulzimmer eines Kindes.
Henry Ward Beecher

Wir haben eine Menge von unserer Mutter gelernt. Das bedeutet aber nicht, daß alles, was wir von ihr gelernt haben, richtig und vernünftig gewesen ist. Das Wissen, über das wir heute verfügen, ist das Ergebnis all dessen, was wir bis jetzt in unserem Leben gelernt haben.

Auch Mütter sind nicht vollkommen. Unsere Mütter haben wiederum von ihren Müttern gelernt und versucht, mit dem Erlernten zurechtzukommen. Wahrscheinlich haben wir das Beste, was sie geben konnten, mitbekommen, auch wenn es uns nicht immer so vorkommt.

Rückblickend auf unsere Schulzeit müssen wir zugeben, daß wir uns nicht alles gemerkt haben, was man uns einmal beigebracht hat. Wir haben nur den Inhalt des interessantesten und nützlichsten Buches behalten, damit wir uns im Leben zurechtfinden. Mit dem Wissen, das uns unsere Mutter vermittelt hat, müssen wir genauso verfahren. Heute abend wollen wir all das aus unserem Gedächtnis abrufen, wonach uns gerade der Sinn steht. Das nützliche Wissen, das uns unsere Mutter vermittelt hat, kann ganz einfach sein (zum Beispiel zu wissen, wie man einen Schuh zubindet oder Brot bäckt), und auf der anderen Seite aber lebenswichtig, wie etwa die Fähigkeit, an uns selbst zu glauben.

Heute abend will ich meiner Mutter für all das danken, was ich von ihr gelernt habe.

Liebe ist eine wunderbare Sache, das höchste Gut, das jede Last leicht erscheinen läßt. Liebe ist wachsam, und selbst im Schlaf wacht sie noch. Auch wenn sie ermüdet, erschöpft sie sich nicht, und wenn man sie bedrängt, läßt sie sich nicht erzwingen. Thomas Kempis

Liebe ist nicht nur etwas, was wir sagen oder niederschreiben. Liebe ist das Gesicht, das wir den anderen zeigen, die Kleider, die wir tragen, die Art, wie wir gehen und uns bewegen — sie ist unser Herz und unsere Seele. Wenn wir von Liebe erfüllt sind, spüren wir das auch, und unsere Liebe geht auf die anderen über.

Liebe ist nicht nur ein Gefühl. Liebe ist Wahrheit voller Güte, Gerechtigkeit, Großzügigkeit und Ehrlichkeit. Sie ist die Bereitschaft zu dienen und zu beschützen, zärtlich zu sein und zu achten und zu ehren. Liebe macht stark. Wir empfinden nicht von vornherein für jeden Menschen, dem wir begegnen, Liebe, aber wir sollten ihn lieben.

Haben wir heute für alle Menschen, denen wir begegnet sind, Liebe empfunden? Haben wir ihnen gezeigt, daß wir ihre Ehrlichkeit und Charakterfestigkeit schätzen und daß wir uns von ihnen das gleiche wünschen? Wenn wir imstande sind, zwischen Liebe und Verliebtsein zu unterscheiden, werden wir einsehen, daß in uns allen Liebe steckt und jeder von uns auf seine Art liebenswert ist.

Heute abend sehe ich, Liebe ist überall und in jedem von uns.

Wir leben auf einer Linie, die sich zwischen Vergangenheit und Zukunft bewegt. Diese Linie ist unsere Lebenslinie. George A. Buttrick

Lebe in der Gegenwart ist ein gutes Motto für jene, die in einer Alkoholikerfamilie groß geworden sind, denn viele von ihnen werden dabei Schwierigkeiten haben. Manchmal haben wir das Gefühl, alles, was wir tun, ist beeinflußt von den Lebensumständen, unter denen wir aufwuchsen, und was immer wir auch tun, die Erinnerungen lassen uns nicht los. Unsere Charakterschwächen, Ängste, Handlungsweisen und Widerstände gehen alle auf die Zeit zurück, als wir noch nicht erwachsen waren. Und noch immer üben sie ihren Einfluß auf uns aus.

Durch unsere schwere Kindheit sind wir zu zukunftsorientierten Träumernaturen geworden. Wir machten es uns zur Gewohnheit, uns stets auf Zeiten zu freuen, in denen unsere Sorgen, Ängste und Schmerzen verflogen sein würden. Und das war immer die Zukunft. Morgen, so dachten wir, würde alles wieder gut sein. Die Vergangenheit liegt hinter uns, die Zukunft vor uns. Wir sind dabei, zu lernen, daß die Gegenwart nicht so schrecklich, angsterregend und trostlos ist, wie es die Vergangenheit war. Wir können hoffnungsvoll in die Zukunft blicken, sollten dabei aber nicht nur auf die Zukunft vertrauen. Die Gegenwart ist besser, als wir annehmen. Wir müssen uns nur immer vor Augen halten, daß sie sich nicht wiederholen kann und die Zukunft kein unerreichbares Fantasiegebilde ist.

Ich will an die Gegenwart glauben und ihr vertrauen und alle meine Hoffnungen in sie legen.

14. Mai

Der Pessimist sieht die Schwierigkeit in jeder Gelegenheit, der Optimist sieht die Gelegenheit in jeder Schwierigkeit.
L. P. Jacks

Wie oft haben wir uns vorgenommen, etwas bleibenzulassen und tausend Gründe dafür angeführt. Vielleicht haben wir einen Stellen- oder Ortswechsel oder eine Beförderung abgelehnt. Vielleicht haben wir auch ein Treffen abgesagt oder die Möglichkeit, neue Freunde zu gewinnen, nicht wahrgenommen. Was bewegte uns, jedes Mal nein zu sagen?

Rückblickend werden wir erkennen, daß wir nur deshalb gegen eine Veränderung waren, weil wir Angst hatten, wir könnten unsere Sicherheit verlieren. Vermutlich haben wir das Angebot einer Freundschaft ausgeschlagen, weil wir nicht bereit waren, uns anderen mitzuteilen. Überall sahen wir nur die Schwierigkeiten, die eine Veränderung mit sich bringen könnte, nie aber die Vorteile.

Doch jede Gelegenheit, die sich uns bietet, gibt uns auch eine Chance. Die Höhere Macht gibt uns nichts mit auf den Weg, was nicht zu unserem Wachstum und Lernen beiträgt. Wenn wir Gelegenheiten immer nur als Schwierigkeiten betrachten, ersticken wir unsere Freude im Keim und verhindern unser Wachsen. Versuchen wir aber, in jeder Gelegenheit eine Möglichkeit zu sehen, etwas dazuzulernen, dann werden wir sie auch ergreifen.

In meinem Leben werden sich immer Gelegenheiten bieten. Ich möchte lernen, sie wahrzunehmen.

Auf unseren ersten Reisen haben wir die Entdeckung gemacht, daß der Ort unwichtig ist. Zu Hause träume ich, in Neapel oder Rom werde ich von Schönheit überwältigt, und meine Traurigkeit ist verflogen. Ich packe den Koffer, umarme meine Freunde, besteige das Schiff und erwache in Neapel — und da ist es wieder, dieses hartnäckige, traurige Wesen, dieses unbeugsame, unveränderte Ich, vor dem ich geflohen bin.

Ralph Waldo Emerson

Häufig kommt es vor, daß uns unsere Gedanken, unser Fühlen oder unser Handeln mißfallen. Vielleicht versuchen wir wegzulaufen, in der Hoffnung, eine neue Umgebung, eine neue Aufgabe oder ein neuer Bekanntenkreis könnten uns helfen, uns wohler zu fühlen. Doch wie oft wir unsere Umgebung oder den Lebensstil auch wechseln, wir selbst bleiben immer die gleichen.

Wir werden uns nur dann besser fühlen, wenn die Veränderung von innen kommt. Wenn uns unsere Gedanken mißfallen, sollten wir gleich heute abend versuchen, positive Gedanken zu haben. Mißfällt uns unser Verhalten, so müssen wir es ändern. Gelingt es uns, uns von innen her zu ändern, werden wir es auch nicht nötig haben, ständig vor uns davonzulaufen.

Ich will nicht ewig vor mir davonlaufen, sondern werde über mich nachdenken und überlegen, was ich tun kann, damit ich mir selbst sympathisch bin.

16. Mai

Wenn du keine klare Vorstellung darüber hast, was du möchtest, wirst du demütiger werden.

Carlos Castaneda

Als wir heranwuchsen, erwarteten unsere Eltern klare Berufsvorstellungen von uns: Feuerwehrmann, Lehrerin, Polizist, Ärztin, Rechtsanwalt, Krankenschwester und so fort. Doch im Laufe der Zeit bekamen wir Zweifel, ob wir uns so früh auf einen bestimmten Beruf festlegen sollten. Wir wählten Abiturfächer, die nicht unbedingt für eine berufliche Karriere ausschlagebend waren. Vielleicht hatten wir uns aus finanziellen Gründen für die Geschäftswelt entschieden oder wollten Beamte werden oder heiraten.

Und was ist aus uns geworden? Womöglich stellen wir uns jetzt zum ersten Mal die Frage, was wir vom Leben eigentlich erwarten. Vielleicht sind wir über unsere früheren Entscheidungen nicht glücklich und möchten uns neue Ziele setzen.

Wir ändern uns Tag für Tag. Nur das ermöglicht unser Wachstum, denn wir haben keine klaren und festen Vorstellungen von uns und unseren Zielen.

Der Vierte Schritt des Programms besagt, wir sollten eine gründliche und furchtlose Inventur von unserem Inneren machen. Diese persönliche Inventur befähigt uns, mehr Demut zu zeigen angesichts der Tatsache, daß wir uns permanent verändern und wachsen.

Heute abend will ich dankbar dafür sein, daß das Programm es mir ermöglicht, zu wachsen.

Wieviel weniger schön wäre die Musik, wenn sich zum Beispiel ein Dirigent weigerte, Beethovens Fünfte Symphonie in der Form aufzuführen, wie das Publikum sie kennt. A. P. Herbert

Lange bevor der Buchdruck, das Telefon oder das Tonband erfunden wurden, pflegten unsere Vorfahren sich Berichte, Informationen und Geschichten zu merken, indem sie sie immer wieder erzählten. Diese Geschichten wurden dann von Generation zu Generation weitergegeben. Die Leute saßen um ein Höhlenfeuer und lauschten den Worten des Erzählers. Sie wurden ihrer nicht müde, denn jedes Mal kam etwas Neues hinzu, das ihre Aufmerksamkeit erregte.

Wenn wir etwas immer wieder hören, haben wir die Wahl, entweder gar nicht hinzuhören oder aufmerksam zuzuhören. Wir können Wort für Wort in uns aufnehmen, als hörten wir etwas zum ersten Mal, wir können jede Gefühlsregung nachempfinden und jedem neuen Aspekt unsere Aufmerksamkeit schenken. Vielleicht können wir auch einige Sätze im Gedächtnis behalten, die wir dann in unsere eigene Version einbauen. Eine Geschichte kann immer gleich erzählt werden, aber wenn wir jedes Mal anders hinhören, wird sie immer neu und lebendig für uns sein.

Wenn ich mich heute abend schlafen lege, kann ich mir vorstellen, ich sei nach jahrelanger Taubheit wieder imstande zu hören. Ich versuche zuzuhören, als wäre es das erste Mal und werde um ein Vielfaches davon profitieren.

18. Mai

Nach achttausend erfolglosen Versuchen mit einer Nikkel-Eisen-Batterie sagte Thomas Edison: »Nun gut, jetzt wissen wir wenigstens, daß achttausend nicht funktionieren.«
Robert Millikan

Wenn wir nicht an unseren Erfolg glauben, sind alle unsere Anstrengungen vergeblich. Wenn wir Angst vor dem Erfolg haben und uns mit dem Mittelmäßigen zufriedengeben, werden wir nie erfolgreich sein. Wenn wir mehrere Fehlschläge erlitten haben, geben wir erst beim nächsten auf. Aber wir müßten uns immer die Frage stellen: Wie sehr liegt uns daran, unser Ziel zu erreichen?

Thomas Edison arbeitete fieberhaft an der Erfindung der Batterie. Er betrachtete seine gescheiterten Versuche nicht als Niederlagen, sondern als Information. Was manche als Mißerfolg, bezeichnen würden, deutete er als Erfolg, auch wenn er nicht das gewünschte Resultat erzielte.

Wenn wir etwas wirklich wollen, haben wir mehrere Möglichkeiten, es zu erreichen. Wir können unsere Einstellung zu den Ergebnissen ändern, indem wir sie nicht als Mißerfolg, sondern als Leistungen einstufen. Ferner können wir einen neuen Weg ausprobieren. Wir dürfen auf keinen Fall aufgeben, bevor wir nicht sämtliche Möglichkeiten ausprobiert haben.

Wenn wir nichts unversucht lassen, wird sich auch der Erfolg einstellen.

Glücklich zu sein heißt, zu wissen, daß man nicht unbedingt glücklich sein muß. William Saroyan

Glauben wir, daß unser Glück von materiellen Dingen abhängt? Doch Stereoanlagen gehen kaputt, Kleider tragen sich ab, und Autos bekommen Kratzer und Beulen. Glauben wir, daß wir durch eine Beförderung oder einen Umzug glücklicher wären? Aber ein neuer Arbeitsplatz oder ein neues Heim werden bald auch wieder ein alter Arbeitsplatz oder ein altes Zuhause sein. Und dann werden wir wieder neue Veränderungen und Herausforderungen suchen.

Das ewige Ringen um das Glück wird aufhören, sobald wir erkennen, daß man auch glücklich sein kann, ohne ständig darum zu ringen. Allein durch das Bewußtsein, daß wir kein neues Auto und keine andere Wohnung brauchen, und daß nichts im Leben vollkommen sein muß, können wir uns glücklich fühlen. Unser Glück kann allein darauf beruhen, daß wir wir selbst sind, daß wir jeden Tag bewußt erleben und nur das tun, was für uns wichtig ist. Glücklich sein heißt, nicht kämpfen zu müssen, um glücklich zu sein.

Heute abend will ich über mich glücklich sein, egal, wo ich bin.

20. Mai

Du mußt nur lernen, den Staub unter deinem Bett nicht wichtig zu nehmen. Margaret Mead

Viele von uns streben nach Perfektionismus. Wir wünschen uns eine perfekte Ehe oder Partnerschaft. Wir wollen einen perfekten Haushalt und möchten perfekt gekleidet sein. Wir träumen von dem perfekten Job und bemühen uns, eine perfekte Arbeitskraft zu sein. Wir wollen selbst auf der ganzen Linie perfekt sein und auch alles, was wir tun, sollte perfekt sein.

Perfektion bedeutet Vollkommenheit — ohne Makel und Fehler. Wir können Perfektion an Sportlern beobachten, wenn sie einen Rekord aufstellen. Doch auch sie erbringen diese Leistung nicht immer, auch sie sind nicht vollkommen.

Wir können hin und wieder Perfektion erlangen, aber sie kann kein Dauerzustand sein. Perfektion ist, eine Eins zu schreiben, ein fehlerloses Geschäftsangebot abzufassen oder eine einwandfreie Handarbeit zustande zu bringen. Aber diese Arbeiten sind bei weitem kein Beweis dafür, daß wir immer perfekt sind. Wir müssen uns eingestehen, nicht perfekt zu sein. Wir können auch eine Drei schreiben, ein paar Tippfehler machen oder ein paar Maschen fallen lassen. Auf diese Weise werden wir erkennen, daß wir wenigstens in einer Hinsicht perfekt sind, nämlich perfekt im Unperfekt-Sein.

Nichts muß perfekt sein. Es genügt, wenn wir unser Bestes geben.

... Sie blickte um sich und stellte fest, daß es keine Geister waren, die umherhuschten, sondern Schatten vom Spiel des Mondlichts in den Bäumen vor dem Fenster.

Lisa Alther

Es ist eine bekannte Tatsache, daß die Angst der Kinder vor dem Schlafengehen auf eine allzu lebhafte Fantasie zurückzuführen ist. Auch unsere Fantasie kann abends Formen annehmen, die uns die Wirklichkeit ganz verzerrt erscheinen lassen. Wir bilden uns Dinge ein, die keineswegs der Realität entsprechen.

Wenn uns jemand nicht grüßt, meinen wir schon, daß er uns haßt. Warten wir vergeblich auf einen Telefonanruf, bilden wir uns bereits ein, der andere habe uns die Freundschaft gekündigt. Anstatt die Dinge realistisch zu sehen, fantasieren wir alles mögliche in sie hinein. So werden dann aus kleinen Ärgernissen riesige Katastrophen, und wir empfinden das leiseste Geräusch in der Nacht als unheimlich und furchterregend.

Doch der Abend ist nicht anders als der Tag, und wir brauchen uns vor nichts zu fürchten, außer vor unseren Gedanken. Diese jedoch können wir aus unseren Köpfen verbannen, indem wir die Dinge so zu sehen versuchen, wie sie tatsächlich sind und nicht wie wir sie uns in der Fantasie ausmalen.

Heute abend will ich versuchen, die Dinge ganz nüchtern zu betrachten. Dabei wird die Dunkelheit meinen Blick nicht trüben.

22. Mai

Manchmal habe ich eine Mordswut auf sie. Da würde ich ihr am liebsten die Haare ausreißen. Aber dann sag' ich mir, sie hat auch ein Recht zu leben. Sie hat ein Recht, sich auf der Welt umzusehen und sich ihre Leute auszusuchen. Nur weil ich sie liebe, kann ich ihr dieses Recht nicht absprechen.

Alice Walker
»Beim Schreiben der Farbe Lila«

Wenn wir uns zu einem Menschen hingezogen fühlen und bereit sind, zu geben und zu teilen, sind wir auch verletzbar. Wir hören oft, wie schön es ist zu lieben, aber wir wissen auch, wie schmerzlich das sein kann.

Es würde uns wahrscheinlich nichts ausmachen zu lieben, wenn der andere uns nicht wehtun würde. Manchmal haben wir den Eindruck, als täte er es mit Absicht: er kommt zu spät zum Abendessen nach Hause, vergißt eine Verabredung oder ein besonderes Ereignis oder schläft beim Austausch von Zärtlichkeiten ein. Wir lassen uns dann unsere Enttäuschung anmerken, indem wir den anderen anschreien, mit Gegenständen nach ihm werfen, ihn schlagen, weglaufen oder die Beziehung abbrechen.

Aber auch wir vergessen ab und zu ein wichtiges Datum oder sind zu müde für die Liebe. Wenn wir uns dieses Recht zubilligen, müssen wir es auch dem Partner zugestehen. Liebe ist nur dann von Dauer, wenn wir genügend Platz haben, um zu wachsen — wie zwei prächtige Blumen, die auch nur dann gedeihen können, wenn sie sich nicht gegenseitig Licht und Nahrung wegnehmen.

Ich will dem Menschen, den ich liebe, einen möglichst großen Freiraum zugestehen.

Die Seele hat die Farbe unserer Gedanken. Mark Aurel

Wenn wir ein paar Kindern Papier und Buntstifte geben mit der Aufforderung, sich selbst zu malen, werden wir anhand der Farben, die sie gewählt haben, erkennen, wie sie sich selbst empfinden. Pastelltöne stehen für Zufriedenheit und Frohsinn; grelle Farben sind der Ausdruck starker Gefühle; Schwarz und Blau deuten auf Traurigkeit und Schmerz hin.

In welchen Farben würden wir uns heute abend malen? Haben wir einen angenehmen Tag verbracht und uns mit positiven Gedanken auf die Gegenwart konzentriert, werden unsere Farben vermutlich Zufriedenheit und Heiterkeit ausdrücken. War es aber ein schlechter Tag mit negativen Gedanken, die sich nur mit der Vergangenheit oder der Zukunft beschäftigt haben, so werden die von uns gewählten Farben auf Verwirrung, Angst, Trauer und Unsicherheit schließen lassen.

Wir können heute abend getrost in die Dunkelheit der Nacht blicken, wenn wir uns in heiteren Farben sehen. Die ganze Farbskala des Regenbogens steht uns zur Verfügung — wir brauchen nur unsere Wahl zu treffen.

Welche Farbe hat meine Seele heute abend?

24. Mai

Anspannung ist eine Angewohnheit, Entspannung ist eine Angewohnheit. Schlechte Angewohnheiten kann man ablegen, gute Angewohnheiten kann man fördern.
William James

Nägelbeißen, Fußwippen, Fingerklopfen oder Händereiben, das alles ist Ausdruck nervöser Anspannung. Meistens sind uns diese Angewohnheiten gar nicht bewußt. Wir können sie mit Hilfe der gleichen ›Werkzeuge‹ bekämpfen, die das Programm zur Suchtbekämpfung anbietet. Dazu müssen wir die »Schritte« befolgen, durch die wir uns zuerst einmal dieser Angewohnheit bewußt werden und dann die nötige Stärke aufbringen, um dagegen ankämpfen zu können. Wir haben aber auch die Möglichkeit, eine gute Angewohnheit anzunehmen, mit der wir die schlechte ersetzen.

Angenommen, wir sind vor Beginn eines Meetings schrecklich nervös. Wir sitzen da, kauen wie in allen Streßsituationen an den Fingernägeln. Wir können diese schlechte Angewohnheit aber durch eine gute ersetzen, indem wir zum Beispiel freiwillig Kaffee zubereiten. Auf diese Weise sind unsere Hände und Gedanken beschäftigt, bis das Meeting beginnt. Wir können uns also mit Hilfe des Programms schlechte Angewohnheiten abgewöhnen, haben aber auch die Möglichkeit, die schlechten durch gute zu ersetzen.

Welche schlechten Angewohnheiten habe ich? Heute abend nehme ich mir fest vor, sie durch gute zu ersetzen.

Zwei Dinge im Leben sind erstrebenswert: zu bekommen, was man sich vornimmt, und sich daran zu erfreuen. Doch um das Zweite zu erreichen, bedarf es großer Weisheit. Logan Pearsall Smith

Durch unsere Beschäftigung mit dem Programm lernen wir eine neue Lebensart kennen. Wir werden im Laufe unseres Lebens nie alles erreichen, was wir uns vornehmen. Aber die einzelnen Fortschritte, die wir erzielen, werden eine große Bereicherung für uns sein.

Vielleicht haben wir letzte Woche nicht ein einziges Mal mit unserem Partner gestritten. Oder wir haben einmal allein etwas unternommen oder etwas Neues ausprobiert. Wie feiern wir eigentlich solche Erfolge? Wieviel Zeit haben wir bis jetzt damit verbracht, uns über die schönen Dinge im Leben zu freuen?

Wenn wir eine Leistung vollbracht haben, müssen wir einen Augenblick lang innehalten und uns darüber freuen. Egal wie groß sie ist, wir müssen sie anerkennen und feiern. Die Zeit, um unsere Erfolge zu feiern, müssen wir uns einfach nehmen. Wir dürfen keine Sekunde zögern, die Früchte unserer Arbeit zu genießen.

Welche Erfolge — ob groß oder klein — habe ich heute erzielt? Heute abend will ich mich darüber freuen, denn sie sind noch ganz lebendig in mir. Ich bin glücklich darüber, etwas geleistet zu haben.

26. Mai

Ich glaube, nichts ist so wichtig, wie einem Menschen nahezustehen. Das Alleinsein macht alt und verbittert.
Thomas Tryon

Alleinsein ist immer eine Möglichkeit. Wir können uns entscheiden, wieviel Zeit wir mit anderen verbringen und wann wir lieber allein sein wollen. Manchmal ziehen wir das Alleinsein vor, um Ruhe zu haben, um wieder zu uns selbst zu finden. Aber wenn wir dazu neigen, uns immer mehr von den anderen zurückzuziehen, sollten wir darüber nachdenken, warum das so ist.

Vielleicht haben wir Angst, etwas zu riskieren, wenn wir uns auf andere einlassen. Oder aber wir bilden uns ein, die anderen würden uns nicht mögen, wenn sie uns näher kennenlernten. Ein weiterer Grund könnte sein, daß wir fürchten, verletzt zu werden, was uns in der Vergangenheit nur allzuoft widerfahren ist.

Aber inzwischen haben wir uns verändert. Wir sind Anhänger eines Programms geworden, das auf Liebe, Vertrauen, Glaube und Hoffnung aufbaut. Es ist ein Programm, das die Meetings in den Mittelpunkt stellt, bei denen sich Menschen treffen, die füreinander da sind. Sie tauschen Telefonnummern aus, nehmen sich gegenseitig in die Arme, trinken gemeinsam Kaffee, hören einander zu und versuchen einander zu verstehen. Wir haben die Wahl zwischen dem Alleinsein und den Vorzügen des Füreinander-Daseins.

Fühle ich mich heute abend einsam? Was kann ich tun, um mehr Kontakt zu bekommen?

Ich habe nur ein Licht, das mir den Weg weist, und das ist das Licht der Erfahrung. Patrick Henry

Stellen wir uns einmal vor, wir müßten nachts ohne Taschenlampe durch den Wald gehen: Wir wären Wurzeln, Baumstümpfen, Sträuchern, Felsen und Löchern ausgeliefert. Und obwohl wir diesen Weg tagsüber schon einmal gegangen sind, ist es jetzt, ohne Licht, als gingen wir ihn zum ersten Mal.

Die Erfahrung lehrt uns, mit Werkzeugen umzugehen. Wenn wir mit einem nicht zurechtkommen, müssen wir eben so lange probieren, bis wir das richtige gefunden haben.

Wir werden nicht straucheln im finsteren Dickicht von Angst, Trauer, Zweifel und Unsicherheit, denn wir haben viele Lichter, die uns den Weg erhellen. Sie alle sind im Programm enthalten. Unsere eigene und die Erfahrung anderer hat uns gezeigt, daß das Programm der richtige Weg ist. Wir haben die Wahl, durch die Dunkelheit zu stolpern oder mit dem Licht des Programms sicher unseren Weg zu gehen.

Auch wenn ich mich heute abend niedergeschlagen fühle, will ich fest daran glauben, daß ich meinen Weg finden werde.

28. Mai

Alles, was mit unseren persönlichen Wünschen in Einklang steht, erscheint uns richtig. Alles, was im Widerspruch dazu steht, versetzt uns in Wut. André Maurois

Es war einmal eine Frau, die sich damit brüstete, alles zu erreichen, was sie wollte. Sie steckte sich sogar einen Button an, auf dem stand: »Ich möchte alles — ich möchte das Beste — ich möchte es sofort!« Die meiste Zeit bekam sie auch, was sie wollte und freute sich darüber. Aber wenn sie einmal nicht bekam, was sie wollte, geriet sie außer sich vor Wut.

Vielleicht sind wir dieser Frau ähnlich. Es ist sicher nicht leicht, weniger zu bekommen, als man erhofft. Die Vorstellung, daß wir das Ziel unserer Wünsche nicht erreichen, kann uns aber ermutigen, so lange um eine Sache zu kämpfen, bis wir sie bekommen.

Wie sähe es aber auf der Welt aus, wenn alle so handelten? Es kann nicht jeder nur nehmen und immer nur bekommen. Und ebenso kann nicht jeder nur in einem fort geben. Einmal zu geben, soll nicht heißen, daß man immer geben muß, genauso wie einmal zu bekommen nicht bedeutet, immer zu bekommen. Wir müssen uns vor Augen halten, daß hier ein Gleichgewicht vorherrscht. Und um dieses zu erreichen, ist es notwendig, einzusehen, daß wir nicht alles haben können, was wir möchten. Und das ist auch richtig so.

Werde ich wütend, wenn ich mein Ziel nicht erreiche? Hilf mir, daß ich lerne, im gleichen Maße zu geben wie ich bekomme.

Gestern, irgendwo zwischen Sonnenaufgang und Sonnenuntergang zwei goldene Stunden verloren, jede bestückt mit sechzig diamantenen Minuten. Keine Belohnung ausgesetzt, denn sie sind fort für immer.

Horace Mann

Wenn wir auf den heutigen Tag zurückblicken, müssen wir uns fragen, ob wir nicht einige Augenblicke wertvoller Zeit vergeudet haben. Vielleicht haben wir sogar eine Menge Zeit vertan, gelangweilt und lustlos. Diese Zeit ist verflogen, wir können sie nie mehr zurückholen, aber wir können uns vornehmen, ab morgen bewußter damit umzugehen.

Als wir noch vom Alkohol oder anderen Drogen abhängig waren, haben wir viele Stunden in Bars, vor dem Fernseher oder in einer Art Dämmerzustand verbracht. Einige von uns haben vielleicht ständig mit ihrem Partner oder einem Elternteil, der Alkoholiker war, wertvolle Abende und Wochenenden mit sinnlosen Diskussionen vertan. Und andere waren die ganze Zeit mit der Familie beisammen und haben dabei ihre Freunde vernachlässigt.

Doch wir haben keine Zeit zu vergeuden. Wir können uns für andere nur so viel Zeit nehmen, daß auch für uns noch genügend übrigbleibt. Wir können uns ohne weiteres von einer Diskussion zurückziehen und am Abend oder an den Wochenenden ausgehen. Wir können Alkohol und Tabletten wegschließen, zu Meetings gehen und das Leben in seiner ganzen Frische genießen. Die Zeit, die wir vergeudet haben, ist ein für alle Male dahin, aber die Zeit, die noch vor uns liegt, können wir voll und ganz ausschöpfen. Es hängt nur von uns ab, ob wir jede Minute nützen oder nicht.

Ich will mein Leben nicht sinnlos vergeuden. Ich werde jede Minute nützen und danach trachten, keine wertvolle Zeit zu verschwenden.

30. Mai

Der erste Schritt, ein Problem zu lösen, ist, jemanden davon zu erzählen. John Peter Flynn

Immer wieder sind wir versucht zu glauben, wir müßten unsere Probleme für uns behalten. Warum sollen wir die anderen damit behelligen? Vielleicht denken wir auch, daß uns ohnedies niemand helfen würde und wir nur Mitleid erregen könnten. Vielleicht wäre es uns auch peinlich, wenn andere wüßten, daß wir Probleme haben.

Jeder Mensch hat Probleme, selbst die Leute, die ständig mit lachendem Gesicht herumlaufen. Doch niemand kann seine Probleme allein lösen. Viele bitten Gott oder einen guten Freund um Hilfe. Andere wenden sich an den Partner oder ihren Rechtsanwalt. Und wieder andere sprechen in den Meetings von ihren Problemen. Sie alle werden ihre Probleme lösen, weil sie mit anderen darüber sprechen. Probleme wachsen uns nur dann über den Kopf, wenn wir von den oben erwähnten Möglichkeiten keinen Gebrauch machen.

Für jedes Problem gibt es eine Lösung, aber die Antwort liegt nicht immer sofort auf der Hand. Wenn wir jemanden um einen Rat bitten, geben wir zu, daß wir selbst keine Lösung finden. Das ist der Erste Schritt des Programms und der erste zu einer gesunden und sensiblen Lebensweise. Ein geteiltes Problem ist bereits ein gelöstes Problem.

Heute abend will ich meine Probleme Gott anvertrauen. Ich kann ihn um Hilfe bitten und dadurch eine Lösung finden.

Die Stimme der Intelligenz ist schwach und leise. Sie wird übertönt vom Gebrüll der Angst und ignoriert von der Stimme des Verlangens. Die Stimme der Schande widerspricht ihr, der Haß unterdrückt sie, die Wut erstickt sie, aber die Unwissenheit läßt sie für immer verstummen.
Karl Menninger

Die Legende der Sibylle berichtet von einer Frau, die sechzehn Gesichter hatte. Angst und Verwirrung, die sich in vielen Stimmen Gehör verschafften, hinderten sie daran, Entscheidungen zu treffen und sie selbst zu sein. Statt einer Meinung hatte sie sechzehn, bis zu dem Tag, als sie erlöst wurde.

Auch uns ergeht es oft wie dieser Frau. Ein Gewirr von Stimmen in uns sagt uns, was wir tun und was wir lassen sollen, schüchtert uns ein und ängstigt uns.

Aber wir brauchen nicht auf diese Stimmen hören. Wir müssen nur auf die Stimme der Höheren Macht hören. Sie sagt uns, daß wir gut sind und Gutes tun. Außerdem gibt uns das Programm alles, was wir brauchen, um noch besser zu werden. Die Stimme der Höheren Macht wird mit der Zeit immer lauter und kräftiger werden und die anderen Stimmen, die bis jetzt unser Leben bestimmt haben, immer mehr übertönen.

Heute abend will ich auf die beste Stimme hören — die Stimme der Höheren Macht. Ich werde tun, was sie mir rät und mich von ihr leiten lassen.

Juni

Als der alte Mann bei Sonnenuntergang den Strand entlanggging, sah er vor sich einen jungen Mann, der Seesterne aufhob und ins Meer warf. Nachdem er ihn schließlich eingeholt hatte, fragte er ihn, warum er das denn tue. Die Antwort war, daß die gestrandeten Seesterne sterben würden, wenn sie bis Sonnenaufgang hier liegen blieben. »Aber der Strand ist viele Meilen lang und Tausende von Seesternen liegen hier«, erwiderte der Alte. »Was macht es also für einen Unterschied, wenn du dich abmühst?« Der junge Mann blickte auf den Seestern in seiner Hand und warf ihn in die rettenden Wellen. Dann meinte er: »Für diesen hier macht es einen Unterschied.« Minnesota Literacy Council

Unsere Bemühungen sind nie umsonst. Wir werden viele Seesterne auf unserem Weg finden, und die Art und Weise, wie wir mit ihnen umgehen, wird unser Wachsen beeinflussen.

Heute abend wollen wir nichts anderes tun, als auf die Seesterne zu achten, die wir sehen können. Wenn wir all jene aufheben, die unsere Hilfe brauchen, tun wir nicht nur etwas für sie, sondern auch für uns.

Alle meine Bemühungen lohnen sich. Ich will den ersten Schritt machen, um Veränderungen herbeizuführen, Risiken einzugehen, Gefühle auszudrücken und positive Gefühle in meinem Leben zuzulassen.

2. Juni

Du bist nur ein Mensch, und deshalb darfst du auch irren.
Billy Joel

Gehören wir zu denen, die ständig auf der Suche nach Fehlern sind? Zeigen wir schnell mit dem Finger auf andere, die sich geirrt haben, oder halten wir gerne jemandem seine Fehler vor? Vielleicht interpretieren wir aber auch die Handlungen anderer falsch, mißtrauen ihren Worten oder behaupten das genaue Gegenteil?

Jeder macht Fehler, auch wir. Aber irgendwann als Heranwachsende haben wir uns eingeredet, wir könnten uns am besten verteidigen, wenn wir uns als Richter aufspielen. So haben wir in der Schule, in der Familie, in unseren Beziehungen und im Berufsleben stets eine defensive Haltung eingenommen.

Wir müssen aber nicht alles daransetzen, um ohne Fehl und Makel dazustehen. Wir können das Richterspielen aufgeben und uns und unseren Mitmenschen gegenüber ehrlich zugeben, daß wir einen Fehler begangen haben. Wenn wir einsehen, daß auch wir nur Menschen sind, werden wir das Leben nicht länger als Schlachtfeld betrachten, sondern als ein Klassenzimmer, in dem jeder Lehrer und Schüler zugleich ist.

Auch ich bin nur ein Mensch und weiß, daß ich nicht unfehlbar bin.

Ebbe und Flut des Willens sind wie die Gezeiten des Meeres. Wenn wir aufhören zu kämpfen und zu klagen und lange genug den Blick von uns selbst abwenden, werden wir erkennen, daß das Leben es gut mit uns meint. Charles B. Newcomb

Auch die Natur ist einem ständigen Wandel unterworfen. Wir können sicher sein, daß die Sonne und der Mond immer wieder auf- und untergehen, daß auf die Flut die Ebbe folgt und eine Jahreszeit die andere ablöst. Weil wir uns auf diese Phänomene verlassen können, können wir auch in die Extreme der Natur Vertrauen haben.

Das gleiche gilt für uns Menschen. Wir lachen und weinen, arbeiten und vergnügen uns, sind jung und werden alt. Und auch wir sind Extremen ausgesetzt, genauso wie die Natur. Und so wie die Natur nach der größten Katastrophe wieder ihren normalen Lauf nimmt, können auch wir damit rechnen, daß sich unser Leben wieder normalisiert.

Es gibt einen Rhythmus in unserem Leben, der uns erwachen und einschlafen läßt. Wenn wir uns diesem Rhythmus anpassen können, werden wir in der nächtlichen Ruhepause neue Energie für den nächsten Tag schöpfen. Auch jetzt ist es Zeit, daß wir dem natürlichen Rhythmus folgen und uns schlafen legen.

Werde ich heute nacht fest schlafen können, damit mein Geist, meine Seele und mein Körper zur Ruhe kommen? Kann ich mich darauf verlassen, daß ich meinen natürlichen Rhythmus finden werde?

4. Juni

Alles, was ich über das Leben gelernt habe, kann ich in drei Worte fassen: Es geht weiter. Robert Frost

Wenn wir beim Umgraben im Garten auf einen Ameisenhaufen stoßen, wissen wir genau, wie die aufgescheuchten Ameisen auf unsere ungewollte Attacke reagieren: Sie werden alles daran setzen, sich und ihre Vorräte zu retten. Sie hasten umher und bringen die Larven in Sicherheit. Alles, was nun offen daliegt, wird in tiefere Gänge geschafft. In wenigen Minuten sind die Ameisen wieder in Sicherheit, und alles läuft weiter wie bisher.

Wie reagieren wir angesichts eines Unglücks oder eines unvorhergesehenen Ereignisses? Möchten wir uns am liebsten verkriechen, oder lassen wir uns genausowenig irritieren wie die Ameisen? Anstatt über ein gescheitertes Vorhaben oder einen Verlust zu klagen, können wir versuchen, es den Ameisen gleichzutun und lernen, uns den Umständen im Rahmen des Möglichen anzupassen.

Das Leben bleibt unseretwegen nicht stehen, damit wir unsere Wunden lecken oder uns in Selbstmitleid ergehen können. Die Zeit läuft weiter, wir werden mit jeder Stunde älter, die Natur nimmt ihren gewohnten Gang. Jedes Ereignis ist ein Teil des Lebenszyklusses. Wir können vor nichts weglaufen. Wir dürfen nicht den Kopf verlieren und müssen uns den Gezeiten anpassen.

Wird es mir gelingen, ein unvorhergesehenes Ereignis in meinem Leben als einen Teil des Lebenszyklusses zu betrachten? Ich muß darauf vertrauen, daß das Leben weitergeht.

Die Angst macht unfrei, der Glaube frei. Die Angst lähmt, der Glaube gibt Kraft. Die Angst macht mutlos, der Glaube ermutigt. Die Angst macht krank, der Glaube heilt. Die Angst macht untauglich, der Glaube tauglich.
Harry Emerson Fosdick

Es wird behauptet, das Gegenteil von Angst sei der Glaube. Aber wie können wir unsere Ängste in Glauben verwandeln, wenn uns der Glaube so schwerfällt? Was können wir tun, damit wir stärker glauben? Einer der einfachsten Wege, eine Alternative zur Angst zu entwickeln, ist, uns im Zustand der Angst zu fragen: Was kann mir schlimmstenfalls passieren? Von dem Augenblick an, da wir die Antwort auf diese Frage kennen, haben wir den Ursprung unserer Angst, der uns bislang unbekannt war, ergründet.

Wovor haben wir momentan Angst? Zunächst müssen wir versuchen, zu ergründen, was uns eigentlich Angst macht. Sobald wir uns der Dinge, die uns widerfahren können, bewußt sind, können wir uns auch auf Mißerfolg, Verlust oder Trauer einstellen. Wenn wir unsere Angst verstehen, hat sie keine Macht mehr über uns, und wir können wieder zuversichtlich sein.

Wovor fürchte ich mich und warum? Ich weiß, mir kann nichts geschehen, denn ich kenne den Grund meiner Angst.

6. Juni

Die Menschheit ist vorangekommen in den Fußstapfen der Männer und Frauen, die unerschütterlichen Glaubens waren. Viele von diesen Größen haben Sterne am Himmel zum Leuchten gebracht, damit ihr Schein die Nacht der anderen erhelle. Olga Rosmanith

Überall können wir Vorbilder finden. Und wenn es uns schlecht geht, können wir uns an ihrem Glauben, ihrer Hoffnung, ihrer Stärke, ihrem Mut und ihrer Unerschrokkenheit ein Beispiel nehmen. Um aber diesen Vorbildern nacheifern zu können, müssen wir bereit sein, über unsere eigene Person hinwegzusehen.

Wenn es uns schlecht geht, konzentrieren wir uns nur noch auf uns selbst. Am liebsten würden wir uns in unseren eigenen Schoß verkriechen und nur noch unseren Gefühlen, Gedanken, Schmerzen und Bedürfnissen leben.

Doch es gibt unzählige Menschen um uns herum, die auch kein leichteres Schicksal hatten als wir. Anstatt sich jedoch nur mit sich selbst zu beschäftigen, haben sie nach Lösungen gesucht und sie auch gefunden. Wenn wir ihrem Beispiel folgen, werden auch wir Licht in unsere Finstrnis bringen.

Wo kann ich Kraft finden?

Der Verstand ist Platz und Inhalt zugleich. Er kann den Himmel zur Hölle machen und die Hölle zum Himmel. John Milton

Wenn wir die Nachrichten im Radio anhören, erfahren wir von Naturkatastrophen, Hungersnöten, Folter und Blutvergießen. Dabei sitzen wir gemütlich zu Hause, und dennoch beklagen wir uns: »Das Leben behandelt mich ungerecht. Warum geht ausgerechnet bei mir alles schief?«

Würden wir uns weniger auf uns selbst konzentrieren und uns dafür die Mißstände außerhalb unserer kleinen Welt vor Augen führen, müßten wir erkennen, daß wir uns unsere Hölle nur einbilden. Wenn wir immer nur das sehen, was wir nicht haben oder nicht erreichen können, legen wir damit den Grundstein für ein Mahnmal der Hölle. Nicht-Haben und Nicht-Sein sind die wichtigsten Attribute für uns geworden.

Doch wir müssen endlich Schluß damit machen, das Negative zu sehr in den Vordergrund zu stellen. Zweifelsohne gibt es sehr viele Mißstände auf dieser Welt und auch viele schlechte Menschen. Und ganz sicher gibt es auch Dinge, die wir nicht haben können oder nie erreichen werden. Deshalb sollten wir aufhören, der Hölle Tribut zu leisten und dafür lieber dem Himmel Anerkennung zollen für all die Dinge, die wir haben können, tun können und ändern können.

Ich will der Hölle kein Monument errichten, sondern dem Leben ein Denkmal setzen. Das Gebet wird mir heute abend helfen, das Schöne im Leben zu sehen, nicht das Schlechte.

8. Juni

Man sollte alle Tage wenigstens ein kleines Lied hören, ein gutes Gedicht lesen, ein treffliches Gemälde sehen und wenn es möglich wäre, einige vernünftige Worte sprechen. Johann Wolfgang von Goethe

Haben wir am Ende eines Tages schon jemals den Eindruck gehabt, wir hätten alles erledigt? Vermutlich haben wir alles getan, was in unserem Terminkalender stand, aber blieb uns auch Zeit für Dinge, die uns wichtig waren?

Das Abendessen muß nicht zu einer bestimmten Zeit fertig sein. Ich muß mir nicht jeden Tag Arbeit mit nach Hause nehmen. Bestimmte Hausarbeiten müssen nicht immer am gleichen Wochentag verrichtet werden. Eine kleine Abwechslung in der Gestaltung unserer Abende wäre empfehlenswert, vor allem, weil wir eine andere Gangart einlegen sollten. Das würde uns helfen, uns zu entspannen, uns zu finden, wachsamer zu werden und mehr vom Leben zu haben, anstatt uns abzuhetzen, nur um Schritt halten zu können.

Wir könnten ein Buch lesen, eine Schallplatte auflegen, die wir schon lange nicht mehr gehört haben, einen Freund anrufen oder einen Brief schreiben. Wir könnten auch einen Spaziergang machen, eine besondere Nachspeise ausprobieren, ein entspannendes Bad nehmen. Wir sollten einfach die bisherige Routine verändern und eine neue einführen, nämlich das Uns-Verwöhnen.

Wie kann ich mich heute verwöhnen? Heute abend will ich mir überlegen, worauf ich Lust hätte — und morgen werde ich es tun!

Wenn du dir Sorgen machst, gehst du endlos weit und kommst dort an, wo du aufgebrochen bist. Denken hingegen bringt dich von einem Ort zum anderen ... Die Kunst des Lebens besteht darin, Sorgen in Denken umzuwandeln und Ängstlichkeit in kreatives Handeln.

Harold B. Walker

Der Gefangene in einer engen Zelle hat nur einen Weg, den er abgehen kann — immer den gleichen Weg, mit der gleichen Anzahl der Schritte im gleichen Tempo. Immer das gleiche, Tag für Tag, bis er wieder frei ist.

Wenn wir Sorgen haben, geht es uns wie diesem Gefangenen. Die Sorgen lassen uns immer wieder das gleiche denken und versetzen unseren Körper in einen permanenten Zustand der Angst. Wir bilden uns ein, daß wir unser Problem lösen, indem wir es ständig im Kopf wälzen. Aber in Wirklichkeit bleiben unsere Bemühungen nur an der Oberfläche haften.

Um vernünftige Lösungen zu finden, müssen wir erst einmal unsere Sorgen ablegen. Heute abend wollen wir uns der Last aller Sorgen entledigen, unsere Gedanken sollen sich nicht ständig im Kreis drehen, sondern wir werden sie konzentriert auf unser Problem lenken. Diese Gedanken sind der Schlüssel, der uns den Weg zu einem sorgenfreien Leben öffnet.

Ich will nicht der Gefangene quälender Gedanken sein. Heute abend will ich klare Gedanken fassen, die mich von meinen Sorgen befreien werden.

10. Juni

Ich wünschte, meine Seele hätte Fenster,
damit ich meine Gefühle sehen könnte. Artemus Ward

Wäre es nicht großartig, wenn unsere Mitmenschen unsere Gefühle sehen könnten? Wir würden einen Raum betreten, und jemand würde sagen: »Ich sehe, daß du dich gerade traurig fühlst. Darf ich dir helfen?«

Wir sind fast alle in der Erwartung aufgewachsen, die Menschen wären fähig, unsere Gefühle wie Hellseher zu erraten. Und ohne daß wir ihnen unsere Gefühle mitteilen oder sie um ihre Hilfe bitten, wüßten sie ganz genau, was wir empfinden. Als wir erkannten, daß das ein großer Irrtum ist, reagierten wir mit Wut, Verstimmung und Depression. Bis uns nicht jemand darauf aufmerksam machte, war uns nicht bewußt, wie verschlossen wir waren und welch große Erwartungen wir an unsere Mitmenschen stellten.

Solange wir aber nicht über unsere Gefühle sprechen, werden sie von den anderen nicht wahrgenommen. Und solange wir nicht um Hilfe bitten, werden wir keine bekommen. Die Menschen um uns herum haben Ohren, um zu hören, und Arme, um uns zu halten. Wir müssen nur bereit sein, die Fenster zu unseren Gefühlen zu öffnen.

Ich kann meine Gefühle jemandem anvertrauen. Ich kann um Hilfe bitten, wenn ich Hilfe brauche. Wenn andere um mich herum Kummer haben, will ich für sie da sein. Aber ich werde nicht versuchen, ihre Gefühle zu erraten.

Ich kann nicht die Hände in den Schoß legen und die Realität um mich herum vergessen, denn wenn ich einen Augenblick lang ohne Orientierung bin und nicht weiß, auf welchem Weg ich mich befinde, erfaßt mich Panik, und die Leere um mich herum bereitet mir Angst. Dann muß ich einfach etwas tun ... Joanna Field

Nehmen wir an, wir hätten keine Pläne für morgen. Wir müßten weder zur Arbeit noch zum Unterricht und hätten auch keine Besorgungen zu machen. Im ersten Moment werden wir uns vielleicht darüber freuen, aber dann sollten wir uns daran erinnern, wie es war, als wir das letzte Mal unsere Zeit allein verbringen mußten.

Haben wir uns ruhig in eine Ecke gesetzt und in uns hineingehorcht, um alle quälenden Gedanken abzuschütteln und uns zu entspannen? Oder haben wir sofort den Fernsehapparat angestellt, ein Buch zur Hand genommen und sind hektisch in der Wohnung hin und her gerannt?

Vielleicht haben wir Angst, allein zu sein und nur still dazusitzen. Doch wenn wir bereit sind, auf die Stimme in uns zu hören, ohne Geräuschkulisse ringsum und ohne uns mit irgendwelchen Tätigkeiten abzulenken, werden wir allmählich entdecken, daß unsere tiefsten Gedanken kreativ, anregend und intuitiv sind. Dann sind wir auf dem Weg, uns selbst zu entdecken.

Heute abend will ich mich fünfzehn Minuten lang auf mein Inneres konzentrieren. Wenn ich nicht weiß, worüber ich nachdenken soll, werde ich mich auf die Höhere Macht konzentrieren.

12. Juni

Nütze deine Talente. In den Wäldern wäre es ziemlich still, wenn nur die Vögel sängen, die am besten singen.
Pfarrer Oliver G. Wilson

Der Perfektionist in uns ist ein sehr strenger Kritiker. Er sagt uns, der Fotograf in uns wird nie ein Ansel Adams sein, der Schriftsteller in uns niemals ein Charles Dickens und der Geschäftsmann in uns kein Henry Ford. Er sagt auch, daß wir als Eltern nie vollkommen sein werden.

Dieser Perfektionist in uns übt eine unheimliche Macht auf uns aus und bewirkt, daß wir uns all jenen, die etwas vor uns geleistet haben, unterlegen fühlen. Eine solche Verurteilung kann unsere Kreativität und unsere Fähigkeiten derart beeinträchtigen, daß wir es aufgeben, auf einem Gebiet etwas leisten zu wollen.

Wie wollen wir wissen, ob wir auf einem Gebiet etwas Besonderes leisten? Sicher, wir werden kein Ansel Adams oder sonst wer sein, denn die hat es bereits gegeben. Aber wir können wir selbst sein und unsere Talente aufs Beste nützen. Wir werden vielleicht sogar erfolgreich und berühmt sein, oder auch nicht. Doch um das zu wissen, müssen wir es auf einen Versuch ankommen lassen. Mit unseren Fähigkeiten und Talenten können wir unglaublich viel erreichen. Aber dazu müssen wir sie vorher erproben.

Welche Talente besitze ich? Ich kann diese Talente nicht entwickeln, indem ich andere nachzuahmen versuche, sondern nur, indem ich mich bemühe, herauszufinden, wozu ich imstande bin.

Diese Zeit ist — wie alle Zeiten — sehr gut, vorausgesetzt, wir können damit etwas anfangen.
Ralph Waldo Emerson

Ist das Glas halb voll oder halb leer? Wir wissen, daß die Antwort auf diese Frage Aufschluß darüber geben kann, ob wir eine optimistische oder pessimistische Einstellung zum Leben haben. Wenn wir das Glas als halb leer betrachten, konzentrieren wir uns auf das, was nicht mehr vorhanden ist. Ist das Glas in unseren Augen halb voll, so sehen wir das Vorhandene.

Wenn wir eine Fülle von Ideen haben, wie wir unsere Zeit nützen können, haben wir ein positive Lebenseinstellung und werden keine Minute vergeuden. Langweilen wir uns aber oder sind wir lustlos und fühlen wir uns einsam, so werden wir sinnlos Energie verschwenden und wertvolle Zeit vertun.

Anstatt uns auf das zu konzentrieren, was wir nicht haben, sollten wir lieber unsere Einstellung ändern und das betrachten, was wir haben. Wir sind frei in unserer Entscheidung, womit wir unsere Zeit verbringen wollen. Aber von dieser Entscheidung wird die Bedeutung jedes Tages abhängen.

Wie kann ich meine Haltung dem Leben gegenüber ändern und jeden Tag sinnvoll verbringen?

14. Juni

... Ein liebevoller Vater, der wartet und besorgt ist, der berät und Anteil nimmt, gehört zu den größten Geschenken, die Gott uns geben kann. Richard L. Evans

Die Erinnerungen an unsere Kindheit sind wahrscheinlich voll von Freuden, Sorgen, Glück und Schmerz. Vielleicht trauert das Kind in uns noch immer einem Vater nach, mit dem es seine Freuden und Erfolge teilen kann. Vielleicht fühlen wir uns um eine schöne Beziehung betrogen oder sind darüber traurig, daß diese Beziehung zu Ende gegangen ist.

Ein liebevoller, starker Vater ist ein wahrer Segen. Doch viele von uns haben diesen Segen nicht erfahren. Anstatt mit Zorn und Bitterkeit an unsere Kindheit zurückzudenken, sollten wir alle daran glauben, daß unser Vater sein Bestes getan hat, um uns großzuziehen. Er mußte sich mit seinen eigenen Unzulänglichkeiten abfinden und gegen die äußeren Umstände ankämpfen, während er gleichzeitig bestrebt war, uns ein guter Vater zu sein.

Rückblickend sollten wir uns an die guten Seiten unseres Vaters erinnern. Wenn wir die Vorzüge gegen die Unzulänglichkeiten abwägen, werden wir unseren Vater nicht mehr als unzulänglich betrachten, sondern einsehen, daß auch er nur ein Mensch ist.

Ich will in meinem Vater nur einen Menschen sehen, der mich ein Stück lang auf meinem Lebensweg begleitet hat. Erkenne ich seine guten Seiten?

Ich möchte ohne Haß, Launenhaftigkeit, Eifersucht, Neid und Angst leben. Ich möchte ehrlich, offen und natürlich sein und einen gesunden Geist in einem gesunden Körper haben, um jedes Hindernis zu überwinden und unerschrocken und mutig jeder Schwierigkeit zu begegnen. Elbert Hubbard

Als Kinder glaubten wir an zahlreiche Anlässe, bei denen wir uns etwas wünschen konnten: beim Aufgehen des Abendsterns, beim Anblick einer Sternschnuppe oder der brennenden Kerzen auf der Geburtstagstorte. Wir sahen, daß Dorothy von Oz zurückkam, nachdem sie sich gewünscht hatte, wieder zu Hause zu sein. In den Märchen erfuhren wir auch, daß Wünsche in Erfüllung gehen.

Wir brauchen nicht aufzuhören, uns etwas zu wünschen, auch wenn nicht alle unsere Wünsche in Erfüllung gehen. Vermutlich haben wir etwas Unmögliches gewünscht, als wir sagten: »Ich wünsche, zu Hause käme alles in Ordnung.« Aber vielleicht ging unser Wunsch in Erfüllung, als wir sagten: »Ich wünsche mir, dieser Schmerz würde aufhören.« Vielleicht erfüllten sich auch so manche Träume mit dem Programm.

Unsere sehnlichsten Wünsche betreffen meist uns selbst oder das Leben, das wir führen möchten. Wir wünschen uns Reichtum — und finden Freunde mit einem goldenen Herzen. Wir wünschen uns Gesundheit — und können eine Nacht tief und fest schlafen. Was immer wir uns wünschen — unsere Wünsche gehen in Erfüllung.

Ich will heute abend die »Gedanken zur Nacht« laut lesen und sie auf mein Leben übertragen. Ihre kraftspendenden Worte werden mir heute und an allen weiteren Abenden eine große Hilfe sein.

Die Liebe kommt unbemerkt; nur wenn sie geht, merken wir es. Austin Dobson

Wie oft sind wir blind für die Liebe, die uns jemand entgegenbringt? Doch wenn wir diese Liebe verlieren, dann merken wir es sehr wohl. Auf einmal fühlen wir uns hilflos, alleingelassen, verstoßen und verzweifelt. »Niemand wird mich je wieder lieben!« jammern wir dann. Dabei sind wir von liebenden Menschen umgeben, die uns gerne helfen möchten.

Wenn wir aber Liebe gleichsetzen mit Sexualität, werden wir die Schönheit der Liebe nie kennenlernen. Liebe hat viele Formen und kommt von vielen Menschen. Wenn wir den Verlust der Liebe erfahren haben, sind wir schnell bereit zu glauben, daß wir nie mehr im Leben von jemandem geliebt werden.

Liebe ist nicht nur ein Anlaß für den Valentinstag oder das berauschende Gefühl der Ekstase und der Leidenschaft. Wenn wir uns diese Art von Liebe wünschen, dann geht es uns wie mit Drogen: Wir werden abhängig, und die Wirkung erweckt in uns ein Glücksgefühl, das jedoch nur von kurzer Dauer ist. Die anhaltende Liebe aber, die stark und geduldig ist, umfaßt die ganze Menschheit. Sie ist es, die uns Fremden zulächeln läßt, langjährige Freundschaften bewirkt und uns Freude und Schmerz bereitet. Liebe ist das, was uns Menschen untereinander verbindet.

Heute abend spüre ich, daß ich andere liebe und sie mich lieben. Ich will lernen, zu erkennen, daß rings um mich Liebe ist.

Wenn du etwas in Eile tust, bedeutet das, daß dir nichts mehr daran liegt und du zu anderen Dingen übergehen möchtest. Robert M. Pirsig

Manchmal haben wir es besonders eilig, eine bestimmte Sache möglichst rasch hinter uns zu bringen. Dann hetzen wir uns ab und setzen uns selbst eine Frist, innerhalb der wir etwas beenden wollen. Es kann aber auch sein, daß wir uns auf ein zukünftiges Ereignis freuen und uns wünschen, die Gegenwart wäre möglichst rasch vorbei.

Aber jetzt ist es Zeit, daß wir langsamtreten. Wie ein Schwimmer vor dem Wettkampf sollten wir uns Zeit nehmen, tief Luft zu holen, die Muskeln zu lockern und die Temperatur des Wassers zu prüfen, bevor wir hineinspringen.

Wir können die Sinnsprüche des Programms beherzigen, die uns helfen, uns zu entspannen. Dann sind wir auch in der Lage, die Gründe besser zu erkennen, warum wir uns selbst unter Druck setzen. Wenn wir uns darüber im klaren sind, können wir entscheiden, welche Tätigkeit Vorrang für uns hat — und dementsprechend unseren Schritt verlangsamen.

Welche Sinnsprüche werden mir helfen, mir eine langsamere Gangart anzugewöhnen?

18. Juni

In einem glücklichen Leben sollten die Tage gut verplant sein und die Nächte frei für alle Eventualitäten.

Mignon McLaughlin

Wie steht es mit unserer Spontaneität? Sind wir eher unflexibel oder flexibel? Finden wir uns damit leicht ab, wenn wir unsere Pläne abrupt ändern müssen, oder irritiert uns das? Neigen wir eher zu Unflexibilität, machen uns Veränderungen zu schaffen? Wir werden wütend, verletzt oder traurig, wenn uns ein Freund anruft, um eine Verabredung abzusagen oder wenn ein unvorhergesehenes Ereignis unsere Pläne vereitelt. Vielleicht sind wir sogar so unflexibel, daß es uns Überwindung kostet, zu einem Meeting zu gehen, unseren Wagen woanders zu parken oder auf einem anderen Stuhl zu sitzen.

Unflexibilität entsteht nicht von heute auf morgen und kann folglich auch nicht von einem Tag auf den anderen abgelegt werden. Kleine Veränderungen in unserem Verhalten helfen uns, mit kleinen Veränderungen in unserem Leben leichter fertig zu werden. Indem wir schrittweise lernen, kleine Veränderungen zu akzeptieren, werden wir mit der Zeit auch große Veränderungen annehmen. Um von Tag zu Tag flexibler zu werden, müssen wir ganz langsam und mit kleinen Veränderungen beginnen. Im Laufe der Zeit werden wir dann unsere Unflexibilität ablegen und spontan und flexibel werden.

Ich will schon morgen damit beginnen, kleine Veränderungen vorzunehmen. Wenn ich jeden Tag eine Kleinigkeit ändere, werde ich Flexibilität entwickeln.

Der Mensch, der keine Fehler macht, kennt weder Mut noch Abenteuerlust. Er wagt nie etwas Neues. Er ist eine Bremse für die Räder des Fortschritts.

M. W. Larmour

»Fortschritt statt Perfektion« lautet die Devise des Programms. Unsere Bestrebungen jedoch, alles richtig und zur rechten Zeit zu machen — und meist auch ohne fremde Hilfe zu beanspruchen —, haben unweigerlich Enttäuschungen und das Gefühl des Versagens zur Folge.

Als Henry Ford sein erstes Automobil konstruierte, vergaß er, den Rückwärtsgang einzubauen. Kann man das als Versagen bezeichnen? Bestimmt nicht, wenn man bedenkt, wie revolutionär sein nächster Wagen — das Modell T — für die Autoindustrie war. Ford lernte aus seinem Fehler und nutzte das Wissen, das er daraus ableitete, für ein noch besseres Modell.

Heue abend wollen wir an etwas weit Wichtigerem bauen — nämlich an unserem Selbst. Doch es wird uns kein vollkommenes Modell gelingen, sondern nur ein besseres als das bisherige. Wenn wir das erreichen, nehmen wir auch die Fehler in Kauf, die uns dabei unterlaufen.

Welche Fehler habe ich heute gemacht, aus denen ich jetzt, am Abend, lernen kann?

20. Juni

Hoffnung ist die einzige Biene, die Honig ohne Blumen herzustellen vermag. Robert Ingersoll

Hoffnung ist der unsichtbare Teil von uns, der zwischen Erreichen und Nicht-Erreichen unterscheidet. Hoffnung ist ein besonderer Muskel, der es uns möglich macht, weiterzugehen, auch wenn die Beine nicht mehr wollen. Hoffnung ist der zusätzliche Herzschlag, der uns mit positiver Energie versorgt, wenn unsere Sinne nicht über das Negative hinaus fühlen, hören und sehen können. Hoffnung ist der Nektar, der die Gesundheit wiederherstellt, wenn unser Körper sich alt und gebrechlich fühlt.

Nur die Hoffnung ist allen Anhängern des Programms gemeinsam. Sie hält uns gesund und gibt uns Kraft. Solange wir Hoffnung haben, werden wir immer eine brennende Kerze in uns spüren, die darauf wartet, die Welt heller zu machen.

Unsere Hoffnung wird jedesmal stärker, wenn wir etwas Gutes tun, selbst wenn es ganz beiläufig geschieht. Hoffnung ist der zusätzliche Impuls, mit dem wir Wut unterdrücken, unsere Reserven an Geduld aufstocken und Liebe verspüren, wenn es uns schwerfällt, Gefühle zu empfinden. Die Hoffnung in unserem Leben macht alles andere möglich.

Habe ich heute abend Hoffnung? Hilf mir, meinem Leben und meinen Mitmenschen hoffnungsvoll gegenüberzustehen.

Ein Mensch bleibt unreif, egal, wie alt er ist, solange er davon überzeugt ist, eine Ausnahme unter den Menschen zu sein. Harry A. Overstreet

Für die meisten Regeln bestehen auch Ausnahmen, denn es gibt immer Menschen oder Umstände, die von der Norm abweichen. Vermutlich halten wir uns manchmal für Ausnahmen der Regel, wenn es um das Programm geht. Wir glauben, unsere Umstände oder unsere Person machen den Unterschied aus. Vielleicht sind wir auch der Ansicht, die Sinnsprüche und Schritte wären gut für die meisten Menschen, beträfen aber nicht uns, weil wir etwas Einmaliges an uns haben, das anderen fehlt.

Wenn auch jeder von uns ein einzigartiges Individuum ist, mit einem ganz persönlichen Lebensstil und spezifischen Umständen, so sind wir trotzdem nicht anders als die übrigen Anhänger des Programms. Wir sind dem Programm beigetreten, um ein ganz bestimmtes Ziel zu erreichen, nämlich einen besseren Lebensstil zu finden, während wir uns gleichzeitig mit den Auswirkungen der Entwöhnung auseinandersetzen müssen. Haben wir einmal erkannt, daß wir dasselbe Ziel anstreben, wie alle anderen auch, werden wir uns nicht mehr als Ausnahme betrachten. Unser Wachstum wird sprunghaft zunehmen, sobald wir uns von der fixen Idee befreit haben, daß wir die Ausnahme der Regel darstellen.

Ich bin nicht anders als die anderen, wenn ich mir die Gründe vor Augen halte, die mich veranlaßt haben, dem Programm beizutreten. Ich will dazugehören und keine Ausnahme sein.

22. Juni

Man sollte mehr handeln, weniger überlegen und sich nicht selbst beim Leben zuschauen.
Sebastien Roch Nicolas de Chamfort

Der Gastgeber einer Talkshow hatte ein Starlet eingeladen. Jedesmal wenn er ihr eine Frage stellte, beobachtete sie sich auf dem Monitor und hörte mehr auf ihre eigenen Worte als auf die des Showmasters. Sie war die ganze Zeit so sehr mit sich beschäftigt, daß sie Mühe hatte, der Show zu folgen.

Wie dieses Starlet, so sind auch wir mitunter so sehr mit uns beschäftigt, daß wir die anderen gar nicht wahrnehmen. Wir werden bald unsere größten Fans sein und nur noch uns selbst beobachten und uns selbst zuhören. Rückblickend auf den heutigen Tag sollten wir überlegen, wieviel Zeit wir damit verbracht haben, über uns zu reden oder uns mit uns und unseren Zielen auseinanderzusetzen.

Schon heute abend können wir damit beginnen, unser Verhalten zu ändern. Statt uns stundenlang mit uns selbst zu beschäftigen, sollten wir lieber einem Hobby nachgehen, ein Buch lesen, uns einen Film ansehen oder ein Familienmitglied besuchen. Wir sind nicht so wichtig, als daß wir ständig im Mittelpunkt unserer Aufmerksamkeit stehen müssen. Es gibt weitaus wichtigere und interessantere Menschen, Plätze und Dinge, die unsere Aufmerksamkeit verdienen.

Ich will aufhören, mich ständig nur mit mir selbst zu beschäftigen und möchte den anderen größere Beachtung schenken. Hilf mir, die Welt um mich herum zu entdecken.

Das Leben ist wie ein Fahrrad mit einer Zehngang-Schaltung. Die meisten Gänge benutzen wir nie.
Charles M. Schulz

Um ein Fahrrad mit einer Zehngang-Schaltung richtig fahren zu können, müssen wir zuerst lernen, die Gangschaltung zu benutzen. Geht es bergauf, sollten wir wissen, welcher Gang am günstigsten ist, um Steigungen zu überwinden. Fahren wir bergab, sollten wir auch den besten Gang dafür kennen.

Die Zwölf Schritte des Programms lassen sich mit den Gängen eines Fahrrades vergleichen. Kennen wir den Sinn und Zweck der einzelnen Schritte, können wir sie benutzen, um uns den Weg zu erleichtern. Das Leben mag uns manchmal wie eine Bergtour vorkommen. Der Zweite und Dritte Schritt lehren uns, die Höhere Macht um Hilfe zu bitten. Wenn wir mühelos vorankommen, werden die anderen wahrscheinlich von unserer Stärke und Hoffnung profitieren, die wir durch den Zwölften Schritt erlangt haben. In dem Bemühen, unser Verhalten zu ändern und unsere Charakterschwächen zu bekämpfen, werden der Vierte, Fünfte und Sechste Schritt uns eine große Hilfe sein.

Wenn wir zu gegebener Zeit auf diese Schritte zurückgreifen, werden wir unsere Probleme lösen. Ignorieren wir die Schritte aber, und lassen wir sie liegen wie die Gänge des Fahrrades, die wir nie benutzen, werden sie rosten und bald wertlos sein. Etwas ordnungsgemäß instand zu halten, bedeutet aber, daß wir uns der Dinge möglichst oft bedienen, um den besten Nutzen daraus zu ziehen. So müssen wir immer wieder auf die Zwölf Schritte zurückgreifen.

Muß ich mich intensiv mit den Zwölf Schritten beschäftigen, um mehr Nutzen daraus zu ziehen?

Suche keinen Schuldigen, schaffe Abhilfe. Henry Ford

Ein Mann, der sich offensichtlich in Schwierigkeiten befand, erzählte einem anderen am Telefon von seiner mißlichen Lage. »Das Ärgerliche ist, daß ich mich jetzt nicht in dieser schwierigen Situation befände, wenn das alles nicht passiert wäre«, sagte der Mann und zählte dann sämtliche Leute, Orte und Dinge auf, die an seinem Unglück schuld waren.

Der andere ließ ihn ausreden und meinte schließlich: »Ich habe den Eindruck, Sie machen andere Leute, Orte und Dinge für Ihre Probleme verantwortlich. Sie sollten aber die Schuld bei sich selbst suchen, denn nur Sie können die Dinge ändern. Solange Sie sich hinter ›Ursachen‹ verschanzen, werden Sie nicht handeln. Es liegt an Ihnen, zu handeln. Tun Sie es also!«

Auch wir neigen dazu, andere für unsere Probleme verantwortlich zu machen, denn sie zu lösen, ist immer mit Anstrengung verbunden. Die Suche nach Sündenböcken wird uns nicht aus der Klemme helfen, sondern uns nur noch tiefer hineinziehen. Um frei zu werden, müssen wir unsere Fähigkeiten möglichst gut nutzen und den Rat desjenigen, der das Telefongespräch mit anhörte, befolgen: Es liegt an uns zu handeln. Tun wir es also!

Heute abend will ich aufhören, nach Sündenböcken zu suchen. Ich muß statt dessen einen Ausweg aus meinen Schwierigkeiten finden. Ich bin fest entschlossen dazu.

Suche die Schuld bei dir, wenn du keine Zweige und Blätter hast und wirf nicht der Sonne Ungerechtigkeit vor. Chinesisches Sprichwort

Immer wieder neigen wir dazu, die Vergangenheit für unsere heutigen Probleme und Unzulänglichkeiten verantwortlich zu machen. In einer Alkoholikerfamilie oder unter ärmlichen Verhältnissen aufgewachsen zu sein, berechtigt uns noch lange nicht, darin den Grund für unser Versagen zu suchen.

Wir bilden uns gerne ein, wir kämen besser zurecht, wenn die Leute sich anders verhalten würden. Wir glauben, wir hätten mehr Zeit zur Verfügung, wenn uns die anderen nicht so viel wertvolle Zeit stehlen würden.

Wenn im Wald ein Baum verdurstet und zuwenig Sonne bekommt, wirft er auch nicht den anderen Bäumen vor, sie nähmen ihm Wasser und Licht weg. Braucht der Baum Wasser, so streckt er seine Wurzeln weiter und tiefer aus, bis er es findet. Braucht er mehr Licht, streckt er seine Äste der Sonne entgegen. Wie dieser Baum, so müssen auch wir uns auf die Dinge konzentrieren, die für unser Wachstum wichtig sind. Unsere Gesundheit hängt ganz allein von uns ab und nicht vom Tun und Lassen unserer Mitmenschen.

Ich kann mein Wachstum beobachten und will die Dinge tun, die für mich wichtig sind.

26. Juni

Es ist besser, einen Tag lang ein Löwe zu sein, als ein Leben lang ein Schaf. Schwester Elizabeth Kenny

Wenn wir mit dem Strom schwimmen und uns der Mehrheit anschließen oder etwas nur tun, um Anerkennung zu finden, verhalten wir uns wie Schafe. Schafe sind Herdentiere, die dem Leithammel folgen und sich vom Hirtenhund antreiben lassen. Sie sind weder Einzelgänger, noch führt ein Schaf das andere. Verhalten auch wir uns wie Schafe?

Die Erfahrung lehrt uns, daß das Leben mitunter leichter ist, wenn man nicht gegen den Strom schwimmt, sondern sich den anderen anschließt. Aber was hat uns das bis jetzt gebracht? Wissen wir wirklich, wer wir sind, oder wissen wir besser, wer die anderen sind?

Hin und wieder gegen den Strom zu schwimmen, kann sehr heilsam sein. Wir müssen uns nicht immer der Mehrheit anschließen, wenn wir nicht von der Wichtigkeit ihres Tuns überzeugt sind. Wir können ruhig ab und zu Löwe sein — ein Einzelgänger, der furchtlos allein umherschweift oder andere anführt — und uns durch lautes Brüllen von der Allgemeinheit abheben. Wir sollten nur dann Schafe sein, wenn wir es auch wollen.

Möchte ich anführen oder will ich geführt werden? Wofür auch immer ich mich entscheide, laß mich in dem Glauben, die richtige Wahl getroffen zu haben.

Wenn wir mit uns zurechtkommen wollen, bedarf es einer permanenten Anstrengung. Robert J. White

Heute abend haben wir vielleicht das Gefühl, daß wir tagsüber in mancher Hinsicht versagt haben. Trotz unserer Bemühungen meinen wir jetzt, wir hätten mehr und Besseres leisten und uns noch mehr anstrengen können, und dann lägen die Dinge jetzt anders.

Aber es gibt Dinge, die wir nicht in der Hand haben. Dazu gehört das Gelingen um jeden Preis. Wir können nicht erwarten, daß uns alles gelingt, nur weil wir uns bemüht haben. Selbst der beste Chirurg kann nicht jeden Patienten retten. Er weiß, daß das Leben des Patienten von Gottes Gnade abhängig ist, und dagegen ist er machtlos.

Wir können die Gnade Gottes nicht aus unserem Leben und dem Leben unserer Mitmenschen wegdenken. Auch wenn wir uns noch so anstrengen, eine gute Leistung oder eine noch bessere zu erbringen, das Resultat liegt nicht in unserer Macht. Wir haben es jedoch in der Hand, wie wir uns damit abfinden.

Höhere Macht, hilf mir, mein Bestes zu leisten, auch wenn ich keinen Einfluß auf das Ergebnis habe.

28. Juni

Wut bringt das Licht des Verstandes zum Flackern.
Robert Green Ingersoll

Wenn wir in Wut geraten, schlägt unser Herz schneller, und es wird uns heiß. Wir können jeden Tag die Wut in uns hineinfressen und so tun, als wäre alles in Ordnung. Aber unter der Oberfläche brodelt die Wut, die wir den ganzen Tag über in uns aufgestaut haben.

Länger als ein paar Minuten wütend zu sein, ist ebenso gefährlich wie ein nicht behandeltes Krebsgeschwür. Die Wut wird sich unseres Körpers und unseres Geistes bemächtigen, so daß wir schließlich psychisch und körperlich krank werden. Je länger die Wut auf unseren Körper und unsere Seele einwirkt, desto kränker werden wir.

In dem Augenblick, in dem wir Wut verspüren — doch keinesfalls später —, sollten wir versuchen, sie niederzukämpfen. Auch wenn wir die Ursachen unserer Wut im Augenblick nicht erkennen, dürfen wir sie nicht in uns aufstauen. Das heißt aber nicht, daß wir gleich losbrüllen, mit Gegenständen um uns werfen oder ein Ultimatum stellen sollen, sondern wir müssen uns zu unserer Wut bekennen, sie spüren und sie dann loslassen. Aufgestaute Wut macht krank, zum Ausdruck gebrachte Wut hingegen hält gesund.

Hat sich bei mir Wut von früher angestaut? Heute abend will ich mich von meiner Wut befreien und mich nicht weiter von ihr beherrschen lassen.

Wenn du nicht dankbar sein kannst für das, was du erhältst, dann sei dankbar für das, dem du entronnen bist.
Anonym

Die Menschen, die das Glück hatten, den Schrecken des Dritten Reiches entkommen zu sein, waren zutiefst dankbar dafür, daß sie der Gefangenschaft und dem Tod entronnen waren. Auch wenn sie ihr Zuhause, ihren Besitz, die Freunde und ihr Geschäft zurücklassen mußten und kaum etwas zu essen hatten, waren sie dankbar für das, was sie hatten: ihr Leben und die Hoffnung auf ein besseres Leben.

Wie dankbar sind wir für das, was wir haben? Die Kleider an unserem Körper und ein voller Magen sind Selbstverständlichkeiten für uns. Wir kritisieren unser Leben, unsere Familie und wahrscheinlich auch uns selbst. Wir meinen, wir müßten glücklicher, gesünder, reifer und froher sein. Doch erinnern wir uns nur einmal an die Zeit vor unserer Genesung. War sie nicht gekennzeichnet von Schmerz, Krankheit, Verwirrung, Wut und Hoffnungslosigkeit? Wir sind dieser trostlosen Vergangenheit entronnen. Wenn wir heute abend nicht dankbar sein können für das Gute in unserem Leben, dann haben wir von dem Programm nicht profitiert. Um für den neuen Weg der Entdekkung, auf dem wir uns jetzt befinden, dankbar zu sein, müssen wir nur auf den steinigen Pfad zurückblicken, auf dem wir früher gegangen sind.

Heute abend will ich dankbar sein für das, was ich erreicht habe und für das, was vorüber ist.

30. Juni

Der Sieg mißt sich nicht in Kilometern, sondern in Zentimetern. Gewinne jetzt ein Stück, behaupte deine Stellung, und gewinne später wieder ein Stück dazu.

Louis l'Amour

Will ein Läufer siegreich bleiben, darf er nicht nach dem ersten gewonnenen Rennen mit dem Training aufhören. Um eine Spitzenleistung zu erbringen, bedarf es eines harten Trainings und zahlreicher Wettkämpfe. Manche Rennen wird er gewinnen, andere wird er verlieren. Aber mit jedem Rennen wird er einen Schritt weiterkommen und dem Erfolg ein Stück näher sein.

Auch wir müssen uns Ziele setzen und diese Schritt für Schritt verfolgen. Als wir dem Programm beigetreten sind, war vielleicht unser Ziel, uns selbst zu erkennen, damit wir Entscheidungen treffen könnten. Dann haben wir es mit »kleinen Rennen« versucht, die uns dem Ziel näher brachten. Wir haben den anderen unsere Gefühle mitgeteilt, sie um Hilfe gebeten, den Vierten Schritt befolgt und einem Freund gesagt, was wir gerne tun würden. Und jedesmal sind wir unserem Ziel ein Stück nähergekommen.

Wir können stolz sein auf all die »kleinen Rennen«, die wir gewonnen haben. Wenn wir nicht nur das Ziel vor Augen haben, sondern den Weg, der zum Ziel führt, werden wir feststellen, daß wir dem Ziel Schritt für Schritt näher kommen.

Ich will meinen Zielen schrittweise näher kommen. Jeder kleine Schritt verdient Anerkennung und Bewunderung.

Juli

1. Juli

Warum sehen manche Menschen den blauen Himmel, das Gras, die Blumen und wunderbare Menschen, während es anderen schwerfällt, das Schöne zu erkennen?

Leo Buscaglia

Die Leute, die zu den Meetings kommen und nur positiv reagieren, wirken sicher befremdend auf uns. Angesichts ihres Lächelns und ihrer herzlichen Begrüßung fühlen wir uns verunsichert und wundern uns, wie jemand so glücklich sein kann. Wir sind fest davon überzeugt, daß sie nicht so strahlen würden, wenn sie so einen Tag wie wir hinter sich hätten.

Es ist nicht einfach, sich daran zu gewöhnen, die Dinge nicht nur von der negativen Seite zu betrachten. Wir haben so lange auf der Schattenseite des Lebens gestanden, daß es uns schwerfällt, uns mit der Sonnenseite anzufreunden. Es ist ziemlich anstrengend, die Dinge positiv zu sehen; für viele bedeutet das ein Umdenken.

Doch wir können uns angewöhnen, positiv zu denken. Anstatt uns nur an die negativen Dinge zu erinnern, die sich heute ereignet haben, sollten wir uns vornehmen, wenigstens eine Sache positiv zu sehen. Nach einiger Zeit werden wir es auf zwei, drei und viele mehr bringen. Und es wird nicht lange dauern, bis auch wir zu den glücklichen Menschen gehören, die eine positive Lebenseinstellung haben.

Fällt mir eine positive Sache ein, die mir heute begegnet ist? Kann ich diese positive Sache anderen gegenüber zum Ausdruck bringen?

Wenn wir uns von dem abwenden, was uns stört und uns statt dessen Gott zuwenden, überwinden wir die Schwierigkeiten, und eine neue Situation stellt sich ein.
William A. Clough

Wenn unser Garten von Unkraut überwuchert ist, sehen wir nicht tatenlos zu und sagen: »Diesmal wird es eine schlechte Ernte geben«, sondern wir ziehen das Unkraut heraus, damit die anderen Pflanzen genügend Platz und Nahrung haben, um zu wachsen. Indem wir das Unkraut beseitigen und die anderen Pflanzen sich entwickeln können, machen wir aus einer schlechten Situation eine gute.

Aber was tun wir, wenn wir Schulden, eine unerfreuliche Beziehung oder gesundheitliche Probleme haben? Werden wir dann auch aktiv, um eine Änderung herbeizuführen, oder stehen wir wie gelähmt da und halten die Situation für unabänderlich? Wir müssen lernen, gegen unsere Ängste, Zweifel, Sorgen und Unsicherheiten anzukämpfen und statt dessen darauf vertrauen, daß alles wieder in Ordnung kommt.

Wir können damit beginnen, indem wir Schwierigkeiten einfach nicht mehr nur hinnehmen, sondern fest daran glauben, daß wir sie bewältigen können. Kein Problem ist so groß, daß es nicht behoben werden könnte. Wenn wir bereit sind, daran zu glauben, daß wir die Umstände ändern können, dann werden wir auch von der Wirksamkeit des Glaubens überzeugt.

Heute abend werde ich meine Einstellung zum Leben ändern, indem ich mich auf meinen Glauben konzentriere.

3. Juli

Es können nicht alle nur Kapitän sein, es muß auch eine Mannschaft geben. Douglas Malloch

Eine Redensart besagt: »Im Team gibt es kein Ich.« Das bedeutet, daß es in einem guten Team keinen Helden, keinen Anführer gibt. Das Team gewinnt und verliert mit der gesamten Mannschaft und nicht durch die Tat oder das Versäumnis eines einzelnen.

Viele von uns ordnen sich nicht gern dem Teamgeist unter. Wir bevorzugen Sportarten und Hobbys, denen wir allein nachgehen können. Wir ziehen das Alleinsein der Gesellschaft anderer vor. Wir bemühen uns sogar, die volle Verantwortung für eine Sache zu übernehmen, so daß nur wir allein eine Aufgabe oder einen Job ausführen können.

Manchmal ist es recht angenehm, der Anführer zu sein. Aber Anführer sollten auch wissen, wie ein Team geführt werden muß. Um mit anderen Menschen erfolgreich zusammenzuarbeiten, muß man wissen, wie man sich als Mitglied einer Gruppe fühlt, in der alle gleichgestellt sind. Ein Schiff, auf dem es nur Kapitäne gibt, würde untergehen oder stranden. Ein Schiff mit einem Kapitän und einer Mannschaft aber wird dank der gemeinsamen Anstrengung sicher sein Ziel erreichen.

Ich möchte ein Mitglied meiner Gruppe sein und nicht ihr Anführer. Hilf mir, dieses Ziel auf allen Gebieten zu erreichen.

Die Stille breitet sich von selbst aus. Je länger man nicht mehr miteinander gesprochen hat, desto schwerer fällt es, etwas zu sagen. Samuel Johnson

Wer von uns mit einem Elternteil oder einem anderen Familienmitglied aufgewachsen ist, das seinen Mißmut durch Schweigen äußerte, weiß, wie unangenehm das ist. Während der eine versucht, eine Versöhnung herbeizuführen oder eine Antwort zu erzwingen, läßt der andere sich nicht von seiner Taktik des Schweigens abbringen.

Absichtliches Schweigen kann ebenso verletzend sein wie schroffe, bösartige Worte. Absichtliches Schweigen ist wie eine Mauer vor den Stimmbändern, an der jegliche Kommunikation abprallt.

Die Taktik des Schweigens ist ein ebenso ungeeignetes Mittel, Schwierigkeiten aus der Welt zu schaffen, wie Wutausbrüche. Solange es uns nicht gelingt, die Mauer des Schweigens zu durchbrechen, wird eine Verständigung unmöglich sein. Heute wollen wir an all unsere Beziehungen denken, die gefährdet sind, und versuchen, sie durch freundliche Gespräche wieder zu verbessern.

Gibt es jemanden in meinem Leben, mit dem ich längere Zeit nicht mehr gesprochen habe? Ich muß die Mauer des Schweigens durchbrechen, wenn ich diesen Menschen nicht für immer verlieren will.

5. Juli

Geduld ist eine Tugend, die viel Geduld erfordert.
Unser täglich' Brot

Bevor wir uns für das Programm entschieden haben, waren wir möglicherweise ziemlich ungeduldig. Vielleicht hatten wir vergeblich darauf gewartet, daß unsere Eltern zu trinken aufhören und ihre Versprechen einhalten würden. Und voll Ungeduld hatten wir die Tage bis zu unserer Volljährigkeit gezählt, damit wir endlich von zu Hause ausziehen könnten.

Als wir dem Programm beitraten, stellte sich heraus, daß wir wieder viel Geduld aufbringen mußten. Wir erkannten, daß die Zwölf Schritte nicht nur eine Angelegenheit von zwölf Tagen waren. Wir hörten von anderen Teilnehmern, daß sie Jahre brauchten, um gesund zu werden. Insgeheim dachten wir vielleicht, daß wir das viel schneller schaffen würden. Bei uns wäre das eine Angelegenheit von nur wenigen Wochen, und dann wären wir geheilt.

»Gut Ding braucht Weil'«, wie es so richtig heißt, und das könnte auch ein Wahlspruch des Programms sein. Will man auf einem Gebiet eine gewisse Fertigkeit erlangen, muß man sich viele Stunden damit beschäftigen und regelmäßig üben. Wenn wir zum Beispiel Klavierspielen lernen, beginnen wir mit einfachen Griffen, und erst, wenn wir eine große Fingerfertigkeit erreicht haben, können wir ein ganzes Konzert spielen. Das Ziel, das wir mit Hilfe des Programms erreichen wollen, ist, für den Rest unseres Lebens Konzerte zu spielen. Das ist aber nicht von heute auf morgen möglich, dazu braucht man Zeit und Geduld.

Ich will mir das, was ich durch das Programm gelernt habe, für mein lebenslanges Studium zunutze machen.

In bestimmten Fällen kann Panik durchaus von Nutzen sein. Sie dauert nie lange, bereichert unser Wissen und stärkt die Seele. Thomas Paine

Angst ist immer ein Signal, das Beachtung verdient. Es deutet darauf hin, daß etwas nicht stimmt. Unser Körper gibt durch dieses Signal zu verstehen, daß wir durch etwas überfordert werden. Wenn wir uns fragen, was eigentlich los ist, müssen wir uns eingestehen, daß wir frustriert sind, Schuld- oder Schamgefühle empfinden oder Angst vor etwas verspüren, was in der Vergangenheit liegt oder uns noch bevorsteht.

Ein Weg, der Panik zu begegnen, ist, uns auf die Gegenwart zu konzentrieren. Das wird uns leichter gelingen, wenn wir auf das Datum, die Uhrzeit und die Temperatur achten. Darüber hinaus können wir uns die Gegenstände, die uns umgeben, sowie unsere Kleidung bewußt ansehen. Diese Übung wird uns in die Gegenwart zurückbringen, wo wir nicht mit den Gefühlen konfrontiert werden, die unsere Angst ausgelöst haben. Wenn wir einen kühlen Kopf bewahren, werden wir aus unserer Angst lernen und durch sie wachsen.

Heute abend will ich mich auf die Gegenwart konzentrieren, indem ich die Gegenstände und die Menschen in meiner Umgebung bewußt wahrnehme.

7. Juli

Wenn man etwas gelernt hat, hat man das Gefühl, als habe man etwas verloren. Georges Bernard Shaw

Wir hören aufmerksam zu, wenn Neulinge in einem Meeting bedauern: »Seit ich zu den Meetings gehe, ist mir klar geworden, daß meine Eltern nicht mehr für mich da sind. Sie sind süchtig, und ich kann keine Hilfe von ihnen erwarten. Ich habe das Gefühl, als hätte ich sie verloren.« Wir nicken wahrscheinlich zustimmend, weil wir diese Worte auch auf uns beziehen können.

Haben wir nicht auch das Gefühl gehabt, unsere Familie, unsere Freunde oder unsere Bekannten verloren zu haben, als wir begannen, uns mit dem Programm auseinanderzusetzen? Als uns unsere Sucht bewußt wurde, sahen wir auch mit einem Mal ein, wie sehr wir bisher auf fremde Hilfe angewiesen waren. Wir erkannten, daß wir nicht die waren, für die wir uns hielten, und es wurde uns klar, daß es auch eine andere Art zu leben gibt.

Wenn eine Schlange sich häutet, muß sie die alte Haut abwerfen, ehe die neue erscheint. Wie Möbel sich mit der Zeit abnützen und unbequem werden, so daß man sie durch neue ersetzen muß, so müssen auch wir alles Alte an uns gegen Neues austauschen. Für jeden Gewinn müssen wir einen Verlust hinnehmen. Anstatt aber heute abend über unsere Verluste zu klagen, sollten wir uns lieber über das freuen, was wir gewonnen haben.

Ich will dankbar sein für alle Gewinne in meinem Leben. Die Verluste haben mich stärker und erfolgreich gemacht.

Wenn wir müde sind, stürmen Gedanken auf uns ein, die wir längst erobert haben.

Friedrich Wilhelm Nietzsche

Oft stürmen unsere Gedanken abends wie Bilder eines Spätfilms auf uns ein. Sie sind angsterregend, nicht sehr tiefschürfend und oft unzusammenhängend. Der Versuch, zu so später Stunde ernsthafte Entscheidungen zu treffen, wird nicht mehr als ein paar unrealistische Ideen bringen.

Wenn wir nicht fähig sind, die Schritte und Grundsätze des Programms zu befolgen, weil wir keinen klaren Gedanken fassen können, gibt es nur ein wirksames Mittel: zu Bett zu gehen, an nichts zu denken und versuchen zu schlafen. Ein müder Geist produziert nur müde Gedanken, Gedanken, die wir schon hundertmal gedacht haben. Ein müder Geist kann nur durch einen wachen Geist geheilt werden, und dabei erweist sich Schlaf als die beste Medizin.

Heute abend will ich mich nicht nächtlichen Grübeleien hingeben, sondern schlafen. Der Schlaf ist ein Geschenk der Höheren Macht, das meinem Geist die nötige Ruhe gibt.

9. Juli

Du nimmst dich viel zu wichtig! Du nimmst einen verdammt wichtigen Platz in deinen Gedanken ein! Das muß sich ändern! Carlos Castaneda

Wie können wir die Welt um uns herum schätzen, wenn wir vor Selbstüberschätzung ganz blind sind? Wir sehen genausowenig wie ein Pferd mit Scheuklappen. Wie in einem Spiegel sehen wir nur noch uns selbst und sind blind für alles andere. Wir sehen weder das Schöne in der Natur noch das Gute im Menschen.

Sich selbst weniger wichtig zu nehmen, beginnt damit, daß wir Augen und Ohren haben für all das, was um uns herum geschieht. Wenn wir anderen zuhören, werden wir erkennen, daß unser Leben und unsere Erfahrungen nicht einmalig sind. Wenn wir uns umsehen, müssen wir einsehen, daß wir die gleichen guten und schlechten Eigenschaften haben wie alle anderen auch.

Heute haben wir uns vielleicht wieder einmal zu wichtig genommen. Aber jetzt wollen wir uns darauf besinnen, daß wir nicht besser und nicht schlechter sind als die anderen. Heute abend werden wir unsere Scheuklappen ablegen und uns als einen Teil der Welt um uns herum betrachten.

Welche Einmaligkeit kann ich an den Menschen in meiner Umgebung feststellen?

Du mußt mit dem Fluß reisen, auf ihm leben, ihm folgen — bei Tag und auch bei Nacht, wenn die Ufer in Schatten gehüllt sind. Wil Haygood

Jeder Rettungsschwimmer weiß, daß jemand, der gegen die Strömung schwimmt, fortgerissen und ertrinken wird. »Mit dem Strom schwimmen« ist ein gutgemeinter Rat, der uns gleichzeitig davor warnen will, gegen die Strömung zu schwimmen.

Heute abend werden wir vielleicht feststellen, daß unsere Müdigkeit darauf zurückzuführen ist, daß wir heute wieder einmal gegen den Strom geschwommen sind. Vermutlich haben wir versucht, Menschen, Dinge und Plätze zu verändern, und haben uns gezwungen, Dinge zu tun, die uns nicht liegen.

Wenn wir heute abend mit dem Fluß schwimmen, so bedeutet das, daß wir uns so akzeptieren, wie wir uns gerade fühlen. Das heißt, wir hören auf unsere innere Stimme, wenn sie uns sagt, daß wir müde sind, Hunger haben oder frieren. Indem wir uns annehmen, wie wir sind, und nicht dagegen ankämpfen, werden wir heute abend dem nächtlichen Strom folgen.

Heute abend will ich mich akzeptieren, wie ich bin, und nicht gegen den Strom schwimmen.

11. Juli

Ich streite grundsätzlich nicht mit Leuten, deren Meinung ich nicht schätze. Gibbon

»Sie verstehen mich nicht«, »Er hört mir nicht zu«, »Sie akzeptiert meinen Standpunkt nicht.« Wie oft haben wir diese oder ähnliche Sätze schon gesagt! Aber soviel wir auch argumentieren und so überzeugend unsere Argumente auch sind, wir werden die Meinung des anderen nicht ändern können.

Dabei kann es sich auch um unsere Eltern handeln. Aber respektieren wir ihre Meinung oder wollen wir ihre Zustimmung erzwingen? Dasselbe gilt für unseren Chef oder unsere Arbeitskollegen. Doch müssen wir uns überlegen, ob es sich dabei um Menschen handelt, mit denen wir außerhalb der Arbeit befreundet sein wollen. Bevor wir uns in Rage reden, sollten wir uns die betreffende Person näher ansehen.

Respektieren wir sie? Ist uns ihre Meinung wichtig? Ist auch sie daran interessiert, daß es uns gut geht? Manchmal wollen wir die Meinung eines Mitmenschen um jeden Preis ändern, obwohl uns derjenige nie entgegengekommen ist, statt daß wir uns mit jenen unterhalten, die jederzeit für uns da sind. Zu unterscheiden zwischen den Menschen, die für uns da sind, und denen, die es nicht sind, bedeutet auch zu unterscheiden zwischen Ablehnung und Anspannung und zwischen Liebe und Anerkennung.

Mache ich mir das Leben schwer, weil ich die Meinung anderer ändern will? Von nun an werde ich mich nur noch mit Menschen abgeben, deren Meinung ich schätze und auf die Verlaß ist.

Freundschaft währt am längsten, wenn sie mit dem gegenseitigen Versprechen, sich immer die Wahrheit zu sagen, besiegelt wird. Ralph Waldo Emerson

Wann haben wir das letzte Mal die Unwahrheit gesagt? Erinnern wir uns noch, wen wir belogen haben und warum? Hat uns die Lüge diesem Menschen nähergebracht, oder hat sie eine unsichtbare Mauer zwischen uns aufgebaut?

Wir haben uns für den Weg der Gesundung entschieden. Deshalb müssen wir bestimmte Bedingungen, die für unser Wachsen und Lernen unerläßlich sind, einhalten. Eine dieser Bedingungen ist Ehrlichkeit uns selbst und anderen gegenüber. Wenn wir uns selbst gegenüber nicht so ehrlich sind, werden wir leiden, denn die Wahrheit kommt sicher an den Tag. Wenn wir zu unseren Mitmenschen nicht ehrlich sind, kann sich keine engere Beziehung entwickeln. Unehrlichkeit verbindet nicht, sie trennt.

Wir können Lügen wiedergutmachen, indem wir uns fest vornehmen, von nun an nur noch aufrichtig zu sein und die Mauer abzureißen, die unsere Lügen errichtet haben. Wenn uns das gelingt, werden wir auf dem Weg der Genesung vorankommen und fähig sein, neue Beziehungen aufzubauen, anstatt sie zu zerstören. Ehrlichkeit anderen gegenüber schafft Vertrauen, Vertrauen wiederum erzeugt Liebe, und Liebe bereichert das Leben.

Heute abend nehme ich mir fest vor, wenigstens einem Menschen gegenüber ehrlich zu sein und ihn nie wieder zu belügen. Auf diese Weise will ich meine Beziehung zu ihm vertiefen.

13. Juli

Hinter allem in meinem Leben steht ein göttlicher Plan. Ich nehme ihn an und lasse ihn aufgehen.

Ruth P. Freedman

Von jedem Menschen, der uns begegnet, können wir lernen. Jeder Kontakt, so kurz er auch sein mag, kommt aus einem bestimmten Grund zustande. Wir kommen uns manchmal vor, als sei uns eine bestimmte Rolle in einem Bühnenstück zugewiesen — vor allem dann, wenn wir im entscheidenden Augenblick eine wichtige Begegnung haben. Vielleicht hatten wir keinen Job und waren aus irgendeinem Grund in einer anderen Stadt verabredet — und da saß ausgerechnet ein Unternehmer neben uns, der jemanden einstellen wollte, der genau unsere Voraussetzungen mitbrachte.

Wir fragen uns natürlich, warum wir auch Menschen begegnen, die uns wieder verlassen und uns dadurch Schmerz und Trauer zufügen. Wir fragen uns, welche Lektion diese Menschen uns erteilen können, wenn sie uns nur Kummer bereiteten. Aber nicht alle Lektionen sind klar durchschaubar, wie auch nicht alle Begegnungen erfreulich sind. Doch hinter allem steckt eine Absicht, die wir meist erst nach einer bestimmten Zeit — wenn unsere Wunden verheilt sind — erkennen können. Wir werden immer neuen Menschen begegnen und immer Neues dazulernen. Und das alles, dessen können wir gewiß sein, geschieht nach dem Willen der Höheren Macht.

Heute abend will ich mich darauf verlassen, daß in meinem Leben das Gute vorherrscht und alle Menschen und Ereignisse, die auf mich zukommen, dazu beitragen.

Es war eine Offenbarung für mich, die volle Verantwortung für mein Handeln zu tragen. Cary Grant

Schon seit jeher haben wir uns jemanden gewünscht, der sich um uns kümmert. Anfangs waren es die Eltern, dann erwarteten wir das von unserem Partner. Das Leben erschien uns viel einfacher, wenn jemand anderer die Verantwortung für unsere Finanzen, Verpflichtungen und unser seelisches Wohlergehen übernahm. Und wenn uns jemand verlassen hatte, schlossen wir uns sofort einem anderen Menschen an, der uns die Last der Verantwortung abnehmen sollte.

Das Programm lehrt uns aber, daß wir selbst für uns verantwortlich sein müssen. Nachdem wir dem Programm beigetreten waren, fühlten wir uns plötzlich schutzlos unter der Last der Verantwortung, die auf uns zukam, sei es in Form von Rechnungen, sozialen Leistungen, beruflichen Entscheidungen, Fragen der Gesundheit und der Kondition.

Wahrscheinlich wissen wir noch nicht alles, was wir wissen wollten, um für uns selbst die Verantwortung zu tragen, aber wir sind auf dem besten Weg, es zu lernen. Jedesmal wenn wir allein etwas für uns tun, kommen wir dem näher, was man unter einem verantwortungsbewußten Leben versteht.

Ich kann in vieler Hinsicht für mein Leben Verantwortung tragen. Wenn ich nicht weiß, wie ich etwas tun soll, kann ich andere um Hilfe bitten.

15. Juli

Wenn ich jemanden seufzen höre: »Das Leben ist ja so schwer!«, bin ich immer versucht zu fragen: »So schwer wie was?« Sidney J. Harris

Solche negativen Urteile über das Leben kennen wir zur Genüge. Und wahrscheinlich haben wir ihnen meistens zugestimmt. Wenn wir unser gegenwärtiges Leben mit dem Leben vergleichen, das wir einmal geführt haben, wird es uns nicht sehr überraschen, daß uns das Leben hart und ungerecht vorkam.

Zweifelsohne gibt es im Leben Dinge, die hart und ungerecht sind — wir können sie jeden Tag in den Medien verfolgen —, doch das Leben bietet auch viel Schönes und Gutes. Wir hatten uns nur zu sehr daran gewöhnt, an das Schlechte zu glauben, statt das Wunderbare zu sehen.

Heute haben wir vielleicht wieder einen langen, anstrengenden oder langweiligen Tag hinter uns. Das will jedoch nicht heißen, daß alle Tage lang, anstrengend oder langweilig sind. Das Leben hat auch viele schöne Seiten, die wir aber nur sehen, wenn wir dazu bereit sind. Auf keinen Fall dürfen wir uns immer wieder vorsagen: »Unser Leben ist schwer«, sondern müssen endlich auch die heiteren Seiten und das Lächeln sehen und die Zärtlichkeiten spüren. Das Leben ist sicher ab und zu hart, aber selbst dann ist es bereichernd.

Ich will spüren, daß das Leben heute abend gut ist. Was hat sich heute ereignet, von dem ich sagen kann, daß es gut war? Wen habe ich heute getroffen, dessen Anwesenheit ich als angenehm empfunden habe?

Wenn etwas nicht sofort ins Auge sticht, wenn wir von einem Anlaß oder Ereignis nicht gleich überwältigt oder vor den Kopf gestoßen sind, betrachten wir alles als selbstverständlich, statt dankbar dafür zu sein.

Cynthia Ozick

War der heutige Tag ein ganz gewöhnlicher Tag, bestimmt von den üblichen Ereignissen, den gleichen Menschen, der gleichen Routine? Wenn sich nichts Ungewöhnliches ereignet hat oder etwas, das aus dem Rahmen fiel, empfinden wir solch einen Tag dann nicht mehr als langweilig und nichtssagend?

Es ist kein Kunststück, die außergewöhnlichen Ereignisse im Verlauf eines Tages wahrzunehmen, Ereignisse, die aus dem Rahmen fallen, die eine Herausforderung darstellen oder Verwirrung und Chaos auslösen. Solche Ereignisse erregen unsere Aufmerksamkeit und schmälern die Bedeutung eines normalen Tagesablaufs.

Rückblickend wollen wir für jede Minute dieses Tages dankbar sein. Wir erinnern uns zum Beispiel an unsere Arbeit, die reibungslos verlief, und an die Tatsache, daß wir sicher mit dem Wagen nach Hause gekommen sind. Wir können auch an Menschen, Plätze und Dinge denken, mit denen wir heute zu tun hatten, und uns darüber freuen, daß wir an allem teilhaben durften.

Heute abend will ich dankbar sein für das Gute, das die normalen Ereignisse mit sich bringen.

17. Juli

Die Welt ist voll von Leuten, die das große Glück suchen und dabei die Zufriedenheit ganz übersehen.

Doug Larson

Bevor wir dem Programm beitraten, glich unser Leben dem Auf und Ab eines Wellenreiters. Entweder waren wir ganz unten und völlig verzweifelt oder ganz oben und überglücklich. Ganz oben kam es uns vor, als müßte dieses überschäumende Glücksgefühl ewig anhalten, und am liebsten wären wir immer ganz oben geblieben.

Heute verläuft unser Leben viel ruhiger und ist auch nicht solchen extremen Schwankungen ausgesetzt. Weil unser Glück nicht mehr so große Sprünge macht, können wir manchmal mit Gefühlen überschäumenden Glücks oder tiefer Verzweiflung wenig anfangen. Heute verspüren wir eher Zufriedenheit, Frohsinn, Heiterkeit und Frieden.

Genauso wie wir uns an ein Paar neuer Schuhe gewöhnen müssen, müssen wir uns auch an diese Art von Gefühlen gewöhnen. Wir müssen sie im normalen Alltag erproben und auch an den Abenden, die wir auf unterschiedliche Weise verbringen. Es wird nicht lange dauern, bis wir uns an sie gewöhnt haben. Dann wird es uns auch nicht mehr eigenartig vorkommen, wenn wir uns ausgeglichen und ruhig fühlen. Wir werden sicher bald erkennen, daß diese Gefühle immer da waren, nur, daß uns die Angst daran gehindert hat, sie wahrzunehmen.

Heute abend will ich dankbar dafür sein, daß ich kein »Wellenreiter« bin. Ich habe auch keine Angst mehr vor der Eigenschaft meiner Gefühle.

Wenn die Karten gemischt sind und du die deinen aufnimmst, kannst du nichts anderes tun, als sie auszuspielen, egal, wie sie sind. Nur die Art zu spielen, unterliegt deinem freien Willen. Jawaharlal Nehru

Ein Spiel mit guten Karten zu gewinnen, macht Spaß. Die Karten machen uns zuversichtlich, wir spielen gut, denn wir sind uns des Erfolges gewiß. Heben wir jedoch ein schlechtes Blatt auf, würden wir es am liebsten wieder zurücklegen, so sicher sind wir, daß wir verlieren.

Doch es hängt ganz von unserer Art zu spielen ab, wie das Spiel ausgehen wird. Karten, die uns Konzentration und Entschlossenheit abverlangen, schrecken uns meistens ab. Wir würden sie lieber einem anderen Spieler zuschieben und neue Karten aufnehmen.

Doch heute abend bekommen wir kein anderes Blatt. Wir müssen unsere Karten annehmen und werden versuchen, mit Hilfe der Werkzeuge, die uns das Programm zur Verfügung stellt, aus den schlechten Karten das Beste zu machen. Um im Spiel zu bleiben, müssen wir spielen, egal, wie unsere Chancen stehen.

Heute abend will ich nicht kapitulieren. Ich werde annehmen, was mir der Tag beschert hat und versuchen, das Beste daraus zu machen.

19. Juli

Ich habe insgesamt drei Freunde: der eine liebt mich, der andere haßt mich, und dem dritten bin ich gleichgültig. Der, der mich liebt, lehrt mich Zärtlichkeit; der, der mich haßt, lehrt mich Vorsicht; der, dem ich gleichgültig bin, lehrt mich Selbständigkeit. Ivan Panin

Nicht alle Menschen können unsere Freunde sein. Manche wollen uns nicht näher kennenlernen, andere lehnen uns vielleicht aus irgendeinem Grund ab. Aber trotzdem können wir diese Menschen als Freunde betrachten, denn von jedem von ihnen lernen wir etwas.

Wir sind vielleicht verletzt, wenn wir feststellen, daß jemand uns nicht mag oder nicht mit uns befreundet sein möchte. Wollen wir denn wirklich mit jedem Menschen befreundet sein? Es gibt schließlich immer welche, die uns langweilen, wütend machen und denen wir lieber den Rükken kehren.

Es ist durchaus normal, daß wir nicht mit jedermann befreundet sind. Wir können aber von jenen, die uns nicht mögen, lernen, daß wir Eigenschaften haben, die manch anderem mißfallen. Und wir können von jemandem, der nicht mit uns befreundet sein möchte, lernen, daß nicht alle Menschen für uns da sind. Durch solche Menschen lernen wir, diejenigen mehr zu schätzen, die in unserem Leben eine Rolle spielen und zu unseren Freunden zählen.

Ich weiß, ich habe ein paar gute Freunde. Heute abend will ich dankbar sein für das, was sie mir geben.

Die Krankheit sagt uns, was wir sind. Sprichwort

Zu unserem Leben gehören viele Dinge, die Aufschluß geben über unsere Person. Von unserem Gehalt und unseren Ersparnissen kann man auf unsere Vermögenslage schließen; von unseren Kleidern auf die Farben und den Stil, den wir bevorzugen, von unserem Auto auf unseren Geschmack und unsere Bedürfnisse nach Mobilität und von unserem Zuhause auf die Größe unserer Familie und die Einrichtung, die wir schätzen.

Das alles aber sind äußerliche, materielle Spiegelbilder. Wir haben jedoch auch innere, emotionale Erkennungszeichen, die über unser Wesen Aufschluß geben. Unsere Gefühle hängen davon ab, ob wir glücklich oder traurig sind. Unsere Muskeln verraten, ob wir angespannt oder locker sind, und unser Gesundheitszustand zeigt, ob wir uns vernachlässigen oder auf uns achten.

Meistens bekommen wir genau dann eine Erkältung oder Grippe, wenn wir gestreßt oder einem psychischen Druck ausgesetzt sind. Etwas, das uns seelisch belastet, kann äußerlich in Form einer Krankheit, ausbrechen. Krank sein ist nichts Unnormales, aber es ist wichtig, daß wir die Krankheit hinterfragen und uns darum kümmern, was in unserem Innern vorgeht. Unser Körper ist der Ausdruck unser selbst — und zwar in mehrfacher Hinsicht. Wenn wir möglichst viel darüber wissen, können wir uns ein deutlicheres Bild von uns machen.

Heute abend will ich mich auf mich besinnen und auf all das, was mein Wesen ausmacht.

21. Juli

Manchmal, in glücklichen Momenten, konnte ich mir nicht vorstellen, daß ich je unglücklich war; dann machte ich Pläne für die Zukunft, als ob es nur Glück gäbe …
Joanna Field

Wie schön wäre es doch, wenn wir all die schlechten Zeiten vergessen könnten oder solche Zeiten nie mehr erleben würden!

In der Vergangenheit war unser Leben von einem seelischen Auf und Ab bestimmt. Es erging uns wie Wellenreitern, die auch am liebsten immer ganz oben blieben, und wir rechneten nicht damit, daß die Rückkehr in die Tiefe so schmerzvoll sein würde.

Sicherlich erleben wir immer wieder Augenblicke, in denen wir unglücklich, traurig oder verzweifelt sind, doch jetzt stehen uns die richtigen Werkzeuge zur Verfügung, die uns die Zuversicht geben, daß auch diese Augenblicke vorübergehen werden. Und nun müssen wir uns auch nicht mehr mit aller Kraft an das Glück, die Freude und die Zufriedenheit klammern.

Was immer uns auch der Tag bringt, wir können zuversichtlich sein, daß auf einen schlechten Tag ein guter folgen wird.

Habe ich heute einen guten oder einen schlechten Tag gehabt? Stimmt es wirklich, daß dieser Tag gut war, egal, was vorgefallen ist?

Ist der Reichtum verloren, ist nichts verloren;
ist die Gesundheit verloren, ist etwas verloren;
ist die Persönlichkeit verloren, ist alles verloren.

Sprichwort

Stellen wir uns einmal vor, wir sind im Ausland und entdekken plötzlich, daß wir unsere Reiseschecks verloren haben. Im ersten Augenblick geraten wir in Panik und Sorge, aber nach einem Anruf bei unserer Bank bekommen wir Ersatz und sind wir wieder beruhigt, denn wir haben keinen Verlust erlitten.

Und stellen wir uns weiter vor, wir essen ein Gericht, das uns nicht bekommt. Wir werden krank und fühlen uns so elend, daß wir uns ins Bett legen müssen. Wir empfinden die Krankheit als besonders unangenehm, weil wir an das Bett gefesselt sind, Medikamente einnehmen, auf Ausflüge und Besichtigungen verzichten müssen und die Schönheiten, die ein fremdes Land bietet, nicht genießen können.

Und dann kann es noch vorkommen, daß wir unseren Reisepaß verlieren und unsere Identität nicht nachweisen können. Für die Behörden sind wir eine namenlose Person, die festzunehmen ist. Jetzt haben wir den schwersten Verlust erlitten: unsere Persönlichkeit, unser Ich. Geld kann ersetzt, eine Krankheit geheilt werden, aber ein Mensch ohne Identität stellt ein weitaus größeres Problem dar. Nichts ist so wichtig, als der oder die zu bleiben, der oder die wir sind. Das kann weder mit Geld noch mit Gesundheit aufgewogen werden.

Heute abend will ich so sein, wie ich wirklich bin. Ich muß mir darüber im klaren sein, daß Besitz und Gesundheit nur von sekundärer Bedeutung sind.

23. Juli

Erfolg mißt sich nicht daran, ob man ein schwieriges Problem bewältigt, sondern ob es sich um dasselbe Problem handelt wie im vergangenen Jahr.

John Foster Dulles

Wer von uns hat nicht schon einmal versucht, seinen Beruf, seine Beziehungen, seine Ausbildung oder seine Gewohnheiten zu ändern? Welche Anstrengungen haben wir unternommen? Wie stark haben wir uns im letzten Jahr verändert? Haben wir wirklich etwas geändert, das unseren Körper, unsere Gefühle und unseren Glauben betrifft, oder haben wir uns immer nur vorgenommen, es zu tun? Doch solange wir nur über etwas reden, anstatt zu handeln, ändern wir nichts.

Wir können damit beginnen, indem wir uns ein Ziel stekken, das wir mit Sicherheit erreichen können. Wir können uns zum Beispiel vornehmen, niemanden mehr anzuschreien. Wir sagen uns einfach: »In den nächsten vierundzwanzig Stunden werde ich mich beherrschen, auch wenn es mir noch so schwer fällt.« Wenn dieses Ziel erreicht ist, stecken wir uns ein anderes. Jede Änderung muß schrittweise erfolgen, ohne uns zu belasten, so wie uns auch das Programm durch langsames, schrittweises Vorgehen zu einer besseren Gesundheit und zu größerem Glück verhilft.

Ich will mir wenigstens ein Ziel stecken, das ich ohne Schwierigkeiten erreichen kann. Ich werde jemandem von diesem Vorhaben erzählen und ihn, wenn nötig, um Hilfe bitten.

Was für ein herrlicher Abend, wenn der ganze Körper nur noch aus Sinnen besteht und das Glück durch jede Pore dringt!
Henry David Thoreau

Die Schönheit der Natur kann ein einzigartiges Schauspiel sein — wie der helle Vollmond, der gelblich oder weißschimmerd am Himmel leuchtet. Vielleicht spiegelt sich sein Schein auf der schimmernden Fläche eines Sees wider, wie Silberstrahlen auf einem kühlen, schwarzen Spiegel. Die Lichter einer Stadt verwandeln selbst die tristesten grauen Straßen in ein farbenprächtiges Zauberland. Das gleichmäßige Rauschen des Regens auf dem Asphalt wiegt uns in einen süßen Schlaf. Je mehr wir von unseren Sinnen Gebrauch machen, desto näher sind wir der Höheren Macht. Wir brauchen nur unsere Augen zu öffnen, und wir sehen die Silhouetten der Bäume und Häuser, die Farbenpracht der Lichter um uns herum. Wir können dem Quaken der Frösche, dem Zirpen der Grillen oder dem Heulen des Windes zuhören. Jede Nacht können wir die kühle, frische Nachtluft einatmen, so, als bliese uns der Nachtwind ins Gesicht.

Gott hat nicht nur das Herbstlaub, die grünen Wälder und l erschaffen, sondern auch die Schönheit der Nacht. Wir müssen nur die Augen und Ohren öffnen, um uns der Schönheit um uns herum bewußt zu werden.

Ich möchte, daß die Nacht zu einem Erlebnis für mich wird. Ich will für die Nacht genauso dankbar sein wie für den Tag.

Im übrigen ist der Gott, zu dem ich gebetet habe, ein Mann. Und er ist wie alle anderen Männer, die ich kenne: unbedeutend, vergeßlich und gemein.

Alice Walker:
»Beim Schreiben der Farbe Lila«

Die meisten von uns hätten am liebsten dem Programm den Rücken gekehrt, als sie zum ersten Mal das Wort »Gott« oder »Höhere Macht« hörten. Wahrscheinlich haben wir uns unter dem Begriff Gott einen himmlischen Schiedsrichter vorgestellt, der nach dem Motto »Auge um Auge, Zahn um Zahn« handelt. Doch dann wurde uns durch das Programm klar, daß die Höhere Macht alles sein kann, was wir uns darunter vorstellen wollten. Manche von uns konnten sich Gott besser als etwas Angenehmes, zum Beispiel als Gebirgsbach, vorstellen. Andere wiederum zogen es vor, mit dem »unsichtbaren« Freund Zwiesprache zu halten. Wir lernten, daß jedes Bild, das wir uns von Gott machten, möglich war, solange wir daran glaubten, daß es eine Höhere Macht gibt, die unsere Genesung herbeiführen kann.

Vielen unter uns fällt es vielleicht immer noch schwer, an eine Höhere Macht zu glauben. Wenn wir uns vor Augen halten, daß wir nicht an den negativen Bildern, mit denen wir aufgewachsen sind, festzuhalten brauchen, wird es uns leichter fallen, uns ein Bild von Gott zu machen, das uns besser liegt. Die Höhere Macht kann alles und jeder sein, es kommt nur darauf an, was wir uns darunter vorstellen wollen.

Ich weiß, daß meine Höhere Macht von meiner persönlichen Vorstellung abhängt und nicht von einem religiösen Dogma.

Der göttliche Same ist in uns. Aus Birnenkernen werden Birnbäume, aus Nußkernen Nußbäume, aus Gottes Same Gott.
Meister Eckhart

Immer wieder kommt es vor, daß wir unserer Reife und unserer Person kritisch gegenüberstehen. Wenn wir dann lesen, daß Gottes Same in uns ist, haben wir Mühe, das zu glauben. Wie können wir den gleichen Samen Gottes in uns haben wie die anderen Menschen auch, da es doch ganz so aussieht, als hätten die anderen viel bessere Eigenschaften als wir?

Aber genauso wie wir an unseren Mitmenschen bestimmte Eigenschaften bewundern, können wir auch an uns selbst Eigenschaften bewundern. Wir dürfen nicht vergessen, daß ein guter Kritiker sowohl auf das gute als auch auf das Schlechte achtet. Ein guter Kritiker aber fällt kein Urteil, er sammelt vielmehr Fakten, aus denen sich die anderen ein Urteil bilden können.

Nicht alle Birnbäume, die aus den Birnenkernen wachsen, sind vollkommen. Manche Früchte sind süß und saftig, andere wiederum hart und herb, und manche Früchte reifen nie. Aber trotzdem handelt es sich um einen guten Birnbaum, wenn man ihn sorgsam pflegt. Genauso verhält es sich mit uns. Nicht alles an uns ist vollkommen, aber wenn wir uns bemühen, können wir aus dem Samen Gottes, aus dem wir entstanden sind, das Beste machen.

Ich kann ein gesunder und tüchtiger Mensch sein, wenn ich mich darum bemühe. Heute abend will ich nichts an mir aussetzen.

27. Juli

Laß nie den Kopf hängen, gib nie auf und verzage nicht. Suche immer einen Ausweg. Und bete nicht, wenn es regnet, wenn du an Sonnentagen auch nicht betest.

Sachel Paige

Wenn Kinder schläfrig sind, zeigen sie das ganz deutlich. Sie setzen sich auf den Boden und beginnen zu weinen. Auch als Erwachsene fühlen wir uns mitunter wie Kinder und würden uns am liebsten in eine Ecke verkriechen und die Flinte ins Korn werfen. Aber wir sind keine müden Kinder mehr, wir sind erwachsene Menschen mit Pflichten und Verantwortungen.

Wenn wir keinen Ausweg finden, können wir um Hilfe bitten. Es können sich auch andere um das Essen, die Familie und den Haushalt kümmern. Wir können aber auch unseren Zeitplan neu einteilen, damit wir nicht einmal zu viel und dann wieder zu wenig zu tun haben. Und immer dann, wenn wir unter dem Druck der Verantwortung am liebsten aufgeben würden, sollten wir daran denken, daß es aus allem einen Ausweg gibt. Nichts ist unabänderlich, wenn wir den Willen haben, etwas zu ändern.

Heute abend will ich nachdenken, was ich an meinen Aufgaben ändern kann. Ich werde andere um Hilfe bitten und ein paar Veränderungen vornehmen, damit ich nie mehr überlastet bin.

Du hast keine Ahnung, was für eine schlechte Meinung ich von mir habe und wie wenig ich sie verdiene.

William Gilbert

Können wir sagen: »Ich mag mich« und meinen es auch wirklich so? Um das behaupten zu können, müssen wir alles an uns mögen: die guten wie die schlechten Eigenschaften, unser Äußeres und die Art und Weise, wie wir mit anderen umgehen. Wir müssen nicht alles an uns lieben, aber wir müssen lernen, es zu akzeptieren.

Sich selbst zu mögen, bedeutet nicht, alle Eigenschaften und Verhaltensweisen an sich für gut zu befinden. Aber wir können sie zumindest akzeptieren. Wir verdienen nicht die geringschätzige Meinung, die wir von uns haben, so schlecht sind wir nun auch wieder nicht. Wir machen Fehler wie alle anderen. Wir sind keine vollkommenen Freunde, Partner oder Eltern. Aber das ist niemand.

Im Grunde sind wir liebenswerte Menschen, ständig darum bemüht, sich zu bessern. Wir verdienen, von uns geliebt zu werden, für das, was wir sind und sein werden.

Heute abend will ich mindestens fünf Eigenschaften an mir entdecken, die ich gut finde. Ich kann von mir sagen: »Ich mag mich« und meine es auch so.

Der Steinmetz verwandelt den Stein in eine Statue, indem er die Teile des Marmors herausschlägt, die nicht gebraucht werden. Das Ganze ist ein Prozeß des Eliminierens.
Elbert Hubbard

Wenn Leute etwas zum Flohmarkt bringen wollen, suchen sie das aus, was sie nicht mehr brauchen. Wenn wir uns die Sachen, die wir loswerden wollen, näher ansehen, wundern wir uns wahrscheinlich darüber, daß wir sie einmal dringend brauchten oder unbedingt haben wollten. Doch mit der Zeit, oder bedingt durch unser Wachstum, stellten wir fest, daß wir eigentlich uns von diesen Sachen trennen können.

Ähnlich ergeht es uns mit unseren Charakterschwächen. Manche können wir einfach nicht ablegen, was immer auch der Grund dafür sein mag. Aber im Laufe der Zeit entwachsen wir ihnen ganz von selbst oder finden endlich den Mut, sie abzulegen.

Heute abend werden wir eine schöne Skulptur von uns anfertigen. Sicher werden wir lange dazu brauchen, doch wir haben keine Eile. So oft wir ein Stück Marmor herausschlagen, wird mehr von der schönen Form sichtbar, und bald können wir eine herrliche Statue bewundern.

Ich bin entschlossen, eine wunderschöne Statue von mir anzufertigen. Jeden Tag will ich daran arbeiten und das, was mir nicht gefällt, entfernen.

Der Fehler der Vergangenheit ist der Erfolg der Zukunft. Ein Fehler ist der Beweis dafür, daß jemand versucht hat, etwas zu tun. Anonym

Erinnern wir uns noch an die Erfinder-Wettbewerbe in der Schule? Immer war eine Erfindung darunter, die alle Anforderungen der Jury erfüllte. Doch es gab auch andere Erfindungen, die ebenfalls mit einem Preis ausgezeichnet wurden, und wir haben uns gewundert, warum. Sie schienen oft ganz einfach oder undurchschaubar. Warum wurden sie dennoch prämiert?

Was in diesem Fall berücksichtigt wurde, war die Mühe, die hinter einer Erfindung steckte. Es kam nicht darauf an, daß man etwas Perfektes schuf, etwas besonders Lehrreiches, sondern die Anstrengung, die damit verbunden war, wurde honoriert.

Heute abend muß auch uns bewußt werden, daß es nur auf die Mühe ankommt, die man sich gibt. Wir müssen nicht auf jede Frage eine Antwort parat haben oder besonders klug handeln oder vorbildliche Freunde sein. Wir können ohne weiteres Fehler machen, denn nichts ist von Anfang an vollkommen. Wir können Fehler machen, weil Fehler manchmal der einzige Weg sind, um weiterzukommen, und weil man an ihnen ermessen kann, wie sehr wir uns bemüht haben.

Habe ich heute Fehler gemacht? Heute abend will ich meine Fehler als Beweis für mein Bemühen betrachten.

Wir wollen uns frohen Mutes an die Arbeit machen, auf daß wir müde und zufrieden zu Bett gehen und tief und selig schlafen. Robert Louis Stevenson

Die Belohnung für den heutigen Tag soll ein tiefer, friedlicher Schlaf sein. Damit wir auch angenehm träumen, sollten wir langsam unsere Gedanken abschalten.

Wir können in Gedanken einen schönen Spaziergang durch die Natur machen. Mit jedem Schritt werden wir uns mehr von den Aktivitäten und von den unerledigten Aufgaben des Tages entfernen. Schauen wir uns doch einmal um! Wir sehen Seen und Berge, wir hören das leise Murmeln eines Baches. Nichts ist jetzt wichtiger als unsere geistige Entspannung und die vor uns liegenden Stunden, in denen unsere Gedanken zur Ruhe kommen werden.

Bevor wir das Licht ausschalten, können wir ein paar Minuten lang in Gedanken unseren Spaziergang machen. Wir sind völlig entspannt und fühlen, wie die Anspannung und der Druck des Tages allmählich nachlassen. Aber dennoch ist es ein guter Tag gewesen. Wir schließen nun unsere Augen und lassen den Schlaf über uns kommen.

Heute war ein guter Tag. Ich habe Gutes geleistet. Ich bin zufrieden und werde tief schlafen.

August

1. August

... jede Phase der Gezeiten ist wichtig; jede Phase einer Welle und jede Phase einer Beziehung.

Anne Morrow Lindbergh

Jede Fotografie von uns zeigt uns in einem ganz bestimmten Moment. Und wenn wir später das Foto wieder zur Hand nehmen, erinnern wir uns ganz genau an den Augenblick, in dem es aufgenommen wurde.

Viele Dinge in unserem Leben sind einem Wandel unterworfen. Nichts bleibt von einer Minute zur anderen gleich. Wir hassen Änderungen in unseren Beziehungen, weil wir meinen, daß jede Änderung in glücklichen Phasen nur Schmerz, Verlust und Ablehnung bringen kann. Selbst in Augenblicken der Wut und des Schmerzes haben wir Angst vor Veränderungen, auch wenn sie Glück, Hoffnung und Erfolg bedeuten können.

Doch an jeder Veränderung lassen sich Wachstum und Zeit ablesen. Sie ist einem natürlichen Rhythmus unterworfen, so wie Ebbe und Flut, wie die Jahreszeiten, die einzelnen Mondphasen, der Auf- und Untergang der Sonne. Heute können wir beruhigt sein, daß unsere Beziehungen sich genau in der Phase befinden, in der sie naturgemäß sein müssen.

Hilf mir heute, den natürlichen Rhythmus in meinen Beziehungen ohne irgendwelche Ängste zu erkennen.

Die Sorge ist ein Rinnsal der Angst, das unseren Verstand durchdringt. Wächst sie, gräbt sie sich einen Tunnel, in den alle unsere Gedanken sickern.

Arthur Somers Roche

Ein Rinnsal an einem Berghang stellt für den Berg selbst, seine Vegetation oder die Bewohner des Tals keine Gefahr dar. Wenn das Rinnsal aber zu einem Bach anschwillt, wird das Wasser den Weg überfluten, die Pflanzen, die Felsen und das Erdreich wegschwemmen und das Leben und den Besitz der Talbewohner gefährden.

Sorgen, die an uns nagen, lassen sich mit diesem Rinnsal vergleichen. Sie bereiten uns keine Angst, und wir können sie jederzeit unterdrücken, solange sie klein sind. Wenn sie allerdings überhand nehmen, schwillt das Rinnsal zu einem Bach an und alle unsere Gedanken und unsere Energie konzentrieren sich nur noch auf unsere Sorgen, die uns mittlerweile über den Kopf gewachsen sind.

Niemand führt ein sorgenfreies Leben. Doch wir dürfen unseren Sorgen keine allzu große Bedeutung beimessen. Die Rinnsale, die durch unsere Gedanken ziehen, können uns nichts anhaben. Damit sie sich aber nicht vergrößern, müssen wir uns immer vor Augen halten, was gerade wichtig ist. Auf keinen Fall dürfen wir zulassen, daß unsere Sorgen überhand nehmen.

Ich habe Sorgen wie jeder andere auch. Ich darf ihnen jedoch keine allzu große Bedeutung schenken, sonst werden sie noch größer.

3. August

Ich brauche nur das zu tun, was ich tun will und nicht, was die anderen von mir erwarten. In der Gemeinschaft ist es leicht, nach fremden Vorstellungen zu leben. In der Einsamkeit ist es leicht, nach den eigenen Vorstellungen zu leben — aber bewundernswert ist nur der, der sich in der Gemeinschaft die Unabhängigkeit bewahrt.

Ralph Waldo Emerson

Um den anderen zu gefallen, verhalten wir uns oft wie ein Chamäleon, das die Farbe wechselt. Wir verstecken unsere wahren Gefühle und geben vor, glücklich und zufrieden zu sein, weil wir niemandem wehtun wollen, der uns nahesteht.

Chamäleons überleben, weil sie sich durch ihre Tarnfarbe vor ihren Feinden verstecken können. Wir bilden uns ein, es ginge uns gut, weil wir unsere wahren Gefühle verbergen. Doch wer sieht unser wirkliches Gesicht? Unterdrücken wir nicht unsere eigentlichen Bedürfnisse und messen denen der anderen mehr Bedeutung bei?

Vielleicht haben auch wir heute die Farbe gewechselt, nur um den anderen zu gefallen. Wir brauchen uns aber nicht wie Chamäleons zu verhalten. Wir sind nicht von Feinden umgeben, nur von Menschen, wie wir es sind. Sie mögen zwar andere Gedanken und Gefühle haben als wir, doch das ist unwesentlich. Wir alle haben unsere eigenen prächtigen Farben, die wir vorzeigen können.

Ich habe wunderschöne Farben, mit denen ich die anderen beeindrucken kann. Heute abend will ich mir darüber bewußt werden, daß ich sie nicht brauche, um mich zu tarnen.

Weisheit ist, die Dinge zu nehmen, wie sie sind ... und sich mit dem Unabänderlichen abzufinden. Montaigne

Wovor fürchten wir uns am meisten? Als Kinder hatten wir wahrscheinlich Angst vor der Schule und vor Anlässen, bei denen wir festlich gekleidet sein mußten. Als Studenten litten wir meist unter Prüfungsangst. Und heute, als Erwachsene, haben wir Angst vor einem Einstellungsgespräch oder einem Besuch unserer Eltern. Es kann auch sein, daß wir uns fürchten, zum Zahnarzt zu gehen, um eine Gehaltserhöhung zu bitten oder irgendwelche Veränderungen vorzunehmen.

Klug ist aber nur der, der seine Ängste erkennt und nicht davor davonläuft. Es ist ganz natürlich, Angst zu empfinden, die sich auf unterschiedliche Weise äußert: Man will etwas hinausschieben, fühlt sich elend, bekommt einen Anfall von Panik, gerät in Abhängigkeit von jemandem, dessen Hilfe man braucht. Solange wir solchen Ängsten nicht unterliegen — so stark sie auch sein mögen —, werden wir alles bewältigen.

Nichts dauert ewig. Wir bekommen die neue Stelle, der Zahnarztbesuch ist auf ein paar Stunden begrenzt. Wenn wir eine angsterregende Situation nur als eine Unannehmlichkeit betrachten, werden wir sie gefaßt hinnehmen, statt sie zu überbewerten. Die Schritte, mit denen wir die Angst bewältigen können, sind ganz einfach: Erkennen, Ablegen, Handeln.

Gibt es etwas, wovor ich heute abend Angst habe? Ich werde die drei Schritte befolgen, mit denen ich meiner Angst Herr werden kann.

5. August

Ich empfinde noch immer jeden Tag als zu kurz für all die Gedanken, die ich denken möchte, für all die Spaziergänge, die ich unternehmen möchte, für all die Bücher, die ich lesen möchte und all die Freunde, die ich treffen möchte.
John Burroughs

Wenn wir all den Reichtum und den Luxus um uns herum betrachten, werden viele von uns denken, daß sie ihre Probleme lösen könnten, wenn sie mehr Geld hätten. Hingegen kennen wir auch die Redensart: »Mit Geld kann man nicht alles kaufen.« Und da wir wissen, daß das wirklich zutrifft, werden wir uns fragen, wie wir dann unser Leben reicher gestalten können.

Wenn wir uns weniger mit unwichtigen Dingen aufhalten, werden wir mehr Zeit haben, uns mit wichtigen Dingen und Menschen zu befassen. Indem wir uns mehr auf die Dinge konzentrieren, die uns vorrangig erscheinen, bleibt uns mehr Zeit für das, was wir wirklich tun möchten.

Wenn wir uns über Kleinigkeiten oder Belanglosigkeiten aufregen oder enttäuscht sind, weil uns der eine oder andere Wunsch nicht in Erfüllung ging, werden wir nur von den wichtigen Dingen abgelenkt. Um unser Leben reicher zu gestalten, müssen wir alles, was uns den inneren Frieden nimmt, daraus verbannen.

Heute abend will ich mich zwischen Reichtum und Armut entscheiden. Was kann ich abschaffen, um mein Leben zu bereichern?

Ich werde dich belohnen, wenn du loyal mir gegenüber bist und werde dich nicht einschüchtern durch Strafe, Schmerz und Unglück, wenn du gleichgültig mir gegenüber bist.
Elbert Hubbard

Von einem Haustier können wir eine Menge über selbstlose Liebe lernen. Eine Katze oder ein Hund bleibt bei uns, auch wenn wir sie verunsichern mit Zurufen wie: »Komm her, ich brauche dich!« und »Geh weg, du störst mich!« Sie sind immer für uns da und erwarten keine Gegenleistung.

Sind wir ebenso loyal unseren Freunden gegenüber, oder erwarten wir von ihnen, daß sie da sind, wenn wir sie brauchen? Wenn sie uns im Stich lassen oder uns ihre Mißbilligung kundtun, schreiben wir sie dann gleich ab? Mit jemandem befreundet zu sein, heißt nicht, ein Recht auf Forderungen zu haben, es bedeutet auch nicht, zu Vergeltungsmaßnahmen berechtigt zu sein, wenn der andere unseren Wünschen nicht nachkommt.

Wir dürfen Freundschaft nicht an bestimmte Bedingungen knüpfen. Das heißt, wir müssen den Mangel an Aufmerksamkeit und längeres Schweigen genauso akzeptieren, wie wir uns über Aufmerksamkeiten und Zuwendungen freuen. Freunde sind keine Versprechungen, die man einhalten muß, oder Verehrer, um die man sich bemüht. Freunde sind ein wahrer Segen. Je mehr wir sie als Segen betrachten, um so mehr Freunde werden wir haben.

Ich akzeptiere meine Freunde, so wie sie sind, und ebenso ihre Art, Liebe und Achtung zu zeigen.

7. August

Ich habe so viel an Ihn gedacht, daß ich nie merkte, was Gott macht. Weder eine Kornähre (wie macht er die?) noch die Farbe Lila (woher kommt sie?) oder die kleinen Wiesenblumen. Nichts. Alice Walker
»Beim Schreiben der Farbe Lila«

Jede Schneeflocke, die vom Himmel fällt, hat eine andere Form. Das fallende Laub im Herbst ist ein herrliches Farbenspiel in Orange, Rot und Gelb. Der Regenbogen nach einem Gewitter, die Tarnfarbe der Tiere in der Natur, die majestätischen Gebirgszüge sind nur einige unter den vielen Wundern der Natur.

wie oft sind wir uns dieser Wunder bewußt? Wie oft gehen wir hinaus in die Natur und entdecken einen neuen Weg oder teilen uns unsere Zeit anders ein, damit wir einem neuen Hobby oder einer zusätzlichen Aufgabe nachgehen oder uns einem Menschen mehr widmen können?

Heute abend wollen wir unseren Schritt verlangsamen und auf die Dinge um uns herum achten. Wenn wir in aller Ruhe über sie nachdenken können, werden wir ihnen durch die Meditation geistig näherkommen. Als erstes aber sollten wir die Schöpfung der Höheren Macht und ihre Schönheit bewundern lernen.

Bin ich dankbar für all das, was die Höhere Macht geschaffen hat?

Wer allein reist, kann sofort aufbrechen, aber wer mit jemandem reist, muß warten, bis der andere bereit ist.
Henry David Thoreau

Ändern wir unsere Meinung und unsere Pläne, weil wir auf jemand anderen hören? Vielleicht wären wir manchmal gern allein, aber weil jemand etwas mit uns unternehmen möchte, beugen wir uns dessen Wunsch. Vielleicht kommen wir uns sogar einsam und verloren vor, wenn uns nicht ein anderer sagt, was wir tun sollen.

Doch über unsere Lebensreise müssen wir allein bestimmen. Wenn wir immer nur abwarten, was andere tun, werden wir unser Leben mit Warten verbringen. Wir müssen unsere Entscheidungen selbständig treffen, unabhängig davon, ob wir dann den Wünschen und Vorstellungen anderer entsprechen.

Heute abend wollen wir die Reise antreten, indem wir einige Entscheidungen treffen. Unsere Wünsche sind wichtig, aber es ist ebenso wichtig, sie ohne Rücksicht auf die Wünsche anderer zu verwirklichen.

Ich tue gut daran, meine Meinung und meine Pläne zu ändern, je nachdem, ob ich allein sein möchte oder in Gesellschaft. Die Entscheidung liegt ganz bei mir.

9. August

Ich betrachte die Angst als einen Teil meines Lebens — besonders die Angst vor Veränderungen … Ich gehe meinen Weg, auch wenn mir das Klopfen meines Herzens sagt, kehre um …
Erica Jong

Wir merken es ganz genau, wenn sich in einem Horrorfilm etwas Schlimmes anbahnt. Wir fühlen die Spannung und bekommen Herzklopfen, und am liebsten möchten wir die Schauspieler warnen. Dabei ist alles nur ein Film.

Wahrscheinlich verspüren wir auch in der Dunkelheit Angst. Wir fürchten, jemand könnte uns bedrohen. Bevor wir dem Programm beitraten, war unser Leben voll echter Gefahren, auch wenn wir sie nicht als solche wahrhaben wollten. Heute kann unser Leben voll Sicherheit, Geborgenheit und Harmonie sein, wenn wir die reellen Gefahren erkennen und bekämpfen und nicht die imaginären.

Das Leben ist kein Horrorfilm, in dem hinter jeder Ecke Gefahr lauert. Hier gibt es keine Ungeheuer, die uns bedrohen. Die einzige Angst, die wir heute abend verspüren, ist die, die alles Unbekannte, das in Dunkelheit gehüllt ist, in uns auslöst.

Heute abend will ich an die Ängste denken, die jede Änderung meiner Person, selbst wenn sie zu meinem Vorteil ist, in mir wachruft. Ich darf Angst haben, aber sie darf nicht mein Leben beherrschen und zerstören.

Wir sehen die Niagara-Fälle und bewundern sie, ohne daß uns bewußt ist, was ihre majestätische Schönheit ausmacht. Wir sehen einen bemerkenswerten Menschen und sind voller Bewunderung, aber wir kennen die unzähligen Einflüsse nicht — bewußte wie unbewußte —, denen der Betreffende ausgesetzt war. Stephen S. Wise

Wir werden von vielen Menschen beeinflußt und geprägt, angefangen von unseren Eltern, bis zu unseren Verwandten, Freunden, Arbeitskollegen und Nachbarn, die alle zu unserer Entwicklung beigetragen haben.

Wenn wir die negativen Seiten an uns betrachten, möchten wir gerne die anderen dafür verantwortlich machen. Doch wir haben auch gute Seiten, die Bewunderung verdienen. Und wie die Menschen unsere negativen Seiten mitprägen, so geschieht es auch mit unseren positiven Eigenschaften.

Ein See am Fuß einer Bergkette entsteht durch die Schneeschmelze oben auf den Bergen. Durch unzählige Rinnsale aus geschmolzenem Schnee bildet sich zuerst ein Bach, später ein Fluß. Wir sind wie dieser See. Wir erwecken Bewunderung, aber die Energie, die notwendig war, diese Schönheit zu ermöglichen, wird gerne vergessen.

Heute abend will ich all denjenigen dankbar sein, die einen positiven Einfluß auf mich ausgeübt haben. Ich bin schön, weil sie mir gezeigt haben, daß ich schön bin.

11. August

Höre zu, oder deine Zunge wird dich taub machen.
Indianisches Sprichwort

Der Turm von Babel, der bis zum Himmel reichen sollte, konnte nicht vollendet werden, denn die Leute, die mit seinem Bau beschäftigt waren, redeten in verschiedenen Sprachen und lösten größte Verwirrung aus. Der Bau konnte nicht gelingen, weil keiner auf den anderen hörte und die Menschen sich verhielten, als wären sie taub.

Wir haben die Fähigkeit zu hören, machen aber nicht wirklich Gebrauch davon, weil wir meistens den anderen die Ohren vollreden. Wir nutzen diese Fähigkeit auch nicht, um bei den Meetings zuzuhören oder wenn ein Familienmitglied oder ein Freund spricht. Wir hören uns so gerne selbst reden, daß wir den anderen nicht zuhören können.

Es ist ganz uns selbst überlassen, ob wir für die anderen taub sein und nur uns selbst hören wollen. Diese freiwillige Taubheit kann uns aber um wertvolle Erfahrungen und das Wissen der anderen bringen, die mit uns an einer Sache arbeiten. Um besser zuhören zu lernen, müssen wir unseren Mund zu- und die Ohren aufmachen. Die Stimmen anderer zu hören, kann wie Musik in unseren Ohren klingen.

Ich kann aufhören, die Worte der anderen zu überhören. Wenn ich bereit bin zuzuhören, wird eine Symphonie voll Stärke und Heiterkeit erklingen.

Die wichtigste Lektion, die ich gelernt habe, ist: Wenn du frisches Wasser und etwas zu essen hast, bist du bereits glücklich. Eddie Rickenbacker

Eddie Rickenbacker trieb 21 Tage auf einem Floß im Pazifischen Ozean. Diese Erfahrung lehrte ihn, das Leben mit anderen Augen zu sehen als die meisten Menschen, denn ihm wurde dabei klar, daß etwas zu essen und zu trinken bereits genüge, um glücklich und zufrieden zu sein.

Sind wir zufrieden mit dem, was wir haben, oder glauben wir, unser Glück hinge von Dingen wie einem neuen Auto, einem Wohnungswechsel, mehr Geld, einem anderen Partner oder zwei weiteren Jahren der Genesung ab? Meinen wir, wir wären glücklich, wenn wir eine bestimmte Sache hätten, anstatt die Dinge, die wir besitzen, zu schätzen?

Der Rat »Bleib bescheiden« soll uns daran erinnern, daß wir nur wenig brauchen, um zu überleben. Unsere Vorfahren waren bereits dankbar dafür, daß sie zu essen und zu trinken, ein Dach über dem Kopf und ihr Auskommen hatten. Haben wir uns heute schon für die einfachen Dinge bedankt, die uns geholfen haben, glücklich, gesund und hoffnungsvoll zu sein?

Heute abend will ich mich für all die segensreichen Dinge um mich herum bedanken.

Niemand wird allein durch die Anzahl der Jahre alt. Wir werden alt, weil wir unsere Ideale aufgeben. Die Jahre lassen unsere Haut welken, aber die Unfähigkeit zur Begeisterung läßt die Seele welken. Samuel Ullman

Heute schließen sich wieder mehr junge Leute dem Programm an. Wir sehen sie und denken: »Hätte ich doch auch bereits in jungen Jahren das Programm entdeckt! Dann hätte ich viel mehr Zeit gehabt, zu leben und zu wachsen.«

Die Redensart »Man ist so jung, wie man sich fühlt«, bezieht sich auf die geistige Einstellung und den Glauben, den wir in unserem Herzen haben. Es ist also völlig unwichtig, ob wir uns körperlich jung fühlen. Um uns jünger zu fühlen, hat uns das Programm zu einem neuen Leben verholfen, und wir können unser Alter von dem Zeitpunkt an berechnen, zu dem unsere Genesung begonnen hat.

Vielleicht sind wir heute erst ein Jahr oder fünf Jahre alt. Im Programm sind wir alle Kinder und nicht Erwachsene. Wir lernen alle erst jetzt, allein zu sein, unsere Meinung zu äußern und Verantwortung für uns zu übernehmen. Wir sind nicht alt, wir sind kleine Kinder, die lernen und wachsen müssen.

Heute abend will ich mein tatsächliches Alter vergessen und an meine Jugend denken, die mir das Programm wiedergegeben hat. Ich bin jung und habe noch viel Zeit vor mir, um zu wachsen.

Ich bin die Lamentierer, die Unterlegenen und die Unzufriedenen leid. Ich bin es leid, daß man von mir erwartet zu glauben, daß Häßlichkeit schön ist, Melancholie die einzige Freude des Menschen, Vergehen ein Vergnügen und daß Lachen etwas ist, wofür man sich schämen muß. John Mason Brown

Jedes Jahr gehen die Unternehmer ihre Akten durch, werden alte Unterlagen aussortiert und alles auf den neuesten Stand gebracht. Auch wir können die verschiedenen Botschaften in unserem Kopf aussortieren.

Behauptungen wie: »Du bist ein schlechterer Mensch«, »Du darfst deine Gefühle nicht zeigen«, »Ein Mann weint nicht«, »Du wirst es nie zu etwas bringen«, »Niemand liebt mich« sollten wir alle aus unserem Kopf verbannen, denn inzwischen wissen wir, daß sich die Dinge anders verhalten und diese Behauptungen falsch sind.

Wir können eine neue Akte mit Behauptungen anlegen wie: »Ich bin ein angenehmer Mensch«, »Weinen ist ein gutes Mittel, seine Gefühle auszudrücken«, »Ich tue viel Gutes für mich«, »Die Leute mögen mich«. Es besteht nicht die geringste Notwendigkeit, an der alten Akte festzuhalten, wenn wir eine neue, schönere haben.

Ich will die negativen Behauptungen aus meinem Kopf verbannen. Durch welche neuen kann ich sie ersetzen?

15. August

Lachen regt den Kreislauf an, erweitert den Brustkorb, stimuliert die Nerven, führt dem Gehirn Sauerstoff zu und unterzieht den ganzen Organismus einer Läuterung.
Anonym

Eines der größten Geschenke, die uns das Programm gegeben hat, ist die Fähigkeit zu lachen. Lachen ist die beste Möglichkeit, sich zu entspannen. Aber solange wir nicht zulassen, daß wir die Dinge im Leben von der heiteren Seite nehmen, werden wir diese angenehme Entspannung nicht wahrnehmen.

Ein Weg, das Lachen zu erlernen, ist der, es zu üben, wenn wir allein sind. Ein lautes »ha, ha, ha« während der Autofahrt kann der erste Schritt dazu sein. Mit etwas Übung werden wir die Komik in unserer Lachübung erkennen und wirklich lachen.

Es gibt eine Menge Dinge im Leben, über die es sich lohnt zu lachen. Doch ist es nicht immer leicht, solche Situationen zu finden. Dazu müssen wir von unserem gewohnten Lebensweg abweichen und die Komik in manchen Situationen sehen. Wir brauchen keine Komiker zu sein, um lachen zu können. Alles, was wir tun müssen, ist: gewillt zu sein, die heitere Seite des Lebens zu sehen.

Heute abend will ich versuchen, die Dinge von der heiteren Seite zu betrachten und nicht mit Schwermut und Ernst. Es gibt so vieles, worüber man lachen kann. Ich muß es nur sehen wollen.

Wenn ein Schiff gesunken ist, kann ich es nicht bergen. Wenn es untergeht, kann ich es nicht daran hindern. Ich kann meine Zeit viel besser nützen, indem ich mich auf die Probleme von morgen konzentriere, statt mich mit denen von gestern rumzuschlagen.

Admiral Ernest J. King

Haben wir wirklich jemals ernsthaft über die Probleme nachgedacht, die unabänderlich sind? Wir wissen zwar, daß wir manche Dinge nicht ändern können, aber wir sollten uns eine Liste davon anlegen. Welche Menschen können wir nicht ändern? Welche Plätze? Welche Dinge?

Erst wenn wir alles notiert haben, können wir versuchen, die Gedanken und Handlungsweisen anderer zu ändern. Vielleicht sind wir bestrebt, das Leben unserer Kinder, Verwandten oder Freunde in den Griff zu bekommen. Wir bemühen uns vielleicht auch, unserem Chef, den Lehrern oder Arbeitskollegen gegenüber eine andere Haltung einzunehmen. Wir gehen vielleicht so weit, daß wir uns einbilden, den Straßenverkehr und die Vergangenheit ändern zu können.

Es reicht nicht, daß wir sagen, wir können die Dinge nicht ändern. Wir müssen uns auch darüber im klaren sein, welche Menschen, Plätze und Dinge wir ändern wollen. Wenn wir sie alle auflisten, werden wir erkennen, daß es nur etwas in unserem Leben gibt, was wir ändern können — uns selbst.

Welche Menschen und welche Dinge kann ich nicht ändern? Wenn ich sie alle aufliste, werde ich mit dem beginnen, was ich ändern kann: mit mir selbst.

17. August

... es gibt Hunderte von Aufgaben, die wir an einem Tag erledigen möchten, aber wenn wir sie nicht langsam nach und nach angehen, so wie der der Sand durch den engen Hals des Stundenglases rinnt, werden wir körperlich und seelisch Schaden erleiden. Ted Bengermino

Unsere geistige und körperliche Verfassung vor dem Schlafengehen ist besonders wichtig. Sind wir angespannt, gereizt, niedergeschlagen und mutlos, werden wir wahrscheinlich schlecht und unruhig schlafen. Wenn wir aber heute abend mit der Einstellung zu Bett gehen, daß wir den Tag friedlich und vertrauensvoll beenden wollen, werden wir bestimmt einen erquickenden und erholsamen Schlaf haben.

Was macht es schon aus, wenn einige Dinge heute abend unerledigt bleiben? Wird das in zehn Jahren noch eine Rolle spielen? Nichts kann so wichtig sein, daß wir uns dadurch unsere Nachtruhe rauben lassen dürfen. Das einzige, worauf es ankommt, ist, daß wir die Ereignisse des Tages annehmen, bevor wir uns schlafen legen. Das wichtigste im Augenblick aber ist, daß wir die Ruhe finden, die wir brauchen, damit wir uns am nächsten Tag frisch und erholt fühlen. Der Tag ist vorüber, und was geschehen ist, ist geschehen.

Ich will mich erholen durch einen friedlichen, erquickenden Schlaf. Ich will die Anspannung des Tages vergessen und mich vertrauensvoll der Meditation zuwenden.

Alles Leid auf Erden
kann geheilt werden —
oder auch nicht.
Wenn ja, mußt du ein Mittel finden,
wenn nein, darfst du nicht traurig sein.

Mother Goose

In früheren Zeiten zogen Händler von Tür zu Tür und boten Allheilmittel gegen die unterschiedlichsten Krankheiten bis hin zum Haarausfall feil. Diese »Wundermedizin« war ein einträgliches Geschäft, denn die Leute wollten mit einem Schlag alle Beschwerden aus der Welt schaffen.

Sind auch wir noch immer auf der Suche nach einem Wundermittel, das uns zu dem Menschen macht, der wir gerne wären? Doch all diese Wunderarzneien, von denen sich die Menschen früher Heilung von Kummer und Schmerz erhofften, konnten nicht mehr bewirken als genügend Schlaf, körperliche Anstrengung und die Bereitschaft, sich mit Unabänderlichem abzufinden.

Das Programm bietet uns ebenso Wundermittel an, doch versprechen diese keine rasche Wirkung. Mitunter spüren wir ihren heilenden Effekt erst nach einigen Monaten. Doch wenn wir sie kontinuierlich anwenden, wird sich eine lebenslange Heilung einstellen. Wir brauchen nur auf die Hilfen, die uns das Programm anbietet, zurückgreifen, dann werden wir eines Tages frei von Sorgen und Schmerz sein.

Heute abend will ich mir vornehmen, morgen zu einem Meeting zu gehen, ein gutes Buch zu lesen und mit meinem »Sponsor« zu reden, denn ich verspreche mir von all dem die langersehnte Heilung.

19. August

Wenn wir unsere Feinde hassen, bekommen sie Macht über uns — Macht über unseren Schlaf, unseren Appetit und Macht über unser Unglück. Unser Haß verletzt sie nicht, er versetzt nur unsere Tage und Nächte in höllischen Aufruhr.
Dale Carnegie

Haß ist ein sehr starkes Gefühl, das auch in der Schwarz-Weiß-Malerei unserer Gedankenwelt vorkommt: richtig oder falsch, ja oder nein, jetzt oder nie, Liebe oder Haß.

Wenn wir unsere Nächte damit verbringen, daß wir mit Haßgefühlen an einen Arbeitskollegen, unseren Chef, unsere Eltern, einen früheren Freund oder sogar an einen fremden Menschen denken, vergeuden wir nur wertvolle Zeit und Energie. Der Haß kann zur Manie werden, so daß wir uns seiner nicht mehr erwehren können.

Statt unsere Haßgefühle auf eine Person zu konzentrieren, sollten wir lieber an all die Menschen denken, die uns wohlgesonnen sind. Wir sollten uns die Gesichter derer vorstellen, die uns Stärke, Hoffnung und Trost geben und ihnen in unseren Gedanken und Herzen einen Platz einräumen.

Statt ein Gesicht in der Menge zu sehen, will ich versuchen, viele zu sehen.

Allein durch Beobachten kann man eine Menge lernen.
Yogi Berrya

Das Sehvermögen ist einer unserer wichtigsten Sinne. Wir können das Gehör verlieren oder den Geruch- oder Tastsinn — unsere Augen werden uns all die nötigen Informationen liefern, die wir durch die anderen Sinnesorgane bekommen würden.

Wir können uns in unserer Fantasie einen Menschen vorstellen, dem unsere Bewunderung gilt. Wir können uns sogar seine Mimik vorstellen sowie das Vertrauen, die Kraft und die innere Festigkeit, die er ausstrahlt. Wir können uns die Lippenbewegungen dieses Menschen vorstellen, und, ohne seine Stimme zu hören, können wir an seinen Körperbewegungen erkennen, daß er ein Mensch voller Zuversicht, Vertrauen und Hoffnung ist.

Können wir uns aber auch ein Bild von uns selbst machen, und sehen wir uns so, wie die anderen uns sehen? Versuchen wir mit Worten unseren traurigen Gesichtsausdruck zu überspielen? Gehen wir mit unseren Gefühlen ehrlich um? Wir haben nichts dagegen, wenn die anderen uns beobachten, und wir lassen sie unsere Ehrlichkeit und Offenheit mit allen ihren Sinnen wahrnehmen.

Spiegeln meine Worte mein Wesen wider? Ich werde die anderen und mich selbst beobachten, um ihr und mein wahres Wesen zu erkennen.

21. August

Fürchte dich weniger, hoffe mehr, iß weniger, kaue mehr, jammere weniger, atme mehr, rede weniger, liebe mehr, und alle guten Dinge werden dein sein.

Schwedisches Sprichwort

Was müssen wir tun, um durch das Programm Fortschritte zu erzielen? Die Antwort lautet: alle gesunden Dinge aufzählen, die wir tun können: loslassen, meditieren, beten, teilen, telefonieren, zu Meetings gehen, die Schritte befolgen, die Sinnsprüche beherzigen, das Verhalten ändern. Schnell werden wir eine Liste von Geboten und Verboten zusammengestellt haben.

Aber wir sollten vor allem immer bescheiden bleiben. Alles, was wir tun müssen, ist, jeden Tag anders zu leben als den vorangegangenen. Es gibt viele positive Dinge, die wir tun können, aber wir brauchen sie nicht auf einmal in Angriff zu nehmen.

Heute abend wollen wir nur wir selbst sein. Wir brauchen keine drastischen Veränderungen vorzunehmen, unsere Stimmung muß nicht gleich ins Gegenteil umschlagen, und wir wollen auch keine radikalen Entscheidungen treffen. Alles, was wir tun sollen, ist: bescheiden bleiben.

Heute abend brauche ich keine tiefgreifenden Veränderungen vorzunehmen. Hilf mir, daß alle Veränderungen, die ich mache, sich im Rahmen halten.

Gib nie die Höhe eines Berges an, bevor du nicht den Gipfel erreicht hast. Erst dann wirst du sehen, wie hoch er ist. Dag Hammarskjöld

Was geschieht, wenn wir versuchen, eine Muschel oder einen Stein, die unter Wasser liegen, anzufassen? Das Sonnenlicht und die Bewegung des Wassers werden uns einen üblen Streich spielen. Da wir selbst über der Wasseroberfläche sind, ist die Perspektive verzerrt, sobald wir die Hände in das Wasser tauchen.

Unser Hang zur Übertreibung läßt uns die wahren Proportionen der Dinge oft nicht mehr erkennen. Berge werden zu Maulwurfshügeln und umgekehrt. Aufgrund unserer Sensibilität fällt es uns schwer, in manchen Situationen objektiv zu bleiben. Da wir risikofreudig und verletzbarer sind als andere, neigen wir dazu, übereilt — und oft ohne jede Notwendigkeit — in Abwehrstellung zu gehen.

Um uns vor allzu spontanen Handlungen zu bewahren, können wir eine Pause einlegen, bevor wir handeln. Wir können uns fragen, was geschehen wird und welche Handlungsweise wir wählen sollen. Statt uns einschüchtern zu lassen und eine subjektive und gefühlsbetonte Entscheidung zu treffen, sollten wir uns mehr Zeit nehmen, die Dinge von einem realistischen Standpunkt aus zu betrachten.

Habe ich heute in irgendeiner Weise übertrieben? Ich werde meine Situation überdenken, damit ich sie realistischer einschätze.

Du willst unbedingt, daß ich Erfolg habe. Hättest du Verständnis, wenn ich versagen würde? … Könntest du mich lieben, wenn ich versagen würde?

Schwester Mary Paul

Warum haben wir Angst davor, Erfolg zu haben? Manchmal fürchten wir aber auch zu versagen. Doch zu versagen ist bei weitem nicht so angsterregend wie die Bewunderung, die Achtung oder sogar die Liebe derer zu verlieren, die wir beeindrucken möchten.

Mitunter sind wir zu sehr darauf bedacht, Liebe und Anerkennung für unser Handeln zu erhalten. Wenn wir meinen, nicht gut genug zu sein, vollbringen wir die unglaublichsten Leistungen, nur um Erfolg zu haben.

Heute abend wollen wir uns erfolgreich zeigen. Was immer wir auch getan haben oder zu tun beabsichtigen, der Erfolg ist uns gewiß. Wenn wir heute nicht das erreicht haben, was wir uns vorgenommen hatten, so haben wir deshalb nicht die Bewunderung, die Achtung und die Liebe unserer Mitmenschen verloren. Diejenigen, die uns lieben, so wie wir sind, und die, die an uns glauben, werden uns immer zugetan sein, egal, ob wir versagen oder erfolgreich sind. Ihrer Liebe können wir gewiß sein.

Wer liebt mich und glaubt an mich? Heute abend will ich dankbar sein für ihre Liebe und anerkennen, daß sie der größte Erfolg ist, den ich erringen kann.

Die Botschaft lautet: »Es macht nichts, wenn du dich irrst! Du solltest dir eine Pause gönnen.« Billy Joel

Der Song »You are only human« wurde für Teenager komponiert, damit sie den Freitod nicht als einen Ausweg aus den Problemen betrachten, die das Leben mit sich bringt. Er sagt ihnen, daß sie ruhig Fehler machen können, denn irren ist etwas allzu Menschliches.

Fehler sind nicht von Dauer. Es sind kleine Ereignisse in dem großen Lebensplan. Obwohl ein Fehler jemandem wehtun oder die finanzielle Lage eines Menschen beeinträchtigen kann, ist ein Fehler nicht so weltbewegend und katastrophal, daß wir nicht auch etwas durch ihn lernen könnten. Wir sollten ihn uns verzeihen und darüber hinwegsehen.

Es besteht kein Grund zu der Annahme, wir müßten uns bestrafen, wenn wir einen Fehler machen. Ein reifer Mensch muß einen Fehler akzeptieren und wegstecken können. Nur der Perfektionist, der Mensch, der allen gefallen will, meint, ein Fehler müsse bestraft werden und kann ihn nicht wegstecken. Was fällt uns leichter?

Heute abend will ich an meine Fehler denken in dem Bewußtsein, daß sie menschlich sind. Es ist heilsam, hin und wieder einen Fehler zu machen und ihn als etwas ganz Normales zu betrachten.

25. August

Willst du inneren Frieden erlangen, mußt du dir ein Nest aus erfreulichen Gedanken bauen. John Ruskin

Wenn sich ein Vogel ein Nest baut, sucht er zuerst die richtigen Zweige, Gräser und Papierschnipsel. Dann verarbeitet er diese Materialien, bis das Nest die richtige Form und Größe hat, bis es genügend tief und dicht ist. Sobald es fertig ist, hört er mit der Arbeit auf und macht es sich in dem Nest gemütlich.

Um mit uns selbst in Frieden zu leben, müssen auch wir uns ein Nest bauen. Dieses Nest muß nicht immer ein bestimmter Platz sein, es kann genausogut ein Losgelöstsein von negativen Gedanken sein, es kann auch die Zeit sein, die zum Vergnügen und zur Entspannung bestimmt ist.

Ohne diese Zeit und diesen Freiraum werden wir kaum inneren Frieden finden. Das geht schon aus unserem Tagesablauf hervor, der zwar genügend Zeit für Aktivitäten vorsieht, aber nur wenige Stunden für uns selbst. Heute abend können wir damit beginnen, uns Augenblicke freizuhalten und unseren Zeitplan zu revidieren, damit wir die Möglichkeit haben, uns ein Nest aus schönen Gedanken zu bauen.

Heute abend will ich mich über den vergangenen Tag freuen und mich entspannen. Mit welchen erfreulichen Gedanken kann ich mir ein Nest bauen?

Die wirkliche Entdeckungsreise besteht nicht in der Suche nach neuen Landschaften, sondern in einer neuen Art zu sehen.
Marcel Proust

Was haben wir empfunden, als wir nach vielen Jahren unsere Heimatstadt, das Haus unserer Kindheit, die alten Spielplätze und unsere Schule wieder aufsuchten? Alles sah ganz anders aus als früher, weil wir die Dinge mit anderen Augen, mit denen eines Erwachsenen, sahen. Während wir die Schule früher mit den Augen eines Kindes sahen, so sehen wir sie heute mit den Augen eines Erwachsenen und daher ganz anders.

Das gleiche gilt für alle anderen Lebensbereiche: unsere Arbeit, unser Zuhause, die Familie, die Freunde oder Partner. Die meisten dieser Menschen haben sich — wie auch die Plätze — während langer Zeit kaum verändert. Wir aber ändern uns mit jedem Tag. Anstatt unseren Arbeitsplatz als den alten Arbeitsplatz oder unsere Wohnung als die alte Wohnung zu sehen, sollten wir sie aus einer neuen Sicht betrachten.

Heute abend brauchen wir nicht die äußeren Dinge um uns herum zu verändern, damit wir uns innerlich wohler fühlen. Wir können aber die Art, wie wir die Dinge betrachten, ändern. Wir können versuchen, die Menschen und Dinge um uns herum so zu betrachten, als sähen wir sie zum ersten Mal. Heute abend kann sich unsere Verwirrung in Verständnis verwandeln, indem wir die Dinge mit anderen Augen zu sehen versuchen.

Es gibt noch viele Dinge in meinem Leben, die sich nicht geändert haben, doch ich zähle nicht dazu. Heute abend will ich alles mit neuen Augen sehen.

27. August

Wie arm sind doch all jene, die sich nicht in Geduld fassen können. Welche Wunde heilt schon von heute auf morgen?
William Shakespeare

Ein gebrochenes Bein, eine Schnittwunde, ein verbrannter Arm, ein verstauchter Knöchel — und sogar ein gebrochenes Herz — brauchen Zeit, um zu heilen. Die Heilung ist ein langwieriger Prozeß. Doch Tag für Tag bessert sich der Zustand des Beines, der Schnittwunde, des Armes, des Knöchels und sogar der des Herzens ein wenig.

Der verletzte Fußballspieler, der während des Spiels ausscheiden muß, kann nichts für sein Team tun. Er muß sich in Geduld fassen und wissen, daß er seinen Platz in der nächsten Saison nur dann wieder einnehmen kann, wenn er geheilt ist. Wer aber den Heilungsprozeß zu beschleunigen versucht, leidet unter Kraftlosigkeit und verliert seine Selbstkontrolle.

Geduld ist mehr als eine Tugend. Es ist der letzte Prüfstein in einer Zeit der Kraftlosigkeit. Geduld bedeutet, daß man auf Menschen, Plätze und Dinge warten kann, auf die man keinen direkten Einfluß hat. Geduld bedeutet, sich seinem Schicksal zu fügen und auf die Höhere Macht zu vertrauen. Ohne Geduld sind wir wie der verletzte Sportler, der leidet, sich elend fühlt und gestreßt ist. Wenn wir Geduld aufbringen, werden wir unsere Situation annehmen und darauf vertrauen, daß sie sich bessern wird.

Bin ich geduldig? Heute abend will ich mich in Geduld fassen, indem ich mich mit den Gegebenheiten abfinde und auf die Höhere Macht vertraue.

Um gut zu schlafen, genügt nicht nur ein gutes Ruhekissen.
Anonym

Wenn wir unseren Körper insgesamt betrachten, stellen wir fest, daß der Geist am schwersten zur Ruhe kommt. Von den Zehen bis zu den Fingerspitzen fällt es uns nicht schwer, unsere Muskeln durch Entspannung zu lockern. Aber wenn es um die Muskeln oberhalb der Nackenpartie geht, ist unser Kopf so sehr mit Fakten und Gefühlen überladen, daß die Signale, er solle sich entspannen, blockiert werden.

Wenn wir unseren Kopf öffnen und all die eingetrichterten Botschaften darin in Form von Papierschnitzeln sehen könnten, was würden wir dabei entdecken? Auf einem Papierschnipsel stünde vielleicht das Wort Schuld. Auf einem anderen das Wort Schamgefühl. Und wieder auf einem anderen könnten wir Wut, Streß, Eifersucht, Druck, Angst und Mißtrauen lesen.

Alle diese Schnipsel verstopfen die Kanäle der Kreativität, der Freude und der Entspannung. Wenn diese Kanäle blockiert sind, kann selbst das bequemste Bett und das weicheste Kopfkissen keinen ruhigen Schlaf bringen. Um unsere Nachtruhe auf die beste Weise zu nützen, müssen wir die Papierschnipsel dorthin geben, wohin sie gehören — in den Papierkorb.

Heute abend will ich meine Gedanken »ausmisten«, bevor ich zu Bett gehe. Hilf mir, mich all der unerwünschten Botschaften zu entledigen, damit ich mehr Platz für erfreuliche schaffen kann.

29. August

Die Ambivalenz des Erfolges (und der Niederlage) zu erkennen, ist ein Zeichen von Reife. Paul Tillich

Als wir noch die Auswirkungen unserer Krankheit spürten, haben wir wie Wellenreiter in einem ständigen Auf und Ab gelebt. Doch von dem Augenblick an, als wir dieses verrückte Spiel aufgaben, erkannten wir, daß das Leben doch nicht so dramatisch ist. Das Leben hat schöne und weniger schöne Augenblicke, die sich mehr oder weniger die Waage halten.

Wenn wir durch das Programm reifer werden, lernen wir auch, auf die große Lebensreise zu gehen, ohne uns an den Schienen festzuklammern oder uns anschnallen zu müssen. Nun können wir während der ganzen Reise unsere Augen öffnen, voll Staunen und Bewunderung alles um uns betrachten, ohne daß uns das Tempo den Atem raubt. Ein Leben ohne Höhen und Tiefen ist eine wunderbare Reise.

Heute abend will ich den ruhigen Verlauf meines Lebens genießen und mich nicht fragen, ob das so richtig ist. Ich kann mich entspannen und darauf verlassen, daß diese ruhige Gangart ein Zeichen von innerer Reife ist.

Ein wenig Duft bleibt immer an der Hand haften, die dir Rosen schenkt. Chinesisches Sprichwort

Erinnern wir uns an jene Märchen, in denen mitten in der Nacht Feen auftauchen, um Spielzeug zu bauen oder zerbrochene Träume auszubessern oder anderen zu helfen, damit sie mehr Zeit für sich selbst haben? Sie arbeiteten fieberhaft und waren dennoch glücklich, denn sie wußten, daß sie etwas taten, was die Menschen brauchten oder sich wünschten. Sie erwarteten keine Belohnung und blieben nicht einmal lange genug, um die überraschten und glücklichen Gesichter sehen zu können. Sie wußten auch so, daß sie die anderen glücklich gemacht hatten.

Auch wir können etwas für unsere Mitmenschen tun. Wir können uns vornehmen, aufmerksamer zu sein und Gelegenheiten wahrzunehmen, um den anderen näherzukommen. Wir können einem Freund einen Strauß Blumen schenken oder uns an jemandes Geburtstag erinnern. Wir können auch einen Brief schreiben, eine Karte schicken oder ein Ferngespräch führen.

Ich möchte mein Leben von morgen an lockerer gestalten, indem ich etwas Besonderes und Spontanes tue. Ich will die Freude des Gebens kennenlernen und mehr Licht in mein Leben bringen.

Das Geheimnis des Unglücklichseins beruht darin, daß man zu viel Zeit hat, sich Gedanken darüber zu machen, ob man glücklich ist oder nicht.

George Bernard Shaw

Wieviel Zeit verbringen wir damit, daß wir über unsere Probleme, die Vergangenheit oder unsere Sorgen nachdenken? Wahrscheinlich empfinden wir einen großen Teil unserer Zeit nur negative Gefühle. Und vielleicht halten wir uns sogar in glücklichen, unbeschwerten Augenblicken für unglücklich.

Vor allem in der Zeit, in der wir allein sind, hängen wir vermutlich negativen Gedanken nach und sind über uns und unser Leben unglücklich. Solange wir es nicht fertigbringen, uns wohl zu fühlen, wenn wir allein sind, machen wir uns von der Gesellschaft anderer abhängig. Wir dürfen uns nicht einreden, daß wir nie wieder glücklich sein werden. Daß das nicht stimmt, erkennen wir daran, daß es mit der Zeit auch den anderen wieder gutging.

Heute abend wollen wir unsere Zeit nur mit guten Gedanken verbringen, wobei wir andere Menschen in unser Leben einbeziehen. Sie sind der Gegenbeweis, daß das Leben nicht nur aus Unglück besteht.

Heute abend kann ich wählen zwischen Glücklichsein und Unglücklichsein. Ich kann das Unglücklichsein auf positive Weise bekämpfen, indem ich meine Freunde und das Programm in mein Leben einbeziehe.

September

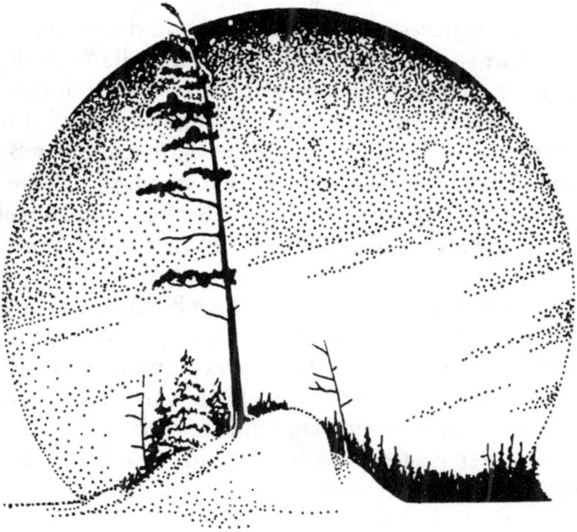

1. September

Ich liebe die Bäume, denn sie scheinen dem Leben mehr ergeben zu sein als alle anderen Dinge. Willa Cather

Wenn der Boden, auf dem ein Baum steht, austrocknet oder keine Nährstoffe liefert, kann der Baum seine Wurzeln nicht ohne weiteres aus der Erde ziehen und sich einen neuen Standort suchen. Statt dessen streckt er die Wurzeln tiefer in die Erde und breitet sie seitlich aus, bis er auf fruchtbaren Boden stößt. Der Boden um ihn herum wird noch fruchtbarer durch die Äste und die Blätter, die der Baum abwirft. Der Baum hält den Stürmen stand, seine Äste biegen sich unter der Last von Eis und Schnee, ohne abzubrechen; er spendet dem Boden um ihn herum Schatten und Nahrung.

Wenn wir uns heute abend als einen Baum vorstellen, der fest in der Erde ruht, können wir lernen, mehr von unserer Umgebung anzunehmen. Trotz aller Schwierigkeiten können wir lernen zu wachsen. Und dieses Wachstum kann unser Leben bereichern und uns stärker machen, so daß wir nicht von der Last der Probleme und Schwierigkeiten erdrückt werden. Auch wir können so stark und widerstandsfähig sein wie ein Baum.

Ich kann lernen, den Stürmen zu widerstehen und mich von der Last der Schwierigkeiten nicht erdrücken zu lassen — und trotzdem aufrecht und standhaft zu bleiben.

Und so seh' ich es: Der Geist Gottes ist in allen Dingen und immer gegenwärtig — wochentags wie sonntags — in den großen Arbeiten und Erfindungen, in Kunstwerken wie in Maschinen. Und Gott hilft uns durch unseren Kopf, unsere Hände und unsere Seele ... George Eliot

Als Kinder hatten wir wahrscheinlich Mühe, uns Gott vorzustellen. Auch heute noch fragen sich viele von uns, ob es nicht etwas gibt, das über uns steht und uns hilft, gesund zu werden.

Nicht nur in den Religionen erfahren wir von der Existenz einer Höheren Macht. Die schöpferische Kraft des Künstlers, das Lächeln unserer Freunde, all das sind Beweise einer Höheren Macht.

Die Höhere Macht des Programms ist ein überwältigendes Gefühl des Friedens und der Heiterkeit. Wir können ganz in diesem Gefühl aufgehen, wenn wir uns in uns kehren und beten, um Hilfe bitten, tief atmen und uns entspannen.

Jeder, der bereit ist, an eine Höhere Macht zu glauben und sich ihr anzuvertrauen, wird sich von ihrer Existenz überzeugen können.

Ich glaube, ich werde Frieden und Heiterkeit in meinem Leben finden. Heute abend will ich um Hilfe bitten, daß ich beides erhalte.

3. September

Meide Freunde und Anhänger, die deinen inneren Frieden und dein geistiges Wachstum stören.
Tibetanisches Rosenkranzgebet

Welche Freunde schätzen wir heute? Sind sie geistig, seelisch und körperlich gesund? Können wir von ihnen lernen und durch sie wachsen? Nehmen sie einen wichtigen Platz in unserem Leben ein?

Unser Wachstum durch das Programm läßt uns erkennen, daß unsere einstigen Freunde keinen guten Einfluß auf uns ausübten, denn sie waren schwach, krank, verwirrt und besitzergreifend — kurz, in demselben Zustand, in dem auch wir uns früher befanden. Vielleicht waren wir gerade deshalb mit ihnen befreundet, schließlich waren wir uns sehr ähnlich. Aber nun haben wir neue Freunde, die uns jetzt ähnlicher sind: Sie sind gesünder, glücklicher, reifer und tüchtiger.

Die Menschen, die wir uns als Freunde aussuchen, sind eine Bestätigung für unsere Entwicklung und unser Wachsen. Wenn wir uns entscheiden, mit kranken Menschen zusammenzusein, sind auch wir krank. Doch wenn wir Freunde wählen, die den Willen haben zu wachsen, die notfalls um Hilfe bitten, die annehmen wie auch geben können, dann sind auch wir wie sie. Sie sind der Spiegel, in dem wir uns sehen können.

Wenn ich in den Spiegel blicke, was sehe ich dann? Wie kann ich mein Äußeres verbessern und mein Wachsen beschleunigen?

... Einsamkeit ist bitter... noch bitterer aber ist, zu glauben, sie loszusein, und dann kehrt sie zurück.

Anne Cameron

Es gibt kaum einen Menschen, der das Gefühl der Einsamkeit nicht kennt. Auch unter Arbeitskollegen, Freunden und in der Familie können wir uns einsam fühlen.

Aber wie können wir jetzt, da wir dem Programm beigetreten sind und den Glauben an die Höhere Macht haben, noch einsam sein? »Was ist bloß los mit mir?« werden wir uns verzweifelt fragen und suchen die Schuld für unsere Einsamkeit bei uns.

Das Gefühl der Einsamkeit kann jedoch auch ein Hinweis darauf sein, daß wir zu wenig ausgehen und zu selten unter Menschen sind. Vielleicht leben wir so zurückgezogen, daß wir die anderen um uns herum gar nicht mehr richtig wahrnehmen. Doch sie sind da. Sie waren den ganzen Tag für uns da und werden auch in Zukunft für uns da sein.

Wenn wir auf unsere innere Stimme hören, wird uns bewußt werden, daß wir uns danach sehnen, von den anderen beachtet zu werden. Wenn wir über das Gefühl der Einsamkeit nicht hinwegsehen, können wir es auch abschaffen. Dazu genügt schon ein Telefonanruf, ein Spaziergang mit einem Freund, ein Meeting oder eine herzliche Umarmung.

Hilf mir, meine Einsamkeit wahrzunehmen. Ich bin bereit, mich für die anderen zu öffnen.

5. September

Ruhen heißt nicht, nichts zu tun.
Ruhen heißt regenerieren. Daniel W. Josselyn

Wenn wir krank sind, verlangt unser Körper nach Ruhe. Sind wir aber gesund, fällt es uns schwerer, auf die Signale unseres Körpers zu achten. Und deshalb arbeiten wir zu lange, gehen zu spät schlafen, stehen morgens zu spät auf oder verbringen zu viel Zeit mit anstrengenden Arbeiten und dem Schmieden von Plänen.

Doch wenn wir lernen, die Signale unseres Körpers zu beachten, werden wir sein Bedürfnis nach Ruhe wahrnehmen. Angespannte Muskeln, Rückenschmerzen, leichte Kopfschmerzen, übermüdete Augen sind nur einige dieser Signale. Wenn die Batterie einer Taschenlampe schwächer wird, gibt diese immer weniger Licht und erlischt schließlich ganz. Bevor unsere Reserven zu Ende gehen und wir anfällig für Krankheiten werden, sollten wir uns daran erinnern, daß unsere innere Batterie ohne die nötige Ruhe nicht funktionieren kann.

Ruhen muß nicht unbedingt heißen, daß wir nichts tun. Ruhen heißt, den Schritt zu verlangsamen, weniger aktiv und mehr entspannt zu sein. Es kann durchaus was Geruhsames sein, zu einem Meeting zu gehen. Ein gutes Buch zu lesen, sich einen Film im Fernsehen oder Kino anzusehen, Musik zu hören oder mit Freunden zu reden, all das kann erholsam sein. Durch solche geruhsamen Tätigkeiten laden wir unsere innere Batterie auf und werden wieder tüchtig und schwungvoll.

Heute abend will ich meine Batterie aufladen, damit ich morgen wieder in Form bin.

Das Leben ist ein Reifungsprozeß. Die grüne Frucht hat nur wenig Ähnlichkeit mit der reifen.

Charles B. Newcomb

Ein Löwenbaby hat nur wenig Ähnlichkeit mit einem ausgewachsenen Löwen. Und bis es zum König des Dschungels wird, vergeht noch eine lange Zeit. Es hat kleine Zähne, winzige Pranken, einen tollpatschigen Gang. Doch im Laufe der Zeit und unter der Anleitung seiner Eltern lernt es, Beutetieren aufzulauern und sie zu reißen. Und schließlich ist aus dem Löwenbaby ein starker Löwe mit einer mächtigen Mähne, scharfen Zähnen und kräftigen Pranken geworden.

Manchmal sind wir auch wie Löwenbabys. Wir müssen erst unsere Fähigkeiten entdecken und psychisch, spirituell und körperlich wachsen. Vielleicht sind auch unsere Schritte noch unsicher und unsere Bemühungen nicht immer von Erfolg gekrönt. Doch zum Glück gibt es noch die anderen, die mehr Erfahrung haben und uns helfen können.

Doch in jedem von uns schlummert auch ein Löwe, stark, selbstbewußt und stolz, dem wir äußerlich immer ähnlicher werden. Von Tag zu Tag wird unser Gang sicherer, unser Vertrauen größer und unser Glaube an die Höhere Macht stärker und unser Handeln vollkommener. Das Leben ist ein Reifungsprozeß — vom Löwenbaby zum Löwen — und jeder Tag bringt uns diesem Ziel näher.

Heute abend kann ich mein inneres Wachsen spüren. Ich fühle mich bereits stärker, selbstbewußter und stolzer.

7. September

Wir haben die Sterne zu sehr geliebt, um vor der Nacht Angst zu haben.

Inschrift im Alleghany-Observatorium der Universität Pittsburgh

Manche Leute gehen so sehr in ihrer Arbeit oder einem Hobby auf, daß sie sich völlig verändern, wenn sie damit beschäftigt sind. In ihrer Stimme schwingt Begeisterung mit, ihre Augen leuchten, und sie sprühen vor Energie. Gibt es auch in unserem Leben etwas, das uns so beflügelt?

Wenn wir etwas nicht gerne tun — auch wenn es nur eine einzige Sache ist —, bringen wir uns um eine wertvolle Erfahrung und um die Herausforderung, zu lernen und zu wachsen.

Etwas mit Freude zu tun, ist eine Möglichkeit, unsere Fähigkeiten zu entdecken. Durch das Programm lernen wir, daß wir eine Menge Fähigkeiten und Talente besitzen, die wir bis heute gar nicht wahrgenommen haben. Wenn wir unsere Fähigkeiten entwickeln, werden wir sicher mehr Freude als bisher erleben.

Was tue ich gerne? Heute abend will ich mich über meine Fähigkeiten und Talente freuen.

Versuche nicht, Sägespäne wieder zusammenzufügen.
Dale Carnegie

Der Berg von Sägespänen, der sich unter einer Tischlerarbeit anhäuft, kann nie wieder seine ursprüngliche Form zurückerlangen. Die Holzbretter, die beim Hausbau verwendet werden, können nie wieder als Bäume in einem Wald stehen. Ein Naturgesetz besagt: Etwas, das seinen Zustand ändert und eine andere Form annimmt, kann nie mehr seinen ursprünglichen Zustand zurückerlangen.

Es leuchtet uns ein, daß sich dieses Gesetz auf die Natur anwenden läßt, aber es fällt uns schwer zu glauben, daß auch die Vergangenheit nicht rückgängig gemacht werden kann. Die Vergangenheit kann nie wieder Gegenwart werden. Auch wir sind nicht mehr dieselben Menschen, die wir mit fünf, zehn oder zwanzig Jahren waren. In der Vergangenheit leben zu wollen bedeutet, Sägespäne kitten zu wollen. Um in der Gegenwart zu leben, müssen wir neues Holz bearbeiten und neue Berge von Sägespänen anhäufen.

Heute abend will ich aufhören, in der Vergangenheit zu leben, sondern die Gegenwart zu sehen, wie sie wirklich ist: unberührt, frisch und neu.

9. September

Wie schön wäre es doch, wenn die Menschen immer freundlich wären ... Was ist weiser, als freundlich zu sein? Und was ist freundlicher, als verständnisvoll zu sein?

Thomas Tyron

Manchmal empfinden wir das Leben als hart und ungerecht. Vermutlich haben wir dieses Gefühl bereits vor Jahren verspürt, als wir in einer Alkoholikerfamilie aufwuchsen. Und dieses Gefühl ist uns geblieben, als wir, durch unsere Sucht bedingt, uns mit Menschen, Plätzen und Dingen herumschlugen.

Heute könnten wir uns im Geist sogar eine Liste mit all den unerfreulichen Dingen in unserem Leben aufstellen: Familie, Freunde, Chefs, Enttäuschungen, Krankheiten. »Das Leben verschont mich wirklich nicht!« werden wir vielleicht stöhnen.

Doch wir könnten auch selbst den Anfang machen und zu den anderen freundlich sein. Wie oft hätten wir heute lächeln können, statt ein finsteres Gesicht zu machen? Oder hätten wir nicht beim Autofahren rücksichtsvoller sein können? Vielleicht hätten wir auch einmal ans Telefon gehen und mit einem Freund oder einem Familienmitglied ein paar freundliche Worte wechseln können. Die Unfreundlichkeiten von heute können wir aber nicht mehr rückgängig machen, wir können nur versuchen, uns ab morgen zu ändern.

Gibt es jemanden, der sich über meine Freundlichkeit und mein Verständnis freuen würde? Wie kann ich ihm meine Freundlichkeit zeigen?

Heutzutage erwarten manche Menschen, daß sich die Tür zum Glück automatisch öffnet. Anonym

Viele Szenen in unserem Leben könnten wir mit dem Titel »Große Erwartungen« überschreiben. Wenn wir auf eine bestimmte Weise handeln, bestimmte Dinge tun und uns etwas Bestimmtes vorstellen, erwarten wir auch, daß wir damit etwas ganz Bestimmtes erreicht haben. Stellen wir jedoch fest, daß wir uns getäuscht haben, so sind wir zutiefst enttäuscht.

Das ist dann genau so, als ob wir durch eine automatische Tür gehen wollten, und die Automatik versagt. Wir stoßen uns den Kopf an, weil wir fest damit gerechnet haben, daß sie sich öffnen würde. Wenn wir bestimmte Erwartungen in unsere Mitmenschen setzen, die sich nicht erfüllen, sind wir genauso verletzt und enttäuscht.

Natürlich sollten wir unseren Mitmenschen auf höfliche und freundliche Art begegnen. Und umgekehrt werden auch sie höflich und freundlich zu uns sein. Aber sie verhalten sich nicht so, weil wir das von ihnen erwarten, sondern weil sie aus freien Stücken höflich und zuvorkommend sein wollen. Wenn wir mit weniger Erwartungen an unsere Mitmenschen herantreten, werden wir manche erfreuliche Überraschung erleben.

Erwarte ich von jemandem, daß er so zu mir ist, wie ich es möchte? Heute abend will ich meine Erwartungen zurückschrauben, denn das, was zählt, ist mein eigenes Verhalten.

11. September

Der Glaube, der am Anfang eines zweifelhaften Vorhabens steht, ist ausschlaggebend für das Gelingen eines Abenteuers. William James

Wie oft haben wir uns sagen hören: »Nun gut, ich will's versuchen, aber wahrscheinlich wird es mir nicht gelingen.« Von Anfang an rechnen wir mit einer Niederlage. Doch wenn wir eine Sache mit so viel negativer Energie angehen, wird sie unweigerlich scheitern, wie wir es auch prophezeit haben. Wenn die Pessimisten immer recht hätten, würde unser Leben ganz anders aussehen. Dann wären wir immer noch überzeugt, daß die Erde eine Scheibe ist, denn Kolumbus wäre nicht auf Entdeckungsreise gegangen. Wir würden noch immer bei Kerzenschein lesen, denn Edison hätte die Glühbirne nicht erfunden. Und es würde Tage dauern, ein Land zu bereisen, wenn die Brüder Wright geglaubt hätten, nur Vögel wären imstande zu fliegen.

Manche Dinge, die wir tun, gelingen uns, andere wiederum nicht. Um aber Erfolg zu haben, müssen wir auch daran glauben. Wir müssen aber auch an uns glauben und daran, daß wir alles erreichen können, was wir uns vornehmen. Da wir all die Jahre ohne Vertrauen auf uns selbst gelebt haben, riskieren wir im Grunde gar nichts, wenn wir es auf einen Versuch ankommen lassen.

Höhere Macht, hilf mir, daß ich heute abend wieder an mich und meinen Erfolg glauben kann.

Liebe ist nicht, sich gegenseitig in die Augen zu schauen, sondern gemeinsam in die gleiche Richtung.
Antoine de Saint-Exupéry

Wenn wir einen Menschen lieben, haben wir nur noch Augen für ihn. Und wenn wir von ihm getrennt sind, scheint die Zeit still zu stehen; sind wir aber mit ihm zusammen, vergeht sie wie im Flug. Schon bei der kürzesten Trennung bangen wir um den anderen und haben das Gefühl, als wären wir eins mit ihm.

Doch in einer Liebesbeziehung darf sich keiner eingesperrt fühlen. Liebe ist weder ein hypnotischer Zustand noch ein Besitzergreifen. Liebe ist Gemeinsamkeit. Darunter verstehen wir, daß wir oft in die gleiche Richtung schauen und dasselbe Ziel vor Augen haben. Auch wenn wir den gleichen Weg gehen, so ist dennoch jeder eine eigene Persönlichkeit und hat seinen eigenen Willen.

Eine Beziehung ist dann glücklich, wenn wir uns auch in Abwesenheit des Partners wohl fühlen. Nur wenn wir genügend Selbstachtung und Selbstgefühl besitzen, fühlen wir uns allein genauso stark, als wären wir zu zweit. Dann sind wir fähig, einander und zugleich auch uns selbst zu lieben.

Ist meine Liebesbeziehung in Ordnung? Heute abend will ich meine Selbstachtung und mein Selbstgefühl unter die Lupe nehmen und herausfinden, ob ich mich allein genauso glücklich fühle wie mit meinem Partner.

13. September

Traurigkeit bekämpft man am besten mit Regsamkeit. Elbert Hubbard

Die Wiederkehr eines Todestages, einer Trennung oder eines schmerzlichen Verlustes ist meist eine schwere Zeit für uns. Wir können uns einen Moment lang glücklich fühlen, und in der folgenden Zeit sind wir plötzlich von Trauer, Schmerz und Wut erfüllt. Ein Blick auf den Kalender verrät uns den Grund für unsere Gefühle, denn wahrscheinlich stellen wir fest, daß sich Jahre zuvor, genau in dieser Zeit, ein Ereignis zugetragen hat, das sehr schmerzlich für uns gewesen ist.

Trauer ist sicher berechtigt, und es ist ganz natürlich, daß alte, schmerzvolle Gefühle in uns wach werden. Trotzdem dürfen wir nicht der Vergangenheit nachhängen und in einem früheren Ereignis die Ursache für unsere gegenwärtigen Schwierigkeiten sehen. Traurigkeit bekämpft man am besten mit Regsamkeit.

Nehmen wir an, wir säßen in einem kleinen Raum, in dem es schrecklich nach Zigarrenrauch stinkt. Wir haben die Wahl, hier sitzen zu bleiben, obwohl uns fast übel ist und wir uns ziemlich unbehaglich fühlen, oder den Raum zu verlassen. Schon das Aufstehen und Hinausgehen bedeutet Regsamkeit.

Heute abend werde ich den Ort der traurigen Erinnerungen verlassen. Ich will mich bewegen, um auf diese Weise gegen meine Traurigkeit anzukämpfen. Dann werde ich mich entspannen und tief und friedlich schlafen.

Der Glaube ist der Vogel, der das Tageslicht spürt, bevor der Morgen dämmert. Rabindranath Tagore

Der Vogel, der singt, lange bevor die Sonne aufgeht, ist voller Zuversicht. Er vertraut darauf, daß bald der Tag anbricht und die Welt wieder zum Leben erwacht. Und wenn dieser Vogel nicht mehr vor Sonnenaufgang singt, dann wissen wir, daß er den Glauben an den Fortbestand der Dinge verloren hat.

Auch wenn um uns herum nur Dunkelheit herrscht, sollten wir singen. Trotz unseres Kummers, unserer Einsamkeit und unserer Angst müssen wir die Stimme in uns entdekken, die uns helfen wird, an die Veränderungen zu glauben und daran, daß alle Wunden heilen und jeder Schmerz vergeht.

Es heißt, alles im Leben wird wieder gut, und das ist wahr. Darauf können wir uns genauso verlassen wie auf den Sonnenaufgang. Es gibt keinen Tag ohne Licht, und es gibt keine Nacht, die nicht durch das Aufgehen der Sonne beendet wird. Es gibt auch kein Problem, das nicht zu lösen wäre, keine Tränen, die nicht einem Lächeln weichen, und selbst das schwerste Herz wird wieder froh. Heute abend können wir singen, denn wir haben die Gewißheit, daß die Sonne wieder scheinen wird.

Die Dinge sind nicht so schlimm, wie sie heute abend aussehen. Ich kann wieder Hoffnung schöpfen, denn im Leben geht alles vorüber.

15. September

Welchen Kurs auch immer du einschlägst, immer wird dir jemand sagen, daß es der falsche ist. Es werden immer wieder Schwierigkeiten auftauchen, die dich glauben lassen, daß deine Kritiker recht haben. Seinen Kurs festzulegen und ihn bis ans Ende zu verfolgen, erfordert Mut. Ralph Waldo Emerson

Als wir dem Programm beitraten, hat vielleicht jemand zu uns gesagt: »Aber du hast doch keine Probleme. Du brauchst das Programm nicht.« Und unseren Gründen, mit denen wir uns zu rechtfertigen versuchten, ist diese Person mit der Behauptung entgegengetreten, unsere Entscheidung wäre übereilt oder unklug, und wir würden schon noch zur Vernunft kommen.

Wahrscheinlich haben wir im ersten Augenblick gedacht, daß der andere recht hat, denn das Programm kam uns alles andere als einfach vor. Vielleicht waren auch unsere Umstände — verglichen mit denen der anderen — nicht so schlimm, wie wir ursprünglich angenommen hatten. Vielleicht waren wir von den Meetings enttäuscht, weil die Teilnehmer nicht in unserem Alter waren und andere Voraussetzungen mitbrachten. Vielleicht fühlten wir uns ausgeschlossen.

Doch als wir dann mit den Schritten und Prinzipien des Programms vertraut wurden, stellten wir fest, daß wir uns mit den anderen Teilnehmern der Meetings sehr gut verstanden und von dem, was sie sagten, profitieren konnten. Und plötzlich hatten wir das Gefühl, einer von ihnen zu sein.

Hilf mir, heute abend dankbar dafür zu sein, daß ich stark genug war, nicht voreilig aus dem Programm auszutreten.

Wir wollen weder im Zorn zurückblicken noch mit Angst in die Zukunft schauen, sondern die Augen offenhalten für das Naheliegende. James Thurber

Wovor haben wir mehr Angst? Ein Lebensmittelgeschäft zu betreten oder zu einer Veranstaltung zu gehen, auf der wir niemanden kennen? Wenn wir uns vornehmen, nicht ängstlich zu sein, sondern die Augen offen zu halten, werden wir in dem Lebensmittelladen köstliche Delikatessen entdekken oder besonders geschmackvoll gekleideten Menschen auf einer Veranstaltung begegnen.

Über wen ärgern wir uns? Über unseren Chef oder jemanden, der uns nahesteht? Wenn wir unseren Zorn gegen sie unterdrücken und sie aufmerksam beobachten, werden wir vielleicht feststellen, daß unser Chef starkem Druck oder Streß ausgesetzt ist, und der Mensch, der uns nahesteht, wahrscheinlich müde und nicht belastbar ist.

Wenn wir uns nur auf unseren Zorn oder unsere Angst konzentrieren, dann werden wir nichts anderes wahrnehmen. Wenn wir aber versuchen, die Ursache unseres Zorns und unserer Angst zu ergründen, werden diese Gefühle an Bedeutung für uns verlieren. Je aufmerksamer wir sind, desto mehr werden wir über unsere Mitmenschen erfahren, und um so mehr Verständnis werden wir für ihr Verhalten aufbringen. Wir werden immer weniger mit Angst und Zorn reagieren, sondern Verständnis und Toleranz zeigen.

Ich will mir meiner Gefühle bewußt werden und sie besser verstehen. Ich nehme mir vor, meine negativen Gefühle in positive zu verwandeln.

17. September

Wenn du einen Fehler machst, betrachte ihn als Sprungbrett für neue Ideen, die du sonst nicht entdeckt hättest.
Anonym

Immer wieder strengen wir uns über alle Maßen an, möglichst perfekt zu sein, und betrachten den geringsten Fehler, der uns unterläuft, als weltbewegende Katastrophe. Statt unsere Fehler als etwas durchaus Menschliches zu betrachten, das wir uns verzeihen sollten, sind wir darüber zutiefst bestürzt und verzweifelt.

Wir haben die Wahl, ob wir uns über unsere Fehler ärgern wollen oder sie als lehrreiche Lektion ansehen. Als wir noch zur Schule gingen, wurde unsere Lernfähigkeit von den Lehrern getestet. Heute werden wir durch das Leben getestet, und unsere Noten hängen davon ab, wieviel wir aus unseren Fehlern gelernt haben.

Schon mancher große Wissenschaftler hat durch Fehler medizinische Heilverfahren entdeckt, zeitsparende Erfindungen gemacht oder wissenschaftliche Theorien aufgestellt. Die Fehler, die wir heute machen, können das Sprungbrett für neue Ideen sein.

Sind mir heute irgendwelche Fehler unterlaufen? Kann ich heute abend aus ihnen etwas lernen?

Was ist der Zweck einer Briefmarke? Daß sie bis ans Ziel an einer Sache festhält. Josh Billings

Wenn wir in ein Warenhaus gehen, können wir dort die verschiedensten Dinge wie Hemden, Schuhe, Parfum, eine Stereoanlage oder eine Säge kaufen. Es ist zwar sehr bequem, alles in einem einzigen Geschäft zu bekommen, hat aber auch einen großen Nachteil. Aufgrund des reichhaltigen Warenangebotes ist man nicht auf jeden Artikel spezialisiert. Der Verkäufer wird über Sägen nicht mehr wissen als über Hemden, und sein Wissen reicht nicht aus, uns eine gründliche Auskunft geben zu können.

Wenn wir alle unsere Probleme gleichzeitig in den Griff bekommen wollen, wird es uns ergehen wie jenem Verkäufer. Um ein gutes Resultat zu erzielen, müssen wir ein Problem nach dem anderen angehen, uns für jedes genügend Zeit nehmen, gründlich darüber nachdenken und uns vielleicht auch körperlich anstrengen. Wir müssen zum Spezialisten für jedes Problem werden, das wir uns gerade vornehmen. Nehmen wir viele Veränderungen gleichzeitig vor, müssen wir mit einer Niederlage rechnen. Die Aufmerksamkeit, die wir einer Änderung schenken, geht einer anderen verloren. Wenn wir wirklich etwas ändern wollen, müssen wir uns auf die jeweilige Änderung spezialisieren. Nur so wird sie wirksam und von Dauer sein.

Mit welcher Veränderung kann ich heute abend beginnen? Ich will mich voll auf sie konzentrieren und meine ganze Kraft in sie stecken.

19. September

Wenn alle Lichter erlöschen, gibt es noch das Licht, das unser Herz sehen läßt. Olga Rosmanith

Es kann sehr beängstigend sein, abends in ein dunkles Haus oder eine dunkle Wohnung zu kommen. Bis wir uns zum Lichtschalter vorgetastet haben, werden wir vermutlich über Tische und Stühle stolpern, die in der Dunkelheit anders zu stehen scheinen. Doch sobald das Licht angeht, fühlen wir uns erleichtert, weil wir unsere vertraute Umgebung wiedererkennen.

Wir brauchen nicht unbedingt helles Licht, um unseren Weg in die Dunkelheit zu finden. Der Glaube an die Höhere Macht, die uns immer und überall beschützt, ist unser inneres Licht. Dieses Licht leuchtet um so heller, je stärker unser Glaube ist. Wenn wir Angst oder Zweifel haben oder uns unsicher fühlen, werden wir stolpern. Aber wenn wir einen starken Glauben haben, voll Hoffnung und Vertrauen sind, werden wir sicher unseren Weg finden.

Wenn wir auf das Licht in uns vertrauen können, brauchen wir uns nicht länger vor der Nacht zu fürchten. Dann werden wir nicht mehr ängstlich von Licht zu Licht eilen, sondern uns sicher fühlen, wo immer wir auch sind.

Heute abend will ich daran denken, daß ich in mir ein Licht anzünden kann.

Worum wir Gott am häufigsten bitten, ist, daß zwei mal zwei nicht vier sein möge. Anonym

Wäre es nicht herrlich, wenn ... Wenn doch nur ... Wenn ich mir was wünschen könnte, dann ... Stell dir vor ... Kommen uns diese Sätze nicht bekannt vor? Meistens gebrauchen wir sie, wenn wir die Realität einer Situation nicht wahrhaben wollen und uns ausmalen, was statt dessen alles sein könnte.

Vermutlich enthalten auch unsere Gebete viele Wünsche. Bitten wir noch immer die Höhere Macht, sie möge bewirken, daß unsere Eltern, Kinder, Brüder oder Schwestern oder auch unser Freund oder Partner nicht mehr zu Alkohol und Drogen greifen? Zittern wir um materielle Dinge?

Die Höhere Macht ist keine gute Fee, die zu uns kommt, um uns jeden Wunsch zu erfüllen. Die Höhere Macht nimmt sich der Realität an und nicht unseres Wunschdenkens. Deshalb müssen auch wir uns, wenn wir beten, auf die Realität beziehen. Auf diese Weise haben wir eine weitaus größere Chance, daß unser Gebet erhört wird.

Wie kann ich heute abend realistischer beten? Ich kann um Dinge bitten, die möglich sind, nicht unmöglich.

21. September

Die großen Siege im Leben werden meist im Stillen errungen und nicht mit Pauken- und Trompetenschlag.
Benjamin N. Cardozo

Woran erkennen wir, daß es uns besser geht? Was glauben wir, wird geschehen, wenn wir ein reiferes Verhalten und eine positivere Einstellung an den Tag legen?

Manchmal erwarten wir vielleicht zuviel von unserer Heilung. Unsere Erfolge und Errungenschaften werden nicht mit lauten Fanfaren gefeiert. Es kann sogar durchaus auch der Fall sein, daß wir für unsere reife und positive Haltung keine Anerkennung erfahren, sondern Kritik dafür einstecken müssen.

Nur wir selbst können unsere Siege erkennen. Wir können die Augenblicke des Triumphes mit einem Lächeln, einem Kopfnicken oder einer Tagebuchaufzeichnung feiern oder sie bei einem Meeting oder durch einen Anruf anderen mitteilen. Je mehr Siege wir zu verzeichnen haben, um so eher werden wir zu der Überzeugung gelangen, daß es nicht darauf ankommt, für unsere Erfolge Anerkennung zu finden, sondern ein Gefühl des Friedens und der Zufriedenheit in uns zu verspüren.

Welche Siege habe ich heute errungen? Heute abend will ich sie feiern, mit dem herrlichen Gefühl des Stolzes, der Genugtuung und der Selbstachtung.

Lebe so, daß du dich nicht schämen mußt, wenn der Papagei der Familie Fremden gegenüber etwas ausplaudert.
Will Rogers

Die meisten von uns sind mit Schuld- und Schamgefühlen großgeworden, die durch das Alkoholproblem in der Familie ausgelöst wurden. Als wir dann heranwuchsen, haben wir uns anderen gegenüber unangemessen verhalten, damit wir uns weiterhin schuldig fühlen mußten, wie wir es seit Jahren gewohnt waren.

Schämen wir uns heute noch wegen unseres Benehmens, oder plagen wir uns mit Schuldgefühlen herum? Wir können dennoch davon ausgehen, daß unser Verhalten und unser Image sich sehr gebessert haben, so daß wir nun reifer und verantwortungsbewußter handeln. Wir haben heute allen Grund dazu, stolz auf unsere Fortschritte zu sein.

Heute brauchen wir weniger Angst vor unserem Verhalten anderen gegenüber zu haben. Wir können uns darauf verlassen, daß wir niemanden mehr durch unsere Art provozieren. Heute abend können wir stolz auf unseren Sieg sein.

Ich fühle, daß ich heute abend auf dem richtigen Weg bin. Ich empfinde keine Schuldgefühle für meine Handlungen und brauche mich ihrer nicht zu schämen. Ich bin stolz auf mich.

23. September

Niemand kann dich in die Höhe ziehen — du wirst das Seil auslassen. Doch auf den eigenen Beinen kannst du jeden Berg besteigen. Luis Brandeis

Wenn man von Menschen, Plätzen und Dingen abhängig ist, um sein Leben leben zu können, muß man Enttäuschungen und Mißerfolge in Kauf nehmen. Weder ein Mensch noch ein Ort oder eine Sache kann uns dabei behilflich sein. Es liegt nicht in ihrer Macht, Sicherheit, Glück, Reife und Glauben zu vermitteln.

Wir sind durchaus in der Lage, auf alles die richtigen Antworten zu finden. Auch wenn der heutige Tag viele Fragen offengelassen hat, müssen wir uns immer vor Augen halten, daß wir über die nötigen Werkzeuge verfügen. Mit Gottes Gnade und Unterstützung unserer Weggenossen können wir die höchsten Höhen erklimmen.

Wie kann ich die Mittel ausschöpfen, mit denen mich die Höhere Macht ausgestattet hat, damit ich mich allein auf den Weg machen kann?

Die Sorgen nagen an dir — nicht wenn du beschäftigt bist, sondern wenn des Tages Arbeit erledigt ist. Dann geht deine Fantasie mit dir durch, und du rotierst wie ein nicht ausgelasteter Motor. James L. Mursell

Tag für Tag sind wir voll eingespannt. Durch den Beruf, die Schule, die Familie, die Hobbys. Die meiste Zeit sind wir schwer beschäftigt. Doch wenn wir unsere Arbeit erledigt und dann noch Zeit übrig haben, suchen wir uns etwas, auf das wir uns konzentrieren können: Sorgen.

Tagsüber sind wir wie die Lokomotive eines Zuges. Solange wir auf den Schienen rollen und beschäftigt sind, läuft alles wie geschmiert. Doch sobald die tägliche Arbeit verrichtet ist, sind wir wie eine Lokomotive, die entgleist ist. Die Räder drehen sich zwar noch, aber ohne Ziel.

Es ist nicht notwendig, daß wir auf vollen Touren laufen, völlig ziellos, nur weil wir von Sorgen geplagt sind. Wenn der Zug am Ziel ist, wird die Lokomotive abgehängt und auf ein Nebengleis gestellt, damit sie bis zur nächsten Fahrt auskühlen kann.

Auch wir wollen heute abend den Motor unserer Gedanken abstellen, ihn eine Weile ruhen lassen, und unsere Aktivitäten bis zum Morgen einstellen.

Heute abend will ich mir keine Sorgen machen. Ich werde mich entspannen und abschalten, damit ich meinen inneren Frieden wiederfinde.

25. September

Wir sollten es uns gut überlegen, bevor wir eine Tür zuschlagen, Brücken abbrechen und den Ast, auf dem wir sitzen, absägen. Richard L. Evans

Jeder von uns hat schlechte Tage, Menschen enttäuschen uns, Ereignisse und Umstände deprimieren uns. In solchen Zeiten verspüren wir oft nur noch Wut. Doch meistens begehen wir den Fehler, daß wir uns in unserer Wut hinreißen lassen, Dinge zu sagen, die wir später bereuen, kurzsichtige Entscheidungen treffen oder jemandem die Tür zuschlagen.

Manchmal läßt sich eine zugeschlagene Tür nie wieder öffnen, und Menschen, die wir beleidigt und verletzt haben, ziehen sich vielleicht für immer von uns zurück. Und von der Wut diktierte Entscheidungen können manchmal nicht mehr rückgängig gemacht werden — oder nur nach langer Zeit und unter großer Anstrengung.

Ein Wutausbruch muß nicht unbedingt das Ausmaß eines Vulkanausbruches annehmen. Wenn wir lernen, unsere Wut eine Weile zu unterdrücken und zu warten, bis wir uns beruhigt haben und wieder einen klaren Gedanken fassen können, werden wir unangenehme und bedauerliche Folgen vermeiden.

Wir sollten den Ärger, den wir heute mit uns herumtragen, am Abend nicht an einem Menschen, einem Platz oder einer Sache auslassen. Wir wollen heute abend abwarten, daß sich die Wogen glätten und unser erhitztes Gemüt sich wieder beruhigt, damit wir die Dinge von einer anderen Warte aus betrachten. Warten zu können ist ein Beweis für Klugheit und Reife.

Wie kann ich die Zeit nützen, um meine Wut zu besänftigen?

Ich will mich nicht mit Sachen aufhalten, die man nicht ändern kann. Thomas Fuller

Immer wieder gelingt es uns, etwas zu ändern. Indem wir über eine Sache reden, uns Verbesserungsvorschläge einfallen oder wir uns eine neue Fertigkeit aneignen, können wir eine langersehnte Änderung herbeiführen. Doch zuerst müssen wir uns selbst ändern, statt jemand anderen, einen Ort oder eine Sache ändern zu wollen.

Denken wir jetzt einen Augenblick an die Menschen oder Dinge, die wir heute gerne ändern wollten. Dann sollten wir uns vornehmen, zu versuchen, niemanden und nichts zu ändern oder auch nur eine Änderung herbeizusehnen. Wenn sich ein Knopf an unserer Jacke gelöst hat, brauchen wir nur zu Nadel und Faden zu greifen und ihn wieder annähen. Begegnet uns aber auf der Straße jemand, an dessen Jacke ein Knopf fehlt, können wir an dieser Sache nichts ändern. Wir sollten uns lieber selbst genauer betrachten und unseren eigenen Zaun reparieren, dann kommen wir weniger in Versuchung, die Zäune anderer reparieren zu wollen.

Heute abend will ich an Menschen, Plätze und Dinge denken, die ich nicht ändern kann. Ich nehme mir vor, sie in Ruhe zu lassen und lieber an mir selbst zu arbeiten.

27. September

Wenn jemand, der es bislang unterlassen hat, ein Mißverständnis zu klären und es immer wieder hinauszögert, plötzlich erkennen würde, wie wenig Zeit ihm dafür noch bleibt, wie rasch würde er es doch aus der Welt schaffen wollen. Phillips Brooks

Die Fehde zwischen den Hatfields und den McCoys ist ein Musterbeispiel an Unnachgiebigkeit. Die beiden Familien waren über Generationen hinweg miteinander verfeindet. Im Grunde wußte niemand mehr genau, was der eigentliche Anlaß für dieses Zerwürfnis war. Trotzdem hielten sie daran fest.

Gibt es auch in unserem Leben Menschen, die wir hassen und verachten? Warum? Wissen wir noch, was diese Mißstimmung ausgelöst hat? Ist sie heute noch von Bedeutung für uns? Was bringt es uns schon, wenn wir weiterhin alte Haßgefühle hegen und nicht Nachsicht üben.

Wir verschwenden viel wertvolle Energie, um uns diesen Leuten gegenüber abweisend und gleichgültig zu zeigen. Sobald sie den Raum betreten, fühlen wir uns angespannt und unruhig. Heute abend wollen wir darüber nachdenken, ob es wirklich klug und nicht eher engstirnig war, ein Zerwürfnis so lange aufrechtzuerhalten.

Halte ich an Gefühlen des Hasses und der Bitterkeit fest, obwohl es klüger wäre, zu verzeihen und zu vergessen? Heute abend will ich die richtige Entscheidung treffen.

Wenn alle Türen geschlossen und die Fenster verdunkelt sind, darfst du nicht glauben, allein zu sein. Denn Gott ist bei dir, und dein Schutzengel ist bei dir. Und weshalb sollten sie Licht brauchen, um sehen zu können, was du tust?

Epiktet

Als Erwachsene tun wir sehr geheimnisvoll damit, wie es uns am leichtesten fällt, einzuschlafen. Die einen werden vielleicht die Nachttischlampe brennen lassen oder bei Musik einschlafen, die anderen ein Kuscheltier mit ins Bett nehmen. Auf diese Weise haben wir das Gefühl der Geborgenheit und kommen uns weniger einsam vor.

Doch niemand von uns ist wirklich allein, vor allem nicht nachts. Gegen unsere Einschlafmethode ist nichts einzuwenden, aber wir dürfen dabei nie vergessen, daß uns drei Engel beschützen, während wir schlafen.

Der eine ist die Höhere Macht, der andere unser positives Denken, das uns Selbstvertrauen gibt, der dritte ist unser ruhiger, hoffnungsvoller Geist. Es ist nicht so wichtig zu wissen, daß sie tagsüber da sind; wichtig zu wissen ist, daß sie nachts bei uns sind. Wir können friedlich schlafen, denn sie wachen über uns.

Ich weiß, daß ich nachts nicht allein bin. Meine drei Schutzengel wachen über mich. Heute abend und an allen weiteren Abenden kann ich mich in Sicherheit wiegen.

29. September

Das Leben kann man nur rückblickend verstehen, muß es aber vorausblickend leben. Søren Kierkegaard

In einer seiner interessantesten Schriften erklärt Mark Twain, wir sollten ab achtzig das Leben zurückleben bis zu dem Zeitpunkt, da wir nur das Leuchten in jemandes Augen waren. Er meinte, wir würden noch viel mehr lernen, wenn wir bereits zu leben verstünden, bevor wir lebten.

Manchmal stellen wir uns sicher vor, wie es wohl wäre, wenn wir mit den Werkzeugen, die uns das Programm anbietet, heute in unsere Familie zurückkehren oder wieder zur Schule gehen würden oder zum ersten Mal verliebt wären. Sicher stellen wir uns alles wunderbar vor, denn jetzt verfügen wir über die richtigen Werkzeuge und das Wissen vieler Jahre.

Aber wir können die Zeit nicht zurückschrauben. Mit jedem Jahr werden wir älter, erfahrener, reifer und klüger. Mitunter merken wir erst an unserem Geburtstag, daß wir wieder ein Jahr älter geworden sind, wenn wir vergleichen, wie wir vor einem Jahr gewesen sind und wie wir heute sind. Doch mit den fortschreitenden Jahren werden auch wir älter. Ab und zu sollten wir einen Blick in die Vergangenheit zurückwerfen, um uns dessen bewußt zu sein.

Heute abend will ich mich daran erinnern, wie ich vor einem Jahr gewesen bin, um mein Wachstum besser zu erkennen. Ich bin älter an Jahren, aber auch klüger und reifer als früher.

Unsere wichtigste Aufgabe ist nicht, das zu sehen, was verschwommen in der Vergangenheit liegt, sondern das, was klar und deutlich vor uns liegt. Thomas Carlyle

»Ich gebe mir noch fünf Jahre«, erklärte Jack, »und dann will ich einen neuen Job haben, eine glückliche Beziehung und ein größeres Haus. Ich möchte mehr Geld verdienen und ein glücklicherer Mensch sein.« Was für Träume! Doch was tut Jack, um das zu erreichen?

»Meine Beziehung ist nicht in Ordnung«, stöhnt Sarah. »Es ist nicht das erste Mal, daß man mir meinen Charakter vorwirft. Wie gerne würde ich mich ändern und eine glückliche, harmonische Beziehung haben. Dann wäre ich ein glücklicher Mensch.« Doch wie kann Sarah erwarten, in einer glücklichen Beziehung zu leben, wenn sie nichts dafür tut?

»Meine Familie ist eine wahre Katastrophe!« jammert Leslie. »Keiner verträgt sich mit dem anderen. Wenn wir ein größeres Haus hätten, würden wir nicht so viel streiten. Wenn Bill und ich eines Tages mehr Geld verdienen, können wir uns dieses Traumhaus leisten.« Aber wann wollen Bill und Leslie ihre familiären Probleme lösen, die ihnen so sehr zu schaffen machen?

Heute abend werde ich über die Dinge nachdenken, die klar und deutlich vor mir liegen und nicht über die Träume und Ziele, die in weiter Ferne liegen. Für mich soll nur das Hier und Jetzt zählen. Heute abend will ich die Weichen für die Zukunft stellen, indem ich als erstes an mir arbeite.

Oktober

Ich konnte genau sagen, wo der Laternenanzünder war — anhand der Spur, die er hinterließ. Harry Lauder

Als es noch keinen elektrischen Strom gab, war man auf den Laternenanzünder angewiesen, der bei Einbruch der Dunkelheit die Gaslaternen anzündete, damit die Leute nachts ihren Weg fanden. Ohne Licht waren die Straßen finster und unheimlich und nahezu unbegehbar.

Wie oft haben wir das Gefühl gehabt, als ob wir uns im Dunkeln vorwärtstasteten und wünschten uns einen Laternenanzünder, der unseren Weg erhellen würde. Viele Male hatten wir Angst, allein zu gehen, weil wir von den anderen abhängig waren, die uns den Weg erhellten. Doch als sie es leid waren und unsere Abhängigkeit immer stärker wurde, haben wir uns nach einem anderen Laternenanzünder umgesehen, und das Spiel begann von neuem.

Dann entdeckten wir das Programm, und es wurde uns klar, daß wir alle von Zeit zu Zeit Laternenanzünder sind — sowohl für uns selbst als auch für die anderen. Auch wenn es manchmal dunkel um uns herum ist, finden wir sicher einen Menschen, der diesen dunklen Weg schon einmal gegangen ist. Er wird uns den Weg erhellen, bis wir selbst unser eigenes Licht tragen können. Solange wir uns und die anderen als Laternenanzünder betrachten, werden wir nie mehr allein im Dunkeln gehen müssen.

Hilf mir, den Weg eines anderen zu erhellen, damit ich nicht allein gehen muß.

2. Oktober

Unendlich viele Hindernisse schienen mich daran zu hindern, mit offenen Augen durchs Leben zu gehen, doch bei genauerem Hinsehen erkannte ich, daß der eigentliche Grund dafür meine Angst war. Joanna Field

Wie oft haben wir geklagt, daß wir nur deshalb etwas nicht tun könnten, weil uns irgend etwas daran hindert. »Ich kann nicht«, heißt unsere Antwort, wenn wir nur Hindernisse um uns sehen. Doch wir dürfen dabei nicht vergessen, daß eine Antwort wie »Ich kann nicht« nichts anderes aussagt als »Ich habe Angst«.

Wozu wären wir doch imstande, wenn wir unsere Angst ablegen könnten! Nichts würde uns mehr daran hindern, etwas zu riskieren, Neues zu erproben, neue Plätze zu entdecken, mehr Vertrauen zu unseren Mitmenschen zu haben, den Job zu wechseln, Kurse zu belegen, zu Meetings zu gehen oder uns eines neuen Teilnehmers anzunehmen.

Statt »Ich kann nicht«, sollte unsere Antwort »Ich will es versuchen« heißen. Der erste Schritt, uns von unserer Angst zu befreien, ist, etwas Neues auszuprobieren. Wir werden keine Hindernisse auf unserem Weg antreffen — ausgenommen jene, die wir selbst aufgestellt haben, um uns vor all dem, was uns Angst einflößt, zu schützen.

Höhere Macht, hilf mir, daß ich es schaffe, statt »Ich kann nicht« »Ich kann« zu sagen.

Das Schöne am Fußballspiel ist, daß es eine Anzeigetafel gibt, an der man die Leistung ablesen kann. Für andere Bereiche des Lebens gibt es das nicht. Chuck Noll

Als wir dem Programm beitraten, erkannten wir, wie oft wir anderen die Schuld zuweisen und wie viele Dinge wir im Leben nicht wahrhaben wollen. Doch dann sahen wir allmählich ein, daß unsere Lehrer, Freunde oder die Höhere Macht es gut mit uns meinten. Im Laufe der Zeit wurde uns auch klar, daß unser Chef, unser Partner oder unsere Geschwister nicht gegen uns sind. Eines Tages hörten wir dann auch auf, unsere Eltern ständig mit Vorwürfen zu überhäufen.

Es gibt keine Anzeigetafel, an der wir unseren Fortschritt ablesen könnten oder unsere momentanen Gefühle. Wenn wir ruhelos, gereizt, ängstlich oder unglücklich sind, müssen wir noch stark an uns arbeiten und fangen am besten sofort damit an. Sind wir aber zufrieden, heiter und ausgeglichen, müssen wir trotzdem an uns weiterarbeiten.

Das Leben ist wie ein Ballspiel. Entweder bleiben wir am Ball und erringen einen Sieg, oder wir lassen es bleiben und sind die Unterlegenen. Die Entscheidung ist ganz uns überlassen, denn wir sind Kapitän und Mannschaft zugleich.

Ich will die Höhere Macht darum bitten, daß ich siegen werde. Ich will jetzt schon mit dem Training beginnen.

4. Oktober

Die Farben unserer Handlungen hängen von der Farbe unserer Stimmungen ab, wie die Farben einer Landschaft vom jeweiligen Licht. Francis Bacon

Verschiedene Tests haben bewiesen, daß Farbe und Licht einen großen Einfluß auf unsere Stimmung ausüben. Auch wenn wir daran nicht unbedingt glauben, so können wir uns doch an das Gefühl erinnern, das wir angesichts eines traumhaften Sonnenaufgangs oder eines stimmungsvollen Sonnenuntergangs verspürt haben. Wir können uns auch daran erinnern, wie uns nach zwei oder drei trüben, wolkenverhangenen Tagen zumute war. Helle, leuchtende Farben wirken stimulierend, und wir reagieren anders auf sie als auf düstere.

Die Farben, die wir tragen und mit denen wir unsere Wohnung schmücken, spiegeln ziemlich deutlich unsere Stimmung und unsere Lebenseinstellung wider. Mitunter kann das Tragen bunter, freundlicher Farben unsere Stimmung wieder aufhellen. Wenn wir uns manchmal vorstellen, wir wären von heilenden Farben umgeben — von unseren Lieblingsfarben zum Beispiel —, so kann das durchaus unsere Stimmung heben. Wie wir einem Kind ein Malbuch und Buntstifte in die Hand drücken, so können auch wir uns der herrlichen Farbpalette bedienen, mit der wir unsere Stimmung färben können.

Ich kann in mir und um mich herum eine wunderschöne Farbkomposition schaffen und will mich in den schönsten Farben sehen.

Sei dir klar darüber, was du willst, halte an deinen Gedanken fest und tue täglich, was du tun mußt. So wirst du mit jedem Sonnenuntergang deinem Ziel näher sein.
Elbert Hubbard

Jede gute Geschichte hat einen Anfang, einen Mittelteil und ein Ende. Der Anfang ist wie unser Morgen: neu, voller Verheißung und Hoffnung. Heute morgen hat wieder ein neuer Tag für uns begonnen, der uns mit neuen Menschen zusammenbrachte und uns neue Erfahrungen machen ließ.

Der Mittelteil der Geschichte beinhaltet den Verlauf des Tages: die Handlungen und Ereignisse, die Gespräche und Informationen und nicht zuletzt unsere Konflikte. Dieser Teil kann langweilig und nichtssagend oder auch hektisch und ausgefüllt sein.

Das Ende der Geschichte ist unser Abend. Heute abend werden wir vielleicht Lösungen finden für die Probleme, die der Tag mit sich gebracht hat, und die Verheißungen und Hoffnungen werden sich erfüllen. Die Geschichte endet so, wie wir unseren Tag beenden. Warum wollen wir ihn nicht in Frieden, in Hoffnung und Dankbarkeit beschließen — also mit einem Happy-End?

Wie soll die Geschichte des heutigen Tages enden? Ich kann sie glücklich enden lassen, in Dankbarkeit für den Frieden, den mir die Höhere Macht gegeben hat.

6. Oktober

Ich glaube, nun sind wir alle klein genug, um zu Bett zu gehen.

Theodor Roosevelt
(zu seinen Soldaten, als sie eines Nachts den Sternenhimmel betrachteten)

Es gibt Tage, an denen wir glauben, über allen Problemen zu stehen. Vielleicht prahlen wir dann sogar damit, wenn wir für andere, die auf unsere Hilfe angewiesen waren, etwas tun konnten.

Schneller als wir denken, befinden wir uns auf dem Ego-Trip, indem wir uns einbilden, die Größten zu sein, nur weil wir ein paar Probleme gelöst haben. Vielleicht kommen wir uns sogar als Superman vor. Doch wir müssen auf unsere ursprüngliche Größe zurückschrumpfen.

Es gibt gute Tage, die wir ehrlich verdient haben. Aber die guten Tage sind kein Beweis dafür, daß wir die Größten sind und alle unsere Probleme gelöst haben. Heute haben wir getan, was zu tun war und hatten das Glück, über viel Energie und Ausdauer zu verfügen. Heute abend wollen wir dankbar sein für diese positive und konstruktive Energie. Aber wir dürfen dabei nicht übersehen, daß wir noch immer so klein sind wie heute morgen. Wir sind Menschen, keine Übermenschen. Heute abend ist alles an seinem Platz. Die Sterne leuchten oben am Himmel, und wir blikken von unten zu ihnen hinauf.

Heute abend will ich darum beten, daß mir weiterhin viele schöne Tage vergönnt sind und ich mich glücklich fühle.

Die größten Geschenke erhält man nicht durch Analysieren. Ralph Waldo Emerson

Verliebte denken gern daran, wie sie sich kennengelernt haben und wann es ihnen zum ersten Mal bewußt wurde, daß sie sich verliebt hatten. Sie drücken auf die Taste »Play back«, um die Anfänge ihrer Beziehung noch einmal vor sich zu sehen, so als wollten sie die Wiederholung einer Sportaufzeichnung analysieren. »Ja, in diesem Augenblick war mir klar, daß ich mich verliebt hatte«, wird der eine oder andere feststellen. Und sein Partner wird einwenden: »Ich habe dich zu diesem Zeitpunkt noch zu wenig gekannt. Ich war noch nicht so weit.«

Das gemeinsame Zurückverfolgen einer Beziehung kann die Partner enger aneinanderbinden, doch im Grunde kommt es nur darauf an, daß man sich verliebt hat. Und dabei spielt es keine Rolle, ob es an einem Dienstag oder an einem Aprilmorgen passiert ist. Daß man sich verliebt hat, stellt man nicht durch eine genaue Analyse fest, sondern dadurch, daß man die Liebe des anderen als Geschenk betrachtet.

Das Analysieren von Menschen, Plätzen und Dingen ist sicherlich eine Möglichkeit, sich einzelne Details wieder ins Gedächtnis zu rufen. Aber es ist weit weniger wichtig, als zu erkennen, daß man etwas Wertvolles erhalten hat. Geschenke sind nicht da, um analysiert, sondern um angenommen zu werden.

Heute abend will ich aufhören zu analysieren, warum ich eine nette Familie, einen guten Job, verläßliche Freunde und schöne Begegnungen habe. Ich will alles als das betrachten, was es ist — als Geschenke, die ich würdigen muß.

8. Oktober

Die stürmischen Wogen an der Oberfläche werden in der Tiefe des Meeres nicht wahrgenommen.
William James

Stellen wir uns einen verträumten See vor, seine Oberfläche erscheint wie Glas, in dem sich der Himmel spiegelt, und seine Ufer sind dicht von Bäumen gesäumt. Nicht weit vom Seeufer entfernt gleitet eine Schar Gänse ruhig über das Wasser, ohne die leiseste Wellenbewegung hervorzurufen. Was für ein friedliches Bild!

Doch unter der Wasseroberfläche kämpfen sich eifrig die kleinen Gänsefüße vorwärts. Aus dieser Szene können wir folgende Lehre ziehen: Die Dinge sind nicht immer so, wie sie aussehen: Hinter einem lächelnden Gesicht kann sich ein gebrochenes Herz verbergen. Ein sanft schlummerndes Kind kann von Alpträumen geplagt sein. Eine tüchtige Arbeitskraft kann in Wirklichkeit nur nach Anerkennung streben. Einem pflichtbewußten Erwachsenen sieht man nicht immer das verletzte und zornige Kind an, das in ihm steckt.

Heute abend wollen wir über unser äußeres Erscheinungsbild nachdenken, das wir den anderen gegenüber an den Tag legen. Sind wir wie diese sanft dahingleitenden Gänse, und verbergen wir unsere verzweifelten Anstrengungen vor den anderen? Heute abend wollen wir zur Einsicht gelangen, daß wir nicht den Schein zu wahren brauchen.

Ich brauche nichts vorzutäuschen, sondern kann mich so geben, wie ich bin. Ich will ganz ehrlich sein und meine Gefühle nicht hinter einer Fassade verbergen.

Der ideale Tag wird nie kommen. Der ideale Tag ist heute, wenn wir ihn dazu machen. Horatio W. Dresser

Wie ist der heutige Tag verlaufen? Sind wir mit den Ergebnissen oder Umständen unzufrieden, weil sie nicht unseren Erwartungen entsprachen? Werden wir mit unserem Hang zur Perfektion jemals einen guten Tag erleben?

So etwas wie den idealen Tag gibt es nicht. Der heutige Tag fiel genauso aus, wie er ausfallen mußte — sowohl mit Niederlagen als auch mit Erfolgserlebnissen. Wenn es ein schlechter Tag war, dann nur deshalb, weil wir glauben, daß er schlecht war. Und wenn er gut war, dann deshalb, weil wir ihn für gut haben und nicht, weil die Sonne schien, nur wenig Verkehr auf den Straßen war oder wir unser Gehalt bekommen haben.

Jeder Tag ist anders. Manche Tage sind reich an erfreulichen Erlebnissen, andere wiederum verlaufen ziemlich problematisch. Doch jeder Tag ist wichtig für unsere Entwicklung. Statt jeden Tag zu bewerten — wie der Lehrer die Arbeiten seiner Schüler, sollten wir lieber in jedem Tag unseren Lehrmeister sehen. Was wir von jedem Tag lernen und welche Einstellung wir dazu haben, soll unsere tägliche Lektion sein.

Kann ich heute abend den abgelaufenen Tag als meinen Lehrmeister betrachten? Was habe ich von ihm gelernt?

10. Oktober

Ich glaube, wir müssen uns ein anderes Zeitgefühl zulegen. Eines, das bescheidener ist und sich mit kleinen Augenblicken zufrieden gibt. Schwester Mary Paul

Von frühester Kindheit an bis ins Erwachsenenalter ist unser Wachstum von großen Augenblicken bestimmt gewesen: Mittlere Reife oder Abitur, Auszug aus dem Elternhaus, Heirat, Studium oder Eintritt ins Berufsleben. Jetzt, als Erwachsene, erwarten wir noch immer vom Leben große Augenblicke.

Doch verglichen mit unserer Jugendzeit, gibt es jetzt nicht mehr so viele einschneidende Erlebnisse. Berufliche Beförderungen und Gehaltserhöhungen sind selten geworden. Der Umzug von einem Appartement in eine Eigentumswohnung oder in ein Haus erfolgt erst nach jahrelangem Sparen oder nach jahrelangen Bemühungen um eine Position, die mit einem höheren Gehalt verbunden ist.

Es ist aber wichtig, daß wir uns Zeit für uns nehmen und auch die kleineren Augenblicke auskosten. Oft handelt es sich dabei um Momente, denen wir keine besondere Beachtung schenken, weil sie uns im Vergleich zu den großen unbedeutend erscheinen. Kleine Augenblicke können aber wie kleine Geschenkpäckchen sein, die mitunter die schönsten und reichsten Gaben enthalten.

Welche kleinen wertvollen Augenblicke habe ich heute erlebt? Heute abend will ich mich über die Bereicherung freuen, die sie mir gebracht haben, auch wenn es größere gibt.

Leute, die in die Luft gehen, machen meistens eine Bauchlandung. Will Rogers

Wutausbrüche sind uns vermutlich von Kindheit an durch einen Elternteil, der alkoholsüchtig war, bekannt. Vielleicht haben wir auch festgestellt, daß wir Leute manipulieren und einschüchtern konnten, wenn wir wie eine Rakete in die Luft gingen. Dabei fanden wir heraus, daß ihnen keine andere Wahl blieb, als in Deckung zu gehen oder sofort alles rückgängig zu machen, was uns in Wut versetzt hatte.

Auch heute würden wir lieber zu toben anfangen, als zuzugeben, daß wir Angst haben, jemand könnte unsere Schwachstellen bemerken. Jetzt, da wir mit unseren Gefühlen umzugehen verstehen, ist unsere Wut vielleicht nur Ausdruck der Enttäuschung darüber, daß unsere Genesung nicht rascher vorangeht.

Wenn wir uns während eines Wutanfalls in einem Spiegel sehen könnten, würden wir uns wahrscheinlich nicht wiedererkennen. Durch unsere Wutausbrüche bewirken wir eher Schlechtes als Gutes, zerstören mehr, als wir bewirken und ziehen uns mehr Haß als Zuneigung zu. Müssen wir unbedingt sofort in die Luft gehen? Heute abend wollen wir diese Wutausbrüche als eine Seite unserer Vergangenheit betrachten und uns ein reiferes, konstruktiveres Verhalten zulegen.

Kann ich mich an meinen letzten Wutanfall erinnern? Was habe ich dadurch erreicht? Heute abend will ich über eine neue Verhaltensweise nachdenken, die besonnener und reifer ist.

12. Oktober

Wenn du zu beschäftigt bist, um zu beten, dann bist du wirklich zu beschäftigt. Anonym

Unser Wachstum hängt von unserer psychischen, körperlichen und spirituellen Gesundheit ab. Doch meist wenden wir mehr Zeit für unser körperliches und psychisches Wachstum auf als für das spirituelle. In diesem Fall leiden alle drei darunter.

Durch unsere Genesung haben wir mehr Zeit für unsere Hobbys, unsere Entspannung, das Essen und Ausruhen. Doch wir vernachlässigen unsere spirituellen Bedürfnisse zugunsten anderer Dinge. Wenn wir morgens etwas länger schlafen, so bedeutet das, daß uns keine Zeit für das Morgengebet und die Meditation bleibt. Unser Bedürfnis nach viel Schlaf und einem ausgeruhten Geist ist stärker als der Wunsch, ein paar Minuten lang zu beten.

Wenn wir uns immer weniger Zeit für die spirituellen Bedürfnisse nehmen, werden möglicherweise auch die psychischen und körperlichen darunter leiden. Wir müssen uns Zeit nehmen für das Gebet und die Meditation und diese unter allen Umständen einhalten.

Bete ich regelmäßig? Heute abend möchte ich mir Zeit nehmen, um zu beten und zu meditieren, damit ich etwas Gutes für meine psychische und körperliche Gesundheit tue.

Beinahe verachte ich den Menschen, der sich weigert, einen Walnußbaum zu pflanzen, weil er erst nach zwei Generationen Früchte trägt. Sir Walter Scott

Ein Mann wollte seine glänzende Stellung aufgeben, um sich auf Weihnachtsbäume zu spezialisieren. Er erzählte seinen Freunden von seinem Wunsch. Das erste, wonach sie ihn fragten, war, wieviel Geld ihm diese Baumschule einbringen würde. »Eine Menge«, erwiderte er, »wenn das Geschäft einmal angelaufen ist.« »Und wie lange wird das dauern?« wollten sie wissen. »Jahre«, lautete die Antwort. »Zuerst muß ich das Land erwerben, dann den Boden bearbeiten, anschließend die Setzlinge einpflanzen und sie solange hegen und pflegen, bis sie die richtige Größe erreicht haben. Wenn ich dann fünfundvierzig bin, werde ich die ersten Weihnachtsbäume verkaufen können.«

Keiner seiner Freunde konnte verstehen, warum er sich auf ein solches Risiko einlassen wollte, das mit so vielen Jahren Arbeit verbunden war. Doch der Mann fühlte, daß er diesem Wunschtraum nachgehen mußte, daß er dadurch glücklich werden könnte. Deshalb kümmerte es ihn auch nicht, wie lange es dauern würde, bis sein Traum in Erfüllung ging. Das Wesentliche für ihn war, die Realisierung seines Wunschtraumes in Angriff zu nehmen.

Habe ich auch langjährige Wunschträume, von denen ich annehme, daß sie sich aus zeitlichen Gründen nicht erfüllen lassen? Heute abend sehe ich meinen Traum klar und deutlich vor mir und will den ersten Schritt zu seiner Verwirklichung tun.

14. Oktober

Es gibt drei Dinge, die Gott allein kennt: den Anfang aller Dinge, die Ursache aller Dinge und das Ende aller Dinge.
Walisisches Sprichwort

Wenn wir uns dem Programm anschließen, lernen wir, daß wir unsere Krankheit nicht verursacht haben, daß wir nicht imstande sind, sie zu kontrollieren und sie zu heilen. Das waren die einzigen Antworten, die man uns geben konnte. Alles übrige ist uns überlassen, indem wir daran glauben und darauf bauen, daß es eine Macht gibt, größer als wir, die alle anderen Fragen beantworten kann.

Oft fühlen wir uns unserer Krankheit ausgeliefert. Wir möchten unseren Schmerz hinausschreien, darüber, daß wir ungerechten Veränderungen ausgeliefert sind und uns so viel Geduld und Gelassenheit abverlangt wird. Wir haben das Gefühl, daß es nicht genügt, die Ursachen unserer Probleme aufzudecken, und deshalb müssen wir mehr tun, als nur unsere Probleme zu durchleuchten. Doch wir brauchen diese Arbeit nicht an einem einzigen Abend zu bewältigen. Heute abend wollen wir uns entspannen und uns von den Auswirkungen unserer Krankheit erholen. Wir können voller Hoffnung und Zuversicht sein — wir brauchen nur unser Herz zu öffnen und fest daran glauben.

Heute abend kann ich ganz beruhigt sein, daß ich meiner Krankheit nicht ausgeliefert bin. Die Höhere Macht wird mir nicht mehr zumuten, als ich verkraften kann.

Mitten im Winter habe ich entdeckt, daß ein unbesiegbarer Sommer in mir steckt. Albert Camus

Wenn die Dinge einmal nicht so laufen, wie sie könnten, und sich alles gegen uns verschworen zu haben scheint, was geht dann in uns vor? Glauben wir dann, die Situation wird sich nie mehr bessern, oder haben wir einen Hoffnungsschimmer in uns, der uns die Zuversicht gibt, daß alles wieder in Ordnung kommt?

Während eines langen, eiskalten Winters sehen wir oft nur noch den grauen Himmel, spüren nichts als die beißende Kälte, hören nur noch das Knirschen unserer Schritte im hartgefrorenen Schnee. Die Winterzeit läßt sich vergleichen mit der Zeit vor dem Programm: graue, düstere, trostlose, emotionale Kälte.

Doch inzwischen haben wir erfahren, daß wir nie die Hoffnung aufgeben dürfen. Jeder Tag der Genesung hat die emotionale Kälte verringert und uns neue Lebenskraft geschenkt. Jetzt können wir darauf vertrauen, daß selbst in der kältesten Zeit ein warmer Hoffnungsschimmer vorhanden ist.

Ich glaube fest daran, daß es selbst in den hoffnungslosesten Situationen noch Hoffnung gibt. Heute abend habe ich großes Vertrauen in die heilende Wirkung des Programms.

16. Oktober

Um ein Pfund Honig herzustellen, müßte eine Biene 50000 Meilen zurücklegen, mehr als den doppelten Äquatorumfang … Ein einziger Teelöffel Honig in sechs Wochen, das ist der Ertrag eines Bienenlebens.

Margaret T. Applegarth

Eine Großmutter beobachtete ihr Enkelkind beim Öffnen der Geburtstagsgeschenke. Um das Kind herum lagen Spielsachen, Schallplatten und Bücher verstreut, die die Augen des Kindes zum Strahlen brachten. Aber als das Kind dann eine große Schachtel öffnete, erlosch sein Lächeln. »Was ist das?« wollte es wissen. »Es ist eine Bettdecke, die deine elf Lebensjahre in Bildern darstellt«, erklärte die Großmutter. »Hier hast du deine ersten Schritte gemacht, und da hast du deinen ersten Zahn verloren. Hier bist du zum ersten Mal geschwommen, und da hast du dein Brüderchen bekommen. Jedes Bild ist ein Meilenstein deines Lebens. Ich habe elf Jahre an dieser Decke gearbeitet, aber du wirst sie dein Leben lang benützen können.«

Nun ist das Kind erwachsen und schläft noch immer jede Nacht unter der Decke, in der die Erinnerungen an seine Kindheit und die Liebe und die Geduld der Großmutter verewigt sind.

Heute abend will ich mir vor Augen halten, daß die besonderen Ereignisse erst mit der Zeit besonders werden.

Weinend kommen wir auf die Welt, während alle um uns herum lächeln. Wir sollten so leben, daß wir lächelnd aus dieser Welt scheiden, während alle um uns herum weinen. Persisches Sprichwort

Bedeuten wir unseren Mitmenschen etwas? Hat unser Leben einen Einfluß auf das der anderen? Halten wir uns für wichtig und liebenswert?

An einem Tag, in einer Woche, in Monaten und Jahren lernen wir das Leben vieler Menschen kennen. Jedes dieser Leben ist dazu bestimmt, unser Leben zu beeinflussen. Unser Leben war von Anfang an vorgesehen. Wir sind Kinder einer Höheren Macht, die mit Liebe und Fürsorge über uns wacht.

Wir sind unseren Mitmenschen keinesfalls gleichgültig. Geburt und Tod bedeuten den Eintritt ins Leben und das Scheiden aus dem Leben. Das hat einen tieferen Sinn. Wir sind bestimmt für dieses Leben hier, nicht nur unseretwegen, sondern auch der vielen anderen wegen. Unser Leben ist lebenswert und wichtig für alle Menschen, die uns kennen.

Hilf mir, heute abend die Bedeutung meines Lebens zu erkennen. So wie andere mein Leben geprägt haben, präge ich das ihre.

18. Oktober

Es gibt Wichtigeres im Leben, als nur sein Tempo zu beschleunigen. Mahatma Gandhi

Wir leben in einer Zeit des Schnell-Kaffees, des Blitz-Kuriers, der Schnell-Reinigung und der Expreß-Post. Von Jahr zu Jahr scheint das Tempo des Lebens zuzunehmen durch raschere Kommunikationsmöglichkeiten, schnellere Verkehrsmittel und durch die zunehmende Industrialisierung. Das ist auch ein Grund dafür, warum wir den Eindruck haben, unser Fortschritt im Rahmen des Programms würde zu langsam vor sich gehen. Wie können wir Schritt halten mit der Welt um uns herum, wenn wir Jahre mit unserer Heilung verbringen?

Doch im Leben kommt es nicht auf die Quantität, sondern auf die Qualität an. Schnell-Kaffee ist zwar zeitsparend, aber aufgebrühter Kaffee schmeckt besser. Die Fahrt auf der Autobahn bringt uns zwar rascher ans Ziel, aber wir können die Landschaft nicht so genießen wie auf der Landstraße.

Das Leben ist kein Wettlauf, den der Schnellste gewinnt. Wenn wir uns ein Ziel setzen und dieses nicht in der vorgesehenen Zeit erreichen, haben wir nicht versagt, sondern müssen unsere Zeiteinteilung revidieren. Das Leben in vollen Zügen zu genießen, heißt nicht, daß wir ständig auf der Überholspur fahren müssen, sondern daß wir die Landstraße wählen, von Zeit zu Zeit anhalten, um die schönste Aussicht zu genießen und dann die Fahrt wieder aufnehmen.

Ich will das Tempo verringern und die Fahrt genießen, indem ich mir Zeit lasse und unterwegs andere Reisende kennenlerne.

Siehe, inmitten des Waldes, während der Wind in den Ästen spielt, entfaltet sich das Blatt aus seiner Knospe, wächst heran, grün und groß, und ist einfach da.

Alfred Tennyson

Warum fällt es uns so schwer, aus uns herauszugehen? Die meisten von uns leben in sich gekehrt und haben Angst vor gesellschaftlichen Ereignissen. Aus Scheu, unter Leute zu gehen, die wir nicht kennen, lehnen wir Einladungen zu Veranstaltungen ab und ziehen eine gewohnte Situation vor, auch wenn sie unbequem ist.

Wenn eine Pflanze ein neues Blatt bekommt, sehen wir zunächst die Knospe. Wenn sie sich öffnet, kommt das Blatt zum Vorschein, das wie eine Zigarre eingerollt ist. Bekommt es genügend Licht und Nahrung, entfaltet sich das Blatt allmählich. Dieses Blatt bedeutet neues Leben, und auf diese Weise wächst die Pflanze weiter.

Auch wir sind wie ein neues Blatt. Durch unser Wachstum erkennen wir, daß es bestimmte Umgebungen gibt, in denen wir uns öffnen können und wohl fühlen. Wenn wir uns aber unter Menschen oder in Situationen befinden, die uns am Wachsen hindern, ist es ganz in Ordnung, wenn wir uns zurückziehen. Trotzdem müssen wir uns nicht vor jedem und allem fürchten. Wir können uns ohne weiteres vor den Augen der anderen entfalten.

Kapsle ich mich ab, weil ich Angst habe? Heute abend will ich an einen Menschen, einen Ort und eine Sache denken, die mir Sicherheit geben und denen gegenüber ich mich öffnen kann.

20. Oktober

Das Glück gedeiht im eigenen Haus und kann nicht in Nachbars Garten gepflückt werden. Douglas Jerrold

Das Sprichwort »Die Kirschen in Nachbars Garten schmekken süßer«, trifft auf viele Menschen zu. Wenn wir uns eine andere Familie oder ein anderes Paar ansehen, fallen uns meistens nur die positiven Seiten an ihnen auf. Suchen wir diese Pluspunkte dann in unserer Beziehung oder in der eigenen Familie, werden wir sie wahrscheinlich nicht finden. Daraus schließen wir, daß wir nur dann glücklich, sicher und zufrieden sein können, wenn wir das haben, was auch die anderen haben.

In einem alten Sketch zeigt ein Gast in einem Restaurant auf den Teller eines anderen Gastes und wendet sich an den Kellner: »Ich möchte das, was dieser Mann hat.« Der Kellner holt unverzüglich den halbleeren Teller des anderen Gastes und setzt ihn dem Mann vor. Dieses Beispiel verdeutlicht, daß wir weder die guten Dinge der anderen haben noch teilen können. Wir können uns nur bemühen, unsere Beziehungen und unser Familienleben positiv zu verändern, denn nur wir allein sind in der Lage, unser Leben besser zu gestalten.

Beneide ich andere Menschen und worum? Heute abend will ich darüber nachdenken, was ich im Leben noch gerne erreichen möchte. Dann werde ich die nötigen Schritte tun, um meine Wünsche zu realisieren.

Das Leben besteht aus Schluchzen, Seufzen und Lächeln, wobei das Seufzen überwiegt. O. Henry

Glückseligkeit und Trauer halten sich im Leben die Waage. Das Leben ist nicht nur eitel Freude, ebensowenig ist es ein ewiges Jammertal. Irgendwo dazwischen liegt eine Grauzone, wo weder Lächeln noch Schluchzen überwiegen.

Das Leben leben heißt, alle Ereignisse, die auf einen einströmen, anzunehmen, ohne deshalb gleich in Euphorie oder Depressionen zu verfallen. Annehmen bedeutet auch, daß wir weder glücklich noch traurig sind, sondern genau dazwischen liegen. Wir befinden uns weder in einem seelischen Hoch noch in einem seelischen Tief, sondern genau in der Mitte.

Wir müssen uns nicht immer großartig fühlen. Mitunter reicht es schon, wenn wir uns passabel fühlen. Eine neutrale Gefühlslage anzunehmen und sie nicht unbedingt analysieren und definieren zu wollen, gibt uns die Freiheit für Grauzonen in unserem Leben. Und manchmal ist es gerade die Grauzone, die uns daran hindert, über die Stränge zu schlagen oder himmelhoch jauchzend oder zu Tode betrübt zu sein. Die Grauzone zu akzeptieren, ist eine wichtige Voraussetzung für unsere Gesundheit.

Heute abend will ich die Grauzone in meinem Leben finden und einsehen, daß nicht alles gut oder schlecht sein muß, sondern daß es auch leise Zwischentöne gibt.

22. Oktober

Von Jahr zu Jahr bin ich mehr davon überzeugt, die Vergeudung des Lebens besteht in nicht gegebener Liebe, in nicht eingesetzter Kraft, im egoistischen Bestreben, nichts zu versäumen, aber dem Leid zu entgehen, auch wenn man dabei das Glück versäumt.

Mary Cholomondeley

Als wir Kinder waren, haben unsere Lehrer oder Eltern oft über unser Potential gesprochen. »Ein wirklich intelligentes Kind«, haben sie vermutlich gesagt, »aber es schöpft sein volles Potential nicht aus.« Was verstehen wir unter einem vollen Potential? Und wie erkennen wir es?

Wir verfügen alle über bestimmte Fähigkeiten, die es uns möglich machen, zu lernen, zu spielen, zu lieben, reifer zu werden, Risiken einzugehen, Entscheidungen zu treffen und unsere Meinung kundzutun. Aufgrund des Lebens, das wir vor dem Programm geführt haben, konnten wir wahrscheinlich nicht die Fähigkeiten entwickeln, all das zu tun.

Wenn sich eine Fähigkeit nicht entwickeln kann, schöpfen wir unser Potential nicht zur Gänze aus. Wenn wir nicht gelernt haben zu spielen, leiden wir unter Kontaktschwierigkeiten oder können uns nicht für Spaß begeistern. Wenn wir unsere Liebesfähigkeit vernachlässigen, verhindern wir unser emotionales und spirituelles Wachstum. Wenn wir unser Potential voll ausschöpfen, werden wir voll und ganz am Leben teilhaben.

Ich will vernachlässigte Fähigkeiten intensivieren und somit den ersten Schritt zu einem erfüllten Leben tun.

Ich weiß nicht, was die anderen von mir halten, aber mir kommt es so vor, als hätte ich nur am Strand gespielt, während der weite Ozean der Wahrheit unentdeckt vor mir lag.
Sir Isaac Newton

Bevor wir das Programm kennenlernten, sahen wir nur das, was wir sehen wollten, und ließen uns dabei durch nichts ablenken. Auch wenn wir uns unserer Zwänge und Abhängigkeiten bewußt waren, sahen wir absichtlich darüber hinweg. Und selbst wenn jemand in der Familie einen psychischen oder körperlichen Zusammenbruch erlitten hatte, wollten wir das nicht wahrhaben. Unsere einzige Sorge bestand darin, den Tag zu überstehen, während unsere Hoffnung auf eine bessere Zukunft gerichtet war.

Das Programm half uns, uns mit den Problemen auseinanderzusetzen, die wir bisher nicht wahrhaben wollten. Heute wissen wir, daß wir der direkten Konfrontation mit einem Menschen oder einer Situation nicht ausweichen dürfen, daß wir nicht vor ihr weglaufen sollen. Das, was in der Zukunft vor uns liegt, ist keinesfalls wichtiger als das, was rechts und links von uns die Gegenwart ausmacht.

Gibt es Dinge, die ich bislang ignoriert habe? Heute abend will ich auf einige von ihnen eingehen und ihre Herausforderung gelassen annehmen.

24. Oktober

Eine Umarmung ist ein ideales Geschenk — die Größe paßt allen, und niemand hat etwas dagegen, wenn man sie weitergibt. Ivern Ball

Die meisten von uns haben früher vermutlich Angst gehabt, freundschaftliche Gefühle durch Körperkontakt auszudrücken. Eine Umarmung, eine Berührung mit der Hand oder ein Kuß auf die Wange ließen uns zurückschrecken. Oder aber wir haben diese Gesten fälschlicherweise als Annäherungsversuch ausgelegt. Wie dem auch sei, eines stand fest: Umarmungen und Berührungen irritieren uns.

Als wir dem Programm beitraten, sahen wir, wie die anderen Teilnehmer am Ende der Meetings einen Kreis bildeten, sich gegenseitig in die Arme nahmen oder sich die Hände reichten. Wahrscheinlich erinnern wir uns noch sehr gut daran, wie uns jemand zum ersten Mal umarmte, während wir steif dastanden. »Was soll diese Umarmung?« haben wir uns sicher gefragt.

Doch als wir im Laufe der Zeit öfter umarmt wurden, stellten wir fest, daß da gar nichts dabei war. Niemand dachte dabei an Sexualität, jeder wollte uns lediglich seine Sympathie bezeugen. Es dauerte nicht lange, bis auch wir die anderen umarmten, statt uns nur umarmen zu lassen. Wir lernten, den anderen zu vertrauen, und bald ließen wir Gefühle wie Zuneigung und Liebe zu, wenn uns jemand in die Arme schloß.

Ich habe keine Scheu davor, jemanden, den ich gerne habe, zu umarmen. Vielleicht wird meine Umarmung erwidert.

Unsere Schwäche und unsere negativen Gedanken bewirken, daß wir allen Widerwärtigkeiten ausgeliefert sind ... Wir werden vom Wind gebeutelt und von der reißenden Strömung mitgerissen, weil wir das Negative verkörpern.
Henry Wood

Ein schlechter Tag kündigt sich bereits am Morgen an. Dann genügt es, daß die kleinste Sache schiefgeht, und wir sind für den Rest des Tages gereizt und geladen. Wir haben den Eindruck, daß uns nur Schlimmes begegnet, und atmen erst dann wieder auf, wenn der Tag zu Ende ist.

Doch unser Tag hätte besser verlaufen können, wenn wir von Anfang an unvoreingenommen gewesen wären. Statt uns für das Opfer des Weckers, eines zerrissenen Hemdes, einer ungebügelten Hose, eines mißmutigen Partners, quängelnder Kinder oder einer verkohlten Toastscheibe zu halten, hätten wir den Ärger annehmen und anschließend wegstecken müssen.

Das Leben wäre viel einfacher, wenn wir uns nicht von jeder Unannehmlichkeit entmutigen ließen. Wir brauchen uns nicht den Launen anderer auszuliefern oder wegen irgendwelcher Aufregungen die Fassung verlieren. Ein sicherer Beweis von Reife ist, den Ärger ein paar Minuten lang zur Kenntnis zu nehmen und dann darüber hinwegzusehen.

Heute abend will ich über alle Widerwärtigkeiten und Ängste hinwegsehen und mich auf das freuen, was der morgige Tag mir bringt.

26. Oktober

> *Wenn ich nicht mehr weiter weiß, schaue ich einem Steinmetz zu, wie er vielleicht hundertmal auf den Stein schlägt, ohne daß auch nur ein Sprung zu sehen wäre. Doch beim hundertundersten Schlag wird der Stein auseinanderbrechen, und dann weiß ich, daß das nicht dieser eine Schlag bewirkt hat, sondern alle zusammen.*
>
> Jacob Riis

Wiederholt haben wir bei den Meetings gehört, daß es bei unserem Programm nicht auf die Dauer ankommt, sondern auf die Intensität, mit der wir uns damit beschäftigen. Jemand, der seit fünf Jahren an seiner Genesung arbeitet, ist nicht unbedingt gesünder als jemand, der sich erst drei Jahre darum bemüht.

Niemand erreicht in der gleichen Zeit dasselbe Resultat. Die größten Errungenschaften sind die, die auf Erfahrung, Reife und der Anwendung der gesundheitlichen Grundregeln beruhen.

Der heutige Tag ist nur ein kurzer Eintrag im Tagebuch unserer Krankheitsgeschichte. Was wir heute abend tun, wird zwar keine Berge versetzen, uns aber dennoch einen kleinen Schritt weiterbringen. Der morgige Tag wird verheißungsvoll sein, wenn wir ihn nur als eine Seite in unserem Leben betrachten und nicht als ein ganzes Buch.

Höhere Macht, hilf mir, mein Ziel zu vergessen, erinnere mich lieber an die Freuden, die mich auf meiner Reise erwarten.

Ich beobachte mich und verstehe dadurch die anderen.
Laotse

Könnten wir uns am Ende des Tages in einem Film betrachten, würden wir uns selbst so sehen, wie unsere Mitmenschen uns sehen. Wir würden unseren Gesichtsausdruck, den Klang unserer Stimme und unsere Körpersprache wahrnehmen und könnten unsere Handlungen und Reaktionen beobachten. Wir wären imstande, uns aus der Nähe zu betrachten und auf diese Weise eine Menge über uns dazuzulernen.

Wie schön wäre es doch, wenn wir ebenso einen Blick auf unsere Mitmenschen werfen würden! Wieviel könnten wir dabei vor allem über die Menschen lernen, mit denen wir zusammenleben, wenn wir mehr auf ihren Gesichtsausdruck, den Klang ihrer Stimme und ihre Körpersprache achten würden. Wir würden sie eher kennenlernen und verstehen, wenn wir ihnen genausoviel Aufmerksamkeit schenken würden wie uns selbst.

Wenn wir uns selbst beobachten, können wir auch die Handlungsweise und die Reaktionen unserer Mitmenschen verstehen. In dem Spiegel, den wir vor uns aufstellen, erkennen wir all jene wieder, mit denen wir in Kontakt kommen.

Will ich mir heute abend die Zeit nehmen, mich selbst zu beobachten? Wie kann ich durch mich etwas über die anderen erfahren?

28. Oktober

Kehrt Weinen am Abend ein, so folgt am Morgen der Jubel. Ich hatte gedacht in sorglosem Glück: »Nimmermehr werd ich wanken!« Herr, durch deine Huld ward ich auf feste Berge gestellt. Psalm 30, 6—8

Eine große Kraft hat uns aus der Höhle der Isolation befreit. Wir haben diese Kraft vermutlich während des ersten Meetings gespürt. Irgendwie fühlten wir, daß wir die richtige Entscheidung getroffen hatten. Wir gehörten nun zu den anderen.

Dann spürten wir diese Kraft wieder in einer Zeit der Bedrängnis und Angst. Am liebsten hätten wir uns ganz tief in die Höhle verkrochen, doch dann spürten wir etwas in uns, das uns sagte, wir sollten wehrlos und verwundbar bleiben. Vielleicht haben wir uns niedergekniet, unsere Augen geschlossen und leise um Hilfe gefleht.

Unser Gebet wurde erhört. Heute wissen wir, daß wir jederzeit in dieser Höhle Zuflucht suchen können, aber wir nützen sie wenig. Die große Kraft, die uns aus unserer Zufluchtsstätte herausgeholt hat, hat uns auch Zuflucht gewährt. Heute abend — und immer — können wir uns sicher und geborgen fühlen, wenn wir unserer Umwelt gegenübertreten.

Eine starke Kraft in meinem Leben hat mich vor der Isolation, der Hoffnungslosigkeit und der Verzweiflung gerettet. Ihr verdanke ich, daß es mir gut geht.

Bete zu Gott, aber rudere weg von den Felsen.
Indianisches Sprichwort

Wäre es nicht dumm von uns, wenn wir heute abend in unserem Zimmer sitzen und über die Dunkelheit klagen würden, obwohl wir nur den Lichtschalter aufzudrehen brauchten? Kommt es nicht auch immer wieder vor, daß wir Gott um Hilfe bitten, obwohl wir uns durchaus selbst helfen könnten?

Einen bewußten Kontakt zur Höheren Macht herzustellen, bedeutet nicht, daß wir uns deshalb von ihr abhängig machen müssen. Sie ist nicht dazu da, daß wir sie unentwegt um das bitten, was wir alleine nicht zustande bringen. Zweifelsohne können wir die Höhere Macht um ihre Hilfe und Führung bitten, wenn wir uns in einer schwierigen Situation befinden; wenn es aber um unsere Sicherheit oder unser Wohlbefinden geht, müssen wir selbst die Initiative ergreifen.

Wann immer wir der Führung, Sicherheit, Geborgenheit, der Kraft und des Glaubens bedürfen, können wir uns an die Höhere Macht wenden. Sonst aber sollten wir uns bemühen, die Verantwortung für uns selbst zu tragen. Gottes Wirken geschieht durch uns und nicht für uns.

Wie kann ich für mein Leben Verantwortung tragen? Hilf mir, ich selbst zu sein.

30. Oktober

Niemand kann zweimal in denselben Fluß steigen.
Heraklit

Empfinden wir unser Leben manchmal als monoton und langweilig? Haben wir das Gefühl, immer das gleiche zu tun, dem gleichen Tagesablauf zu folgen und immer nur auf der Stelle zu treten, obwohl wir so sehr eine Änderung herbeiwünschen? Sehnen wir Änderungen herbei, ohne zu wissen, wie wir sie bewerkstelligen sollen?

Stellen wir uns vor, wir würden am Ufer eines breiten, malerischen Flusses leben. Vom Wohnzimmerfenster aus genießen wir eine herrliche Aussicht auf den Fluß. Tag für Tag erfreuen wir uns an dem gleichen Bild und meinen, daß es sich nie verändert. Doch in Wirklichkeit ändert es sich ständig.

Jeden Tag sehen wir die Dinge mit anderen Augen, und jeden Tag versetzen uns der Wandel und das Wachstum der Natur immer wieder von neuem in Erstaunen. Das Wasser, das wir heute vorbeifließen sehen, ist nicht dasselbe, das wir gestern gesehen haben. Der Holzstock, den wir gestern in die Wellen geworfen haben, treibt heute schon flußabwärts. Wir haben die Möglichkeit, diesen Fluß auf zweierlei Art zu sehen: stagnierend oder fließend. Genauso können wir auch unser Leben betrachten.

Heute abend will ich mein Leben betrachten, als wäre es ein Fluß, der in einem ständigen Wandel begriffen ist.

Zwei Stimmen dringen ständig an unser Ohr: die Stimme der Angst und die Stimme des Vertrauens. Die eine ist das laute Rufen der Sinne, die andere das leise Flüstern unseres höheren Selbst. Charles B. Newcomb

Wir haben uns sicherlich schon des öfteren gewünscht, die anderen könnten den Sender, der in unserem Kopf eingeschaltet ist, hören. Wenn jemand sagt: »Du siehst gut aus«, erwidert unser Sender: »Das sagst du nur, damit ich dich mit dem Wagen in die Stadt mitnehme.« Und sagt jemand: »Es macht Spaß, mit dir zusammenzusein«, so funkt der Sender: »Wenn du wüßtest, was für ein Versager ich in Wirklichkeit bin.«

Unser Sendeleiter ist die Angst, seine beiden Assistenten heißen Zweifel und Unsicherheit. Dieses Trio befindet sich stets auf unserer Wellenlänge und in Bereitschaft, dazwischenzufunken, sobald wir etwas Schmeichelhaftes hören können. Wir haben nur dann eine Chance, diese Stimmen auszuschalten, wenn wir endlich daran glauben, daß wir wertvolle und liebenswerte Menschen sind.

Doch wir können eine weitere Stimme auf unserer Wellenlänge zulassen: das Vertrauen. Wenn wir hören: »Du siehst gut aus«, kann das Vertrauen erwidern: »Ich habe mich bemüht, mein Aussehen zu verbessern, und jetzt hat es jemand bemerkt. »Wenn wir lernen, auf die Stimme des Vertrauens zu hören, werden wir Worte vernehmen, die uns ermutigen, stärken und uns Sicherheit geben. Das Vertrauen ermöglicht es uns immer, die Wahrheit zu hören.

Heute abend will ich daran glauben, daß ich ein weitaus besserer Mensch bin, als Angst, Zweifel und Unsicherheit es mir einzureden versuchen.

November

Erst wenn es ganz dunkel ist, kannst du die Sterne sehen. Lee Salk

Die winzigen Lichtpünktchen am nächtlichen Himmel waren lange Zeit die einzige Orientierung für die Seeleute. Und diese haben es sich in der Tat angewöhnt, sich mehr auf die Sterne als auf die ausgeklügeltsten Instrumente zu verlassen. Auch wir können durch einen Blick zum nächtlichen Sternenhimmel wieder Zuversicht schöpfen.

Jeder Stern am Himmel hat eine bestimmte Bedeutung. Ob man ihn als Teil einer größeren Konstellation betrachtet oder als pulsierende, glühende Masse, es gibt einen Grund, warum dieser Stern existiert.

Auch wir sind wie Sterne in der Nacht. Wir sind nicht allein, denn wir teilen uns das unendliche Firmament mit den anderen Sternen. Ob unser nächster Nachbar einen Stock über uns wohnt oder kilometerweit von uns entfernt, sein Dasein hat einen tieferen Grund.

Ich weiß, ich bin heute abend nicht allein, denn am Himmel stehen die Sterne.

2. November

Unsere täglichen Gedanken sollten über die Zimmerdecke hinausreichen. W. W. Loflin

Wie optimistisch sind wir? Halten wir Probleme für lösbar und unlösbar? Meinen wir, daß unsere Fähigkeiten sich weiter entwickeln können, oder halten wir sie für begrenzt?

Nicht jeder kann den höchsten Berg bezwingen oder die *Titanic* bergen, geschweige denn eine große Katastrophe überleben. Wir sind nicht alle dazu befähigt, Präsident unseres Landes oder Bürgermeister unserer Stadt zu werden. Nach Höherem zu streben, bedeutet aber nicht, daß wir um Anerkennung kämpfen sollen oder uns die schwierigsten Aufgaben vornehmen müssen. Wir sollten nur wirklich daran glauben, daß wir gut sind und in der Lage, unser Glück und unsere Gesundheit zu genießen. Dieser Glaube macht uns gefeit gegen alle Schwierigkeiten, die sich uns in den Weg stellen.

Wir müssen lernen, uns mit erbaulichen Gedanken auseinanderzusetzen, sobald wir merken, daß wir an uns zweifeln. Als erstes können wir uns sagen, daß wir gut sind. Dann können wir die anderen davon überzeugen, indem wir liebenswert, freundlich und hilfsbereit sind. Und schließlich können wir die Höhere Macht um erbauliche Gedanken bitten. Wenn wir das alles beherzigen, werden wir glückliche und zufriedene Menschen sein.

Ich will lernen, nicht nur bis zur Zimmerdecke zu denken, wenn ich an mir zu zweifeln beginne.

Tu, was du kannst, mit dem, was du hast, und wo immer du auch bist. Theodor Roosevelt

Angenommen, wir gehen auf der Straße, und jemand spricht uns mit folgenden Worten an: »Möchten Sie unserer Volleyball-Mannschaft für die Olympischen Spiele beitreten?« Vermutlich werden wir beteuern, daß uns das nötige Training fehlt, daß wir dazu nicht in der Lage sind oder keine Zeit dafür haben.

Hinsichtlich unseres Programmes aber verhalten wir uns ganz anders. Wir wagen den Sprung ins kalte Wasser und erwarten, daß wir im Handumdrehen alle Schritte und Sinnsprüche beherrschen und auf Anhieb eine vorbildliche Beziehung zur Höheren Macht haben und fähig sind, uns jedes Neuankömmlings bei den Meetings anzunehmen.

Wir können aber weder sofort der Olympia-Mannschaft beitreten noch erwarten, daß wir von heute auf morgen mit der Arbeit des Programms vertraut sind. Beides braucht sehr viel Zeit, wollen wir uns die erforderlichen Fähigkeiten aneignen. Beides verlangt Hingabe und Ausdauer, durch die wir stärker und selbstbewußter werden. Beides verlangt von uns Teamgeist, den wir aber nur dann entwickeln können, wenn wir uns dem Team anschließen und mit ihm zusammenarbeiten. Heute abend wollen wir unser Bestes tun, mit dem, was wir haben und wo immer wir auf dem Weg der Genesung angelangt sind.

Heute abend möchte ich an einem aktiven Genesungsteam teilnehmen, auch wenn ich noch nicht alle Voraussetzungen mitbringe, die man von einem vollwertigen Mitglied erwartet. Ich werde noch eine Zeitlang an mir und meinem Teamgeist arbeiten müssen.

4. November

Der freie Wille besteht nicht in der Freiheit, das zu tun, was man tun möchte, sondern in der Kraft, das zu tun, was getan werden muß, auch wenn es uns innerlich widerstrebt. George MacDonald

Es gibt bestimmte Dinge, die wir nicht tun können, weil entweder das Gesetz sie verbietet oder weil sie gegen die Moral oder die allgemeine Sicherheit verstoßen. Heute sehen wir das ein, doch früher haben wir uns nicht selten darüber hinweggesetzt. Vielleicht sind wir im alkoholisierten Zustand Auto gefahren, haben unseren Partner geschlagen oder unsere Kinder mißhandelt.

Unter freiem Willen versteht man nicht, daß wir alles tun und lassen können, was wir wollen. Freier Wille bedeutet, daß wir uns frei entscheiden, ob wir schlechte Laune, Trinkgewohnheiten oder unziemliches Benehmen ablegen wollen. Der freie Wille läßt uns Änderungen vornehmen, selbst wenn diese nicht leicht zu bewerkstelligen sind.

Nichts ist unmöglich, was unser Leben betrifft. Wir können frei entscheiden, ob wir uns ändern oder bessern wollen. Der freie Wille ermöglicht es uns, zu bestimmen, wann und welche Änderungen wir vornehmen wollen. Wir können noch heute abend damit beginnen.

Was kann ich an meinem Leben ändern oder verbessern? Hilf mir, zu erkennen, daß es mir freigestellt ist, diese Dinge zu ändern, wann immer ich sie ändern möchte.

Wir sehen nie, was wir getan haben, wir können nur sehen, was uns noch zu tun bleibt. Marie Curie

Eine Familienszene: Wir haben mehrere Personen zu Gast und sitzen am gedeckten Tisch. Es gibt ein üppiges Truthahnessen. In der Küche sieht es entsprechend aus: Der Herd ist schmutzig, überall stehen gebrauchte Töpfe und Pfannen herum, und die Arbeitsplatte ist beladen mit Sachen. Woran denken wir? An das herrliche Essen, das wir für unsere Familie und unsere Gäste zubereitet haben, oder denken wir an die Unordnung in der Küche?

Meistens sehen wir zuerst das, was noch zu tun ist und nicht das, was wir bereits erledigt haben. Als wir dem Programm beitraten, sahen wir anfangs auch nur das, was wir noch lernen mußten: loszulasen, zuzulassen, anzunehmen, die Schritte zu befolgen und an uns zu arbeiten. Wir haben uns sicher überfordert gefühlt von all dem, was uns noch bevorstand. Aber diejenigen, die bereits mit dem Programm vertraut waren, haben uns klargemacht, welchen enormen Schritt wir schon bewältigt haben, indem wir dem Programm beitraten, in der Hoffnung, dadurch Hilfe zu finden.

Denken wir heute abend über den morgigen Tag nach oder über das, was in einer Woche sein wird? Sicherlich bleibt uns noch eine Menge zu tun, aber im Augenblick können wir auf all das zurückblicken, was wir bisher in unserem Leben, in unserem Beruf und bezüglich unserer Familie geleistet haben. Wir haben schon sehr viel erreicht und sollten uns dessen bewußt sein.

Heute abend will ich mich loben für mein Wachstum und all das, was ich bis jetzt erreicht habe. Ich kann wirklich stolz auf mich sein.

6. November

Ständiges Beisammensein ist gut, aber nur für Siamesische Zwillinge. Victoria Billings

Eine zu enge Bindung in der Partnerschaft hat selbstzerstörerische Auswirkungen zur Folge. Wenn einer so auf den anderen fixiert ist, daß er kaum noch etwas ohne den anderen tut, werden die Weichen zur Abhängigkeit gestellt. Sobald wir von einem Menschen abhängig sind, leiden wir genauso und sind ebenso verzweifelt wie ein Süchtiger, der Entzugserscheinungen hat.

In unserer Jugend haben wir sicher Stunden damit zugebracht, uns eine Partnerschaft in den herrlichsten Farben auszumalen. Wir setzten alle unsere Hoffnungen und Träume auf eine glückliche Beziehung, und als wir dann den geeigneten Partner gefunden hatten, drängten wir ihm ganz unbewußt eine symbiotische Beziehung auf. Wir bildeten uns ein, wenn wir von dem anderen getrennt wären, würde dieser uns nicht mehr lieben oder nicht gerne mit uns zusammen sein.

In einem Garten hat jede Blume ihre eigenen Wurzeln, ihren eigenen Stengel, ihre eigenen Blätter und ihre eigene Blüte. Auch wenn es sich nur um eine Sorte handelt, so sieht doch jede Blume anders aus. So wie diese Blumen unabhängig voneinander in einem Garten wachsen, so sollten auch wir mit unserem Partner leben. Auch wenn sich unsere Wurzeln ineinander verschlingen und unsere Blätter sich berühren, so werden wir trotzdem unabhängig voneinander wachsen und blühen.

Heute abend will ich mir Zeit nehmen, allein zu blühen, indem ich mich entspanne, damit ich anschließend tief und fest schlafe.

... Und wenn du nur auf die Stille der Nacht hörst, wirst du hören ... Es ist dein Drängen in dir, die Nacht, die dir gehört, zum Tag zu machen, der ebenso dir gehört.

Kahlil Gibran

Wieviel könnte uns das Programm noch geben, wenn wir mit Watte in den Ohren an den Meetings teilnehmen würden? Wir könnten die Schritte befolgen und die entsprechenden Bücher lesen, aber wie würden wir von den anderen erfahren, wieviel Kraft und Hoffnung sie aus dem Programm geschöpft haben und um welche Erfahrungen sie reicher geworden sind?

»Zuhören und lernen« ist wahrscheinlich das Motto, das am schwersten zu befolgen ist. Immer wieder kommt es vor, daß wir auf den Meetings die anderen mit unseren Problemen behelligen und dafür in Kauf nehmen müssen, auch ins Kreuzfeuer der Kritik zu geraten. Jeder von uns ist ein Teil der Gruppe, unabhängig von seiner Herkunft oder seinem Alter. Jeder hat etwas Besonderes mitzuteilen, sei es mit großer Eloquenz oder mit Humor, sei es mit traurigen oder einfachen Worten.

Bevor wir sprechen, können wir eine Pause einlegen, um anderen zuzuhören. Indem wir die Worte anderer durch aufmerksames Zuhören in uns aufnehmen, erfahren wir mehr über uns.

Kann ich den anderen aufmerksam zuhören? Was kann ich von ihnen lernen, das mich weiterbringt?

8. November

Die besten Gebete bestehen oft mehr aus Seufzern als aus Worten. John Bunyan

Mitunter fällt es uns wahrscheinlich schwer, unsere Gedanken, die wir der Höheren Macht mitteilen wollen, in die richtigen Worte zu fassen. Nach einem ereignisreichen Tag haben wir sicherlich Mühe, in unserem Abendgebet unsere tiefsten und innersten Gedanken und Überlegungen auszudrücken. Statt nach den richtigen Worten zu suchen, können wir uns durch Handlungen und Gedanken der Höheren Macht mitteilen. Unser Gebet kann unsere Vorstellungen in Form von geistigen Bildern ausdrücken. Es kann auch nur ein Weinen oder Klagen sein.

Wie immer wir uns heute abend fühlen mögen, in unserer Art zu beten sind wir völlig frei. Wir brauchen nicht zu sagen: »Höhere Macht, ich leide«, sondern können durch Weinen unseren Schmerz und unser Leid kundtun. Im Gegensatz zu uns Menschen vermag die Höhere Macht Gedanken zu lesen und weiß stets, wie uns zumute ist und was uns trösten kann.

Heute abend muß ich beim Beten nicht um die richtigen Worte ringen. Der Ausdruck meiner Gefühle ist das beste Gebet.

Ich war verzeifelt, weil ich keine Schuhe hatte, bis zu dem Augenblick, da ich einen Mann ohne Beine traf.
Harold Abbott

Ein junger Mann ging in der Stadt auf Arbeitssuche. Doch vorher wollte er sich ein neues Paar Schuhe kaufen, um einen besseren Eindruck zu machen. Er hatte es so eilig, daß er auf der Suche nach einem Schuhgeschäft beinahe einen Mann umgerannt hätte. Dieser Mann hatte keine Beine und bewegte sich mühsam auf einem Brett mit Rädern auf dem Gehsteig vorwärts, als er mit dem jungen Mann zusammenstieß. Aber der Behinderte ließ sich durch den Zwischenfall nicht beirren, er winkte dem jungen Mann freundlich nach und setzte seinen Weg fort.

Wie oft sind wir in Gedanken mit belanglosen Kleinigkeiten beschäftigt, so daß wir unsere Mitmenschen völlig übersehen. Der junge Mann, der nur mehr an seine Schuhe und die neue Stellung dachte, erkannte durch diesen Zwischenfall, daß es Menschen gibt, für die Schuhe keine Bedeutung haben.

Um welche Erfahrungen sind wir heute reicher geworden? Sind uns heute kleine Details an unseren Mitmenschen aufgefallen, zum Beispiel ein Lächeln oder ein Lachen oder ein Moment der Nachdenklichkeit? Wir sollten uns die Zeit nehmen, uns auch mit anderen Dingen als nur mit unseren Schuhen zu beschäftigen. Wir sollten mit offenen Augen durchs Leben gehen und auf die Schuhe der anderen achten.

Manchmal bin ich zu sehr mit meinen eigenen Angelegenheiten beschäftigt. Hilf mir, daß ich meine Mitmenschen mehr beachte und mir Zeit für sie nehme.

10. November

Das Leben besteht aus Gegensätzen, die sich die Waage halten.
Marian Zimmer Bradley

Erinnern wir uns, wie wir als Kinder versuchten, auf der Wippe das Gleichgewicht zu halten, indem jeder an einem Ende des Schaukelbrettes saß, die Beine in der Luft. Um dieses Gleichgewicht zu erreichen, war nur eines wichtig: Beide mußten in etwa das gleiche Körpergewicht haben.

Heute abend sitzen wir noch immer auf der Wippe. Wir haben den ganzen Tag lang versucht, alles, was auf uns zukam, auszubalancieren. Manche Ereignisse ließen uns förmlich einen Luftsprung machen, andere wiederum haben uns zu Boden gedrückt. Der Alltag hat uns gelehrt, daß weder Glück noch Unglück von Dauer sind, sondern sich gegenseitig die Waage halten.

Unabhängig davon, was sich auf der anderen Seite unserer Lebensschaukel befindet, dürfen wir nie vergessen, daß es nur darauf ankommt, die Balance zu halten. Wenn wir ausgeglichen sind, bedeutet das, daß es uns gelungen ist, durch unsere Stärke, unsere Hoffnung und unseren Glauben das Gute und das Schlechte auszugleichen.

Die Mitte der Lebensschaukel bewegt sich nicht. Hilf mir, daß auch ich heute abend einen ruhenden Pol in mir finde.

Eine Blume hat ihren Zweck erfüllt, wenn ihre Blüten abfallen. Eine Rose ist am schönsten, wenn sie noch eine Knospe ist, voller Energie und Verlangen, zu wachsen und sich zu entfalten. Carl Sandburg

Wir alle, die das Programm befolgen, sind Blumen in einem herrlichen Garten. Diejenigen, die schon längere Zeit auf dem Weg der Genesung gehen, stehen in voller Blüte. Die Neuankömmlinge und all jene, die erst seit einiger Zeit an dem Programm teilnehmen, sind Knospen, die bald zu kräftigen, farbenprächtigen Blüten aufbrechen werden.

Dieser Garten befindet sich in der Obhut der Höheren Macht, die jeder Blume genügend Platz gibt, um zu wachsen und die für fruchtbare Erde sorgt, damit die Blumen Wurzeln schlagen und genügend Nahrung haben. Außerdem sind sie alle in bester Gesellschaft. In diesem Garten gleicht keine Blume der anderen. Jede blüht in einer anderen Farbe, hat andere Blätter und verbreitet einen anderen Duft. Nur eines haben sie gemeinsam, sie alle sind ein einzigartiges Produkt aus Duft, Farbenpracht und Wachstum.

Aber dennoch fühlen wir uns in diesem Garten nicht so richtig wohl. Wir meinen, den anderen, die schon länger hier sind, unterlegen zu sein, und unsere Unerfahrenheit macht uns befangen. Doch wir alle gehören zu diesem Garten; im Schutz seiner Mauern müssen wir nichts entbehren.

Bin auch ich einmalig und schön? Ich möchte an der Einmaligkeit und Schönheit des Programms teilhaben.

12. November

Wie unterschiedlich erscheint uns doch eine Schwierigkeit am hellichten Tag und mitten in der Nacht! In den Stunden der Dunkelheit schrecken wir vor einem Problem zurück, das wir tagsüber tapfer angehen, wenn wir voll Schwung und Energie sind. Charles B. Newcomb

Häufig haben wir schon den Satz gehört: »Morgen sieht alles ganz anders aus.« Bei Tageslicht und in der allgemeinen Hektik des Alltags scheint es, als liegen unsere Probleme in weiter Ferne. Aber wenn der Tag sich neigt und die Schatten länger werden, das Leben aufhört zu pulsieren, rücken unsere Probleme unweigerlich näher.

Vielleicht rührt das daher, daß uns der Tag mit seiner Helligkeit und dem Rhythmus der Natur vertrauter ist. Nachts beeinträchtigt die Dunkelheit unser Sehvermögen, der Rhythmus der Natur kommt zum Stillstand, und wir Menschen scheinen nur noch unserem eigenen Rhythmus zu folgen. Dennoch können wir der Nacht vertrauen, wenn wir uns auf das Licht des Programms und auf den natürlichen Wandel verlassen, von dem in den Sinnsprüchen immer wieder die Rede ist. Wir können unseren eigenen Rhythmus finden und sehen den Weg, den wir gehen müssen, um ein Problem zu bewältigen, klar und deutlich vor uns. Heute abend können wir uns in Sicherheit wiegen, vorausgesetzt, wir haben das nötige Vertrauen.

Heute abend werde ich mit Hilfe der Werkzeuge, die mir das Programm zur Verfügung stellt, meine Probleme so leicht lösen können, als herrschte hellichter Tag.

Das Einmalige an einer Freundschaft ist weder die Hand, die sich einem entgegenstreckt, noch das freundliche Lächeln oder die angenehme Gesellschaft. Das Einmalige an ihr ist die geistige Inspiration, die man erhält, wenn man merkt, daß jemand an einen glaubt ...

Ralph Waldo Emerson

Immer wieder kommt es vor, daß wir nicht wirklich an uns glauben können. Nach einem schlechten Tag oder einer schmerzlichen Ablehnung fällt es uns wahrscheinlich schwer, zu uns selbst zu sagen: »Und trotzdem glaube ich an mich«.

Aber es gibt Menschen, die das zu uns sagen können. Jeder von uns braucht wenigstens einen guten Freund, der auch dann an uns glaubt, wenn wir nicht dazu imstande sind. Manchmal genügt es schon, daß ein Freund zu uns sagt: »Es wird sicher alles gut. Ich glaube an dich«, damit wir unser Selbstvertrauen zurückgewinnen.

Ein Freund kann vieles für uns sein: Vertrauter, Kumpel oder Begleiter. Bei allem aber wird er uns in einem immer bestärken: Er wird an das Gute in uns glauben. Man kann einen Menschen nicht nach der Anzahl seiner Freunde beurteilen, sondern nach dem Glauben, den ein einziger Freund in ihn hat.

Wer glaubt an das Gute in mir? Heute abend will ich dankbar sein für diesen Freund und dafür, daß er an mich glaubt.

14. November

Manche haben einen Geist, der lange genug aufgeschlossen ist, damit die Wahrheit nicht nur in ihn eindringen kann, sondern auch ohne Unterbrechung ihn durchdringt, bis sie wieder den richtigen Ausgang findet.
Schwester Elizabeth Kenny

Des öfteren werden wir durch die Worte anderer verletzt, und es fällt uns schwer, zuzuhören, wenn jemand uns auf eine Charakterschwäche aufmerksam macht oder unsere Arbeit kritisiert. Doch bevor wir darauf reagieren, sollten wir uns fragen, ob es sich um eine konstruktive oder destruktive Kritik handelt. Destruktive Bemerkungen können wir nicht übergehen, konstruktive Kritik jedoch verdient, daß wir sie beachten. Es gibt einen Grund, solchen kritischen Worten zuzuhören, auch wenn sie sehr schmerzlich sind und uns zwingen, eine defensive Haltung einzunehmen.

Um ein guter Zuhörer zu sein, müssen wir den anderen aussprechen lassen. Schweigen und hinhören können ist die Voraussetzung dafür, daß wir die Worte der anderen in ihrer ganzen Tragweite erfassen. Durch aufmerksames Zuhören und vernünftige Antworten werden wir verstehen, was der andere uns mitteilen will und vielleicht auch die Liebe oder Zuneigung spüren, die hinter seinen Worten steckt.

Morgen will ich nicht sofort auf die Worte der anderen reagieren. Ich will versuchen, aufmerksam zuzuhören und vernünftig und emotionslos zu antworten.

Delegiere großzügig … und überprüfe alles, wenn sich dir die Möglichkeit bietet. Linda Johnson Rice

Wenn wir jemanden bitten, etwas zu erledigen, lassen wir ihm dann freie Hand, oder befürchten wir, er könnte nicht rechtzeitig fertig werden oder nicht unseren Vorstellungen entsprechend arbeiten? Zu jemandem Vertrauen zu haben, bedeutet, zu wissen, wann man dem anderen eine Sache überlassen kann.

An wen haben wir heute eine Aufgabe delegiert? Vielleicht haben wir einer Angestellten etwas aufgetragen, einem Kind etwas angeschafft oder unseren Partner um etwas Wichtiges ersucht. Haben wir den anderen anschließend völlige Handlungsfreiheit gelassen oder mit Bangen der Ausführung unserer Bitte entgegengesehen?

Heute abend wollen wir uns darauf verlassen, daß alles richtig erledigt wurde. Sollte das nicht der Fall sein, werden wir dem anderen trotzdem unser Vertrauen nicht entziehen. Es könnte ja auch sein, daß unsere Forderung nicht vernünftig gewesen oder etwas Unvorhergesehenes eingetreten ist. Wir können nicht immer erwarten, zu einem befriedigenden Resultat zu kommen. Vertrauen zu haben bedeutet nicht, daß man immer bekommt, was man sich erhofft, wann man es sich erhofft und wie man es sich erhofft. Jemandem zu vertrauen heißt, dem anderen hinreichend zu glauben und ihm Handlungsfreiheit zu lassen.

Heute abend werde ich großzügig über alles hinwegsehen, was nicht zu meiner Zufriedenheit erledigt wurde.

16. November

Was ist schon ein Heiligenschein? Eine Sache mehr zu polieren. Christopher Fry

Diejenigen von uns, die ständig um Perfektion bemüht sind, fühlen sich wahrscheinlich die meiste Zeit überfordert. Einerseits möchten wir uns ein heiteres Gemüt bewahren, doch andererseits machen wir uns bis spät abends zu schaffen. Zum einen nehmen wir uns fest vor, in aller Ruhe ein Buch zu lesen, und dann verschreiben wir uns stattdessen dem Hausputz und eilen mit nervöser Hektik von Zimmer zu Zimmer.

Perfektion stellt die ungeheure Forderung an uns, alles richtig zu machen. Aber was ist schon richtig? Gibt es einen richtigen Weg, Dinge zu tun, und einen falschen?

Der Perfektionismus in uns strebt immer das Richtige an, ohne es jemals zu erreichen, denn in Wirklichkeit gibt es keinen richtigen oder falschen Weg, etwas zu tun. Alles ist Ermessenssache. Wenn wir uns den Heiligenschein der Perfektion aufsetzen wollen, dürfen wir aber nicht vergessen, daß er seinen Glanz verlieren, daß er verrutschen und daß man ihn ab und zu verlegen kann.

Eines steht fest: Ich bin kein Engel, denn ich bin nicht perfekt. Ich arbeite noch immer an meinem Heiligenschein und meinen Flügeln; das betrachte ich als meine Lebensaufgabe.

Es ist eine anerkannte Tatsache, daß unser Körper über eine natürliche heilende Kraft verfügt ... Viele Menschen haben gelernt, sich zu entspannen und sich ganz still zu verhalten — wie ein Tier, wodurch sie der Natur die Möglichkeit geben, ihre Krankheiten zu heilen.

Horatio W. Dresser

Sind wir schon einmal Menschen begegnet, die anscheinend nie krank sind? Sie essen vernünftig, gönnen sich genügend Ruhe, betätigen sich körperlich und scheinen im allgemeinen sehr auf ihre körperliche Gesundheit bedacht zu sein. Im Gegensatz zu ihnen gibt es dann Menschen, die anscheinend ständig krank sind und sich mehr mit ihren Krankheiten beschäftigen als mit deren Heilung.

Medizinische Studien haben gezeigt, daß ein direkter Zusammenhang zwischen der seelischen Verfassung und der körperlichen Gesundheit besteht. Menschen, die positiv denken und ihren Gefühlen Ausdruck verleihen, sind prinzipiell weniger häufig krank als diejenigen, die allem gegenüber eine negative Einstellung haben.

Wir alle verfügen über heilende Kräfte in uns. Unser Verstand und unser Körper sagen uns, wann wir essen, schlafen und entspannen sollen. Wir müssen nur hinhören, dann werden sich uns Wege und Möglichkeiten zu einem besseren Wohlbefinden eröffnen. Die Wahl ist ganz uns überlassen, ob wir krank oder gesund sein wollen. Wofür wollen wir uns entscheiden?

Heute abend will ich damit beginnen, auf die Signale meines Körpers zu hören und sie zu beachten. Ich will sorgsamer mit mir umgehen und mir mehr Ruhe gönnen.

18. November

Die Vergangenheit ist unsere Wiege und nicht unser Gefängnis … Die Vergangenheit dient zur Inspiration, nicht zur Imitation. Sie soll fortgesetzt und nicht wiederholt werden.
Israel Zangwill

Ein Geschichtsbuch gibt uns Auskunft über die Vergangenheit. Es vermittelt uns ein möglichst objektives Bild über das Leben in einer bestimmten Epoche. Dadurch können wir erkennen, wie weit wir es heute gebracht haben. Was lernen wir aus unserer persönlichen Geschichte für die Gegenwart?

Wir können eine ganze Menge aus unserer Vergangenheit lernen, auch wenn sie nicht nur aus Anregungen besteht und negative Erfahrungen beinhaltet. Sie gibt uns aber dennoch Aufschluß über unser heutiges Verhalten, unsere Persönlichkeit und unsere Stimmungsschwankungen. Durch sie sind wir in der Lage, unsere Träume, Wünsche, Ziele, Talente und Vorlieben besser zu verstehen.

Wir können unsere Vergangenheit als Sprungbrett für unsere gegenwärtige Lebensweise nutzen. Dabei ist es uns überlassen, ob wir die negativen Aspekte der Vergangenheit außer acht lassen wollen und darauf verzichten, sie zu wiederholen oder fortzusetzen. Wir können über die guten Seiten unserer Vergangenheit nachdenken und uns für unsere gegenwärtige Aufgabe von ihr inspirieren lassen.

Wie kann ich mir die guten Seiten meiner Vergangenheit am besten zunutze machen?

Beschuldige nie andere, um dich zu entschuldigen.
Anonym

Wie oft haben wir am Ende eines Tages die Schuld über unsere Mißstimmung dem Chef, einem Arbeitskollegen, einem Lehrer, den Eltern oder einem Autofahrer, der uns geschnitten hat, zugeschoben. Tatsächlich haben wir uns zwar über den einen oder anderen geärgert, aber dennoch trifft sie nicht die geringste Schuld.

Unsere Gefühle sind unsere eigene Angelegenheit. Wir haben sie uns eingehandelt und müssen auch mit ihnen fertigwerden. Wenn wir bereit sind, sie loszulassen, werden wir sie auch nicht länger spüren.

Es gibt keine Entschuldigung, mit der wir unsere Gefühle rechtfertigen können. Das Programm lehrt uns, unseren Blick nach innen zu richten, statt nach außen, auf die hektische Außenwelt. Heute abend wollen wir unseren Blick nach innen wenden und unsere Gefühle betrachten. Wir können frei entscheiden, welche wir behalten wollen und welche wir loslassen.

Wie immer auch mein Tag verlaufen ist, meine Gefühle sind meine Angelegenheit. Heute abend will ich die Gefühle, die ich ablehne, loslassen und mich auf jene konzentrieren, die ich für gut halte.

20. November

Das Leben: ein Tagebuch, in das jeder eine Geschichte schreiben will, die dann doch ganz anders verläuft.

Sir James M. Barrie

Hat der heutige Tag alle unsere Erwartungen erfüllt, oder wurden wir mit neuen Situationen, neuem Wissen und neuen Erfahrungen konfrontiert? Sehr oft bekommen wir etwas anderes als das, was wir erwartet haben. Das Leben ist nicht voraussehbar. Die meiste Zeit haftet ihm der Duft des Neuen, Unbekannten an.

Wenn wir jeden Tag mit bestimmten Forderungen und Wünschen verknüpfen, werden wir immer Enttäuschungen erleben und uns neuen Entdeckungen verschließen. Man kann das Leben weder voraussagen noch feste Vorstellungen damit verbinden. Es zählen nur die Erfahrungen, die wir in jeder Minute machen.

Wir sollten nicht versuchen, zukünftige Ereignisse niederzuschreiben, bevor sie eingetreten sind. Wir wollen uns die Freiheit nehmen, all das zu erfahren, was noch vor uns liegt — frisch, neu und aufregend.

Was soll ich in mein Tagebuch schreiben? Mache mich um jede neue Erfahrung in meinem Leben reicher.

Als du dreimal hintereinander mit der gleichen Geschichte kamst, hörte man dir zu und war bemüht, dir zu helfen. Doch als du sie zum vierten Mal zum besten gabst, ist die Runde einfach aufgestanden und gegangen ... Nun war es höchste Zeit für dich, endlich zu handeln.

Anne Cameron

Viele von uns besuchen ein Meeting nach dem anderen und reden immer wieder über das gleiche Problem. Was erhoffen wir uns dadurch, und was erwarten wir von den anderen? Wir bitten nicht um Hilfe, weil wir die meisten Ratschläge, die man uns erteilt, ablehnen. Wir machen auch nicht den Versuch, uns zu ändern, weil wir im Grunde an unseren Problemen festhalten.

Es kommt aber auch vor, daß wir uns in der umgekehrten Situation befinden und uns immer wieder die Probleme eines anderen anhören müssen. Aber wenn wir uns dieses Gerede ein paarmal angehört haben, möchten wir es am liebsten abstellen.

Doch wir sind in der Lage, uns zu ändern. Wir können uns fragen, ob wir Meetings nur dazu benützen, um ewig über die gleichen Probleme zu sprechen. Wenn das zutrifft, müssen wir das Jammern einstellen und uns endlich aufraffen zu handeln. Wenn wir von jemandem hören, dem es genauso geht, können wir eine Menge von ihm lernen. Wir können lernen, zwischen Stagnation und Wachstum zu unterscheiden.

Ich bin bereit, zuzuhören und zu lernen. Wenn ich um Hilfe bitte, werde ich sie auch annehmen.

22. November

Keine Antwort ist auch eine Antwort.
Dänisches Sprichwort

Jeder von uns hat nach einem Gebet sicher schon einmal den Eindruck gehabt, Gott habe ihn nicht gehört, weil er nicht auf sein Gebet reagiert hat. Vielleicht haben wir ihn sogar um Kraft und Schutz gebeten oder daß er Dinge ändern möge? Doch Stunden, Tage und sogar Wochen danach, waren wir noch immer in derselben Situation und haben uns noch immer genauso gefühlt wie vorher.

Gott hört uns immer, aber manchmal antwortet er nicht sofort oder auch nie. Mitunter ist die beste Antwort keine Antwort, woraus wir schließen können, daß wir noch länger in dieser unangenehmen Situation ausharren sollen. Vielleicht gibt es auch Dinge, die wir lernen müssen und die man nur erlernt, wenn man sie selbst entdeckt.

Wir haben keinen Grund, uns verlassen zu fühlen, wenn wir keine Antwort auf unser Gebet bekommen. Das Schweigen der Höheren Macht lehrt uns, besser hinzuhören, genauer zu beobachten und mehr zu lernen, damit wir selbst auf unsere Fragen eine Antwort finden.

Gibt es etwas, das mich heute abend verwirrt oder mir das Gefühl der Hilflosigkeit gibt? Ich werde auf meine Fragen Antworten finden, ich muß nur bereit sein, die Botschaften an mich zu vernehmen.

Ich kann kein Buch wie Shakespeare schreiben, aber ich kann mein eigenes schreiben. Sir Walter Raleigh

In unserer Jugend haben wir bestimmt versucht, unseren Lieblingshelden nachzueifern und uns gewünscht, so schön, so klug und so tüchtig zu sein wie diese. Und weil wir vermutlich im Elternhaus keine großen Vorbilder fanden, haben wir uns in unserer Umgebung nach solchen umgesehen.

Aber wir können nicht jemand anderer sein als wir selbst. Oftmals möchten wir die Eigenschaften von anderen besitzen, weil uns unsere eigenen nicht gefallen. Wir können zwar solche Eigenschaften an uns ändern, die uns mißfallen, oder lernen, sie zu akzeptieren, aber wir können unser wahres Ich nicht leugnen, indem wir versuchen, andere Menschen haargenau zu kopieren.

Wenn wir ständig darum bemüht sind, andere nachzuahmen, übersehen wir dabei unsere eigenen Vorzüge. Natürlich sind wir kein großer Künstler wie Renoir oder ein berühmter Schriftsteller wie Shakespeare, ein beliebter Sänger oder Schauspieler, ebenso kein gefeierter Athlet oder hervorragender Politiker, denn wir können nur wir selbst sein. Und das bedeutet, daß wir unser eigenes Buch schreiben müssen und nicht das eines anderen nachahmen dürfen.

Heute abend will ich stolz darauf sein, daß ich so bin, wie ich bin. Ich habe einige sehr gute Eigenschaften und Fähigkeiten, die ich weiterentwickeln werde.

24. November

Wir berauben uns des Glücks, wenn wir zuviel vom Glück erwrten. Fontenelle

Was heißt glücklich? Wenn wir lachen und scherzen, sind wir dann glücklich? Oder versteht man unter Glück, etwas zu tun, was man gerne tut? Vielleicht ist Glücklichsein einfach nur das Gefühl, das wir verspüren, wenn wir zum Beispiel etwas Schönes oder ein glückliches Kind sehen?

Wer kann schon sagen, was Glück wirklich ist? Wie die Liebe, so kann auch das Glück nicht genau definiert werden, denn was für den einen Menschen gilt, muß nicht unbedingt auch für den anderen gelten. Glück kommt von innen. Wenn wir Zufriedenheit, Frieden oder Freude verspüren, können wir ziemlich sicher sein, daß es sich um eine Art von Glück handelt.

Solange uns diese Art von Glück genügt, sind wir auch glücklich. Nur wenn wir uns unter Glück etwas anderes vorstellen, werden wir uns auch nicht mehr glücklich fühlen. Um glücklich zu sein, müssen wir das vorhandene Glück wahrnehmen, auch wenn es nicht ganz unserer Vorstellung entspricht.

War ich heute glücklich? Hilf mir, diese Art von Glück zu verstehen und mich damit zufriedenzugeben.

Du kannst ebensogut auch leben. Dorothy Parker

Mehr als einmal haben wir vermutlich schon mit dem Gedanken gespielt, aus dem Leben zu scheiden. Vielleicht haben wir auch einen Freund oder Verwandten verloren, weil er selbst seinem Leben ein Ende gesetzt hat. Doch der Freitod ist keine Lösung, sondern eine Kurzschlußhandlung. Vor etwas Schlimmem wegzulaufen — sei es durch Selbstmord, Alkohol, Drogen oder Selbstverleugnung —, bringt nur Distanz, aber keine Lösung.

In jedem Leben gibt es schwere Momente und Rückschläge. Wenn wir eine harte Zeit durchmachen oder Kummer haben, brauchen wir uns deswegen nicht von den anderen zu distanzieren. Im Gegenteil, wir sollten bei unseren Mitmenschen Trost, Mitleid und Verständnis suchen.

Wenn ein Teilnehmer unseres Programms in Schwierigkeiten steckt, gibt es hundert andere, die bereit sind, ihm zu helfen, damit er wieder seinen inneren Frieden findet und sich wohl fühlt. Auch wir können uns getrost auf die anderen verlassen.

Heute abend will ich mir vor Augen halten, daß ich nicht der einzige Mensch bin, der weiß, was Kummer ist.

26. November

Erwidere nie ein heftiges Wort mit einem heftigen Wort. Es ist immer das zweite Wort, das einen Streit vom Zaun bricht.
Anonym

Früher haben wir wahrscheinlich sehr schnell einen Streit begonnen. Vielleicht haben wir die meiste Zeit damit verbracht, mit unserem Partner, einem Familienmitglied oder mit Freunden zu streiten. Streitigkeiten gehörten zu unserem Alltag, und wir fanden nichts Abwegiges daran.

Inzwischen haben wir gelernt, uns von heftigen Worten zu distanzieren. Heute wissen wir, daß der andere wahrscheinlich darunter leidet, wenn er glaubt, sich nur dann Erleichterung zu verschaffen, wenn er andere verletzt.

Objektivität ist die einzige Möglichkeit, einem Streit aus dem Weg zu gehen. Sobald wir nicht mehr objektiv sind, werden wir in den Strudel von Verwirrung, Schmerz und Bitterkeit hineingezogen. Wir können größere Objektivität erreichen, indem wir uns auf unsere Freunde im Programm und auf die Höhere Macht verlassen.

Bin ich ausreichend objektiv? Hilf mir, durch diejenigen stärker zu werden, die mir Beistand leisten und die mich nicht verletzen wollen.

Fehlschläge kommen von Ereignissen, nicht von Menschen. William D. Brown

Es ist sehr bequem, unsere Mitmenschen für die Fehlschläge in unserem Leben verantwortlich zu machen. Wir meinen wahrscheinlich, es ginge uns viel besser, wenn wir einen anderen Chef, andere Arbeitskollegen oder einen anderen Partner hätten. Vielleicht geben wir auch unserem Elternhaus oder den Umständen, in denen wir leben, die Schuld für unsere Unfähigkeit, in einer guten Partnerschaft zu leben. Wenn wir auf unseren jetzigen Chef wütend sind, werden wir es auch auf einen anderen sein. Es ist also ganz egal, wo und mit wem wir arbeiten. Auch in einer anderen Firma können uns die Arbeitskollegen nicht unseren Seelenfrieden und unser Glück garantieren, genausowenig wie wir in einer neuen Beziehung die Liebe finden werden, nach der wir uns immer gesehnt haben.

Wenn wir aber zu der Einsicht kommen, daß der Grund für unsere Unzufriedenheit in irgendwelchen Ereignissen liegt und nicht unsere Mitmenschen daran schuld sind, werden wir die anderen nicht mehr so schnell verurteilen oder sie zum Sündenbock für unsere Rückschläge machen.

Ich will aufhören, nach Ausreden zu suchen, warum ich manchmal so unzufrieden bin. Nur ich selbst kann etwas daran ändern, jetzt und auf der Stelle.

28. November

Die Selbstsucht legt es darauf an, um sich herum absolute Uniformität zu schaffen. Die Selbstlosigkeit anerkennt die unendliche Mannigfaltigkeit als etwas Wunderbares, akzeptiert sie, fördert sie und erfreut sich an ihr.
Oscar Wilde

Wenn wir solche Menschen als selbstsüchtig betrachten, die um ihre eigene Person besorgt sind, sollten wir uns überlegen, was wir unter dem Begriff Selbstsucht verstehen. Wenn wir abends lange aufbleiben und uns mit unserem Partner unterhalten wollen, der aber lieber schlafen ginge, wer von beiden ist dann selbstsüchtig? Der eine, der müde ist und zu Bett gehen möchte, oder der andere, der darauf besteht, daß man ihm Gesellschaft leistet?

Der Wunsch, sich abzugrenzen, hat nichts mit Selbstsucht zu tun. Wir nehmen dabei nur Rücksicht auf unsere Bedürfnisse und sagen ehrlich unsere Meinung. Selbstsucht aber wäre, wenn wir auf Kosten eines anderen unseren Willen durchzusetzen versuchten. Selbstsucht ist unehrenhaft, weil sie die Offenheit des anderen nicht ehrt.

Um selbstlos zu sein, müssen wir als erstes dem anderen zuhören können. Und wenn wir dazu fähig sind, müssen wir auch die Meinung des anderen respektieren. Um aber völlig selbstlos zu sein, müssen wir uns an der Andersartigkeit unserer Mitmenschen erfreuen können. Wenn wir die Vielfalt der Menschen um uns herum schätzen, dann wissen wir, was Selbstlosigkeit ist.

Stört mich die Andersartigkeit meiner Mitmenschen? Ich will versuchen, den anderen zuzuhören, um mich davon zu überzeugen, wie verschieden wir doch alle sind.

Das wichtigste im Leben ist nicht, aus Gewinn Kapital zu schlagen — dazu ist jeder Dummkopf imstande —, sondern aus unseren Verlusten. William Bolitho

Es ist einfach, aus Gewinn Kapital zu schlagen, doch weitaus schwieriger, aus einem Verlust Gewinn zu machen. Pläne, die Gestalt annehmen, und Sammlungen, die erweitert werden, verdeutlichen die Gewinne, die wir erzielt haben. Aber wie können wir vom Ende einer Freundschaft profitieren, vom Verlust unseres Arbeitsplatzes oder der Entfremdung in der Familie?

Jeder Verlust bedeutet gleichzeitig einen Schritt in Richtung Reife und Wachstum. Im Verlaufe unseres Lebens werden wir noch viele Schritte tun müssen. Manchmal werden wir den Eindruck haben, vor einer endlosen Treppe zu stehen. Jeder Gewinn ist eine Stufe, aber den wirklichen Fortschritt erzielen wir erst dann, wenn wir die Treppe unserer Verluste hinaufsteigen.

Auch wenn wir vielleicht meinen, ein Verlust habe uns nichts gebracht, so sind wir doch um eine Erfahrung reicher geworden. Der Gewinn, den wir aus einem Verlust ziehen, ist nicht immer sofort ersichtlich, aber in dem Maß, in dem wir lernen, das Leben zu akzeptieren, wie es ist, und nicht, wie wir es uns vorstellen, werden wir auch unsere Verluste als gewinnbringend betrachten.

Heute abend will ich über die Gewinne und Verluste des heutigen Tages nachdenken. Was habe ich daraus gelernt? Wodurch bin ich gewachsen?

30. November

Das Leben ist ein herrliches Privileg ... Aber wozu lebst du? Doch nur für die tägliche Routine ... Wieviel vom Leben lebst du wirklich, außerhalb deiner Arbeit und anderer Tätigkeiten? Henry Wood

Damit aus einer Eichel ein großer Baum wird, muß eine Eiche ihre ganze Energie aufwenden. Feuchtigkeit, Sonnenlicht und Nahrung werden genutzt für die Blätter, die Früchte, die Äste und den Stamm. Doch wenn die Eiche alle Feuchtigkeit, das ganze Sonnenlicht und alle Nährstoffe für sich beansprucht, werden die umstehenden Bäume immer schwächer werden und können nicht mehr weiter wachsen.

Wir haben in uns einen Wald, der unserer Aufmerksamkeit und Pflege bedarf, um zu wachsen. Er besteht aus dem Baum der Karriere, dem Baum der Familie, dem der Gesundheit und dem der Eltern und der Freundschaft. Wenn wir uns einem dieser Bäume mehr widmen als den anderen, vernachlässigen wir diese, und sie werden weniger groß und kräftig.

Jeder Bereich in unserem Leben sollte uns wichtig sein, unsere Familie und unsere Freunde genauso wie unsere Genesung und Karriere. Eine berufliche Beförderung ist zweifelsohne erstrebenswert. Aber wenn wir unsere Familie vernachlässigen, wird unser Wald der Bedürfnisse nicht gedeihen. Wollen wir Erfolge erzielen, bedarf jeder Bereich unseres Lebens der Aufmerksamkeit.

Heute abend will ich meine Zeit besser einteilen, damit kein Bereich meines Lebens zu kurz kommt.

Dezember

1. Dezember

Wie herrlich ist es, den dunklen, tiefen Wald zu sehen,
doch ich muß zu meinem Worte stehen
und bis zum Abend weitergehen,
und bis zum Abend weitergehen. Robert Frost

Als wir uns für das Programm entschieden, faßten wir den festen Vorsatz, die Werkzeuge, die es uns in die Hände legt, jeden Tag zu gebrauchen und nicht vom Weg der Genesung abzuweichen.

Wir sollten uns diesen Vorsatz jeden Tag von neuem ins Gedächtnis rufen. Das Programm sollte immer an erster Stelle stehen. Nach einem langen, arbeitsreichen Tag ist die Versuchung groß, den Fernsehapparat einzuschalten oder uns ein wenig auszuruhen. Statt mit einem Angehörigen des Programms zu telefonieren, um sich gegenseitig Mut zu machen, ziehen wir es vor, zu schweigen. Wir finden tausend Ausreden wie Wäschewaschen oder die Finanzen in Ordnung zu bringen, um nicht zu einem Meeting zu gehen.

Doch alle diese Dinge können warten, während wir die *wichtigen Sachen als erstes* erledigen. Auch wenn es uns eine Menge Kraft kostet, aufmerksam an einem Meeting teilzunehmen, können wir trotzdem nichts Besseres für uns tun, als unseren Vorsatz einzuhalten. Wir wollen dieses Versprechen halten, indem wir heute abend mit dem Beten und Meditieren beginnen.

Habe ich mir heute für das Programm Zeit genommen? Was kann ich tun, um einzuhalten, was ich mir vorgenommen habe?

Es führt keine Schnellstraße hin. Alles braucht seine Zeit. Eine Sache nach der anderen. Was rasch wächst, vergeht rasch; was langsam wächst, ist von Bestand.
Josiah Gilbert Holland

Auch während der Winterzeit finden wir heute in einem Lebensmittelgeschäft ein riesiges Angebot an frischem Gemüse und Obst, genau wie im Sommer. Treibhäuser ermöglichen den Anbau das ganze Jahr über, und es werden Tomaten gezüchtet, während draußen ein Schneesturm tobt.

Doch die Tomate, die in wenigen Wochen unter künstlichen klimatischen Bedingungen herangereift ist, läßt sich nicht mit einer Tomate vergleichen, die über Monate unter freiem Himmel und an der Sonne gereift ist. So ist es auch mit uns. Eine schnelle Heilung ist wie ein Schnellimbiß: Man ist zwar rasch satt, aber ebenso schnell wieder hungrig.

Immer wieder haben wir das Gefühl, unsere Genesung gehe im Schneckentempo voran. Doch inneres Wachstum kann weder durch die richtige Temperatur noch durch optimale Bodenbeschaffenheit erzielt werden. Unser Wachstum hängt allein von den Anstrengungen ab, die wir unternehmen, und von der Zeit, die wir dafür verwenden. Es darf keineswegs sprunghaft erfolgen, sondern ganz allmählich. Es ist nur dann wirklich erreicht, wenn es die zeitliche Bewährungsprobe bestanden hat.

Ich will nicht mehr so ungeduldig sein und nicht ständig wünschen, die Zeit möge rascher vergehen. Ich werde mich in Geduld üben und langsam und stetig wachsen.

3. Dezember

Jemand, der sich ständig in seinen Gefühlen verletzt fühlt, ist ein so angenehmer Gefährte wie ein Kieselstein in einem Schuh. Elbert Hubbard

Sind wir überempfindlich, oder haben wir Angst davor, persönliche Kritik einstecken zu müssen, oder fühlen wir uns leicht in unserer Ehre gekränkt? Manchmal hat es ganz den Anschein, als könnte niemand etwas zu uns sagen, ohne daß wir nicht gleich eingeschnappt wären, uns schämten, schuldig fühlten oder uns zurückgewiesen vorkämen. Wahrscheinlich entschuldigen wir uns hundertmal am Tag, bis wir uns schließlich wirklich schuldig fühlen.

Unsere Freunde und Verwandten aber mögen uns und wollen, daß es uns gut geht und wir glücklich sind. Aus diesem Grund kritisieren sie uns auch manchmal. Diese Kritik ist aber gut gemeint und soll nicht verletzend sein.

Daß wir uns durch die Kritik anderer angegriffen oder verletzt fühlen, kommt daher, daß wir dieses Gefühl zulassen. Niemand kann bestimmte Gefühle in uns wecken, wenn wir es nicht erlauben. Auch wenn wir als Jugendliche heftiger Kritik ausgesetzt waren und man uns immer wieder zu verstehen gab, wir wären nicht gut, so kann uns heute niemand das Gefühl vermitteln, wertlos zu sein — außer wir selbst. Wir sind so gut, wie wir es uns zugestehen zu sein.

Ich kann persönliche Kritik annehmen und brauche keine Angst davor zu haben, daß meine Gefühle verletzt werden. Heute und an allen weiteren Abenden will ich ein guter Mensch sein, egal, was man über mich sagt und denkt.

Sie erschraken, als sie sich allmählich wohl fühlten, nur weil sie es nicht gewohnt waren. Wie Häftlinge, die nach Jahren in die Freiheit entlassen werden. Lisa Alther

Die Abendnachrichten beginnen meist mit Schreckensmeldungen und enden mit einer positiven, aufmunternden Mitteilung. Wenn wir heute abend über unsere Tagesereignisse berichten sollten, worüber würden wir reden? Über Begebenheiten, die Enttäuschung, Wut, Verdruß und Mißverständnisse ausgelöst haben? Oder über das Geben und Lachen, über Nähe, Erfolg und Leistung?

Oft empfinden wir es als beängstigend, uns nur auf die guten Dinge im Leben zu konzentrieren. Häufig haben wir Angst davor, uns wohl zu fühlen, weil wir befürchten, dieses Gefühl würde nicht anhalten. Vielleicht empfinden wir positive Gefühle deshalb als so unangenehm, weil sie uns so wenig vertraut sind. Doch diese Befangenheit wird sich mit der Zeit legen, bis wir uns an die guten Empfindungen gewöhnt haben.

Angenehme Gefühle zu akzeptieren ist, wie jemanden zu treffen, den wir gerne näher kennenlernen würden. Anfangs werden wir Angst und Scheu empfinden, doch wenn wir mehr Zeit miteinander verbringen und gemeinsam etwas unternehmen, fühlen wir uns zusehends gelöster und sicherer. Sich wohl zu fühlen ist wie einen Freund zu haben, der uns mit jedem Tag mehr ans Herz wächst.

Heute abend will ich nur Gutes in meinen Abendnachrichten bringen.

5. Dezember

Charakterstärke entwickelt sich langsam, kann aber sehr schnell nachlassen. Faith Baldwin

Weil wir sensibel und unsicher sind, haben wir wahrscheinlich oft das Gefühl, Rückschritte statt Fortschritte zu machen. Wir können stolz sein auf das, was wir bis jetzt erreicht haben und geraten trotzdem in Panik, sobald wir uns unterlegen fühlen.

Vielleicht macht unsere Genesung gerade gute Fortschritte, während jemand uns sagt: »Mir gefällt nicht, was du da tust.« Und plötzlich verwandeln sich unsere Zuversicht und Hoffnung in Niedergeschlagenheit und Hoffnungslosigkeit. Wir werden unsicher und wissen nicht mehr, wie es weitergehen und was wir tun sollen. Ist die Meinung der anderen wirklich so wichtig?

Bevor wir zulassen, daß jemand unser Selbstbewußtsein erschüttert, sollten wir uns daran erinnern, daß die Meinung des Betreffenden nur eine unter vielen ist. Wir dürfen nur auf unsere eigene Meinung hören. Darüber hinaus sollten wir Vertrauen haben in die Führung und Hilfe derer, die mit dem Programm vertraut sind, und die uns helfen, unser Selbstbewußtsein zu stärken. Und dann sollten wir uns noch vornehmen, mehr Schritte nach vorwärts und weniger nach rückwärts zu tun.

Heute abend will ich an die Menschen denken, die mir viel bedeuten, aber meine neue Lebensweise nicht verstehen und unterstützen können. Ich habe nichts gegen sie, lege aber keinen Wert auf ihre Zustimmung.

Wir haben die Wahl, uns glücklich oder unglücklich zu machen. Beides ist mit gleichviel Arbeit verbunden.
Carlos Castaneda

»Warum immer ich?« ist ein Ausruf, den wir zur Genüge kennen, weil er uns schon viele Male über die Lippen gekommen ist. Es hat uns viel Energie gekostet, uns unsere Sorgen bewußt zu machen, darüber zu sprechen, sie zu analysieren und sie zu durchleben. Unser Kummer und unsere Sorgen waren die Platte, die wir am liebsten auflegten.

Als uns das Programm dann die Augen öffnete, erkannten wir, daß wir auch ein sorgenfreies Leben führen können. Es wurde uns auch klar, daß wir es uns aussuchen können, wie wir leben wollen und daß wir uns bislang für ein sorgenvolles Leben entschieden haben. Wenn wir uns mit beiden Händen an Kummer, Sorge, Schmerz und Verzweiflung klammern, können wir nicht nach der Kraft, der Hoffnung und dem Glück greifen.

Heute abend wollen wir unsere Sorgen loslassen. Vielleicht gelingt es uns noch nicht, beide Hände zu öffnen, aber es genügt schon, wenn wir eine Hand frei haben, um die positiven, erbaulichen Gefühle festzuhalten. So werden wir allmählich lernen, unsere Sorgen loszulassen und mit beiden Händen die Hoffnung festzuhalten, die uns das Programm gibt, denn sie verleiht uns die nötige Kraft.

Ich brauche keine Angst zu haben, meine Sorgen loszulassen, denn es kann mir nur Gutes begegnen.

7. Dezember

Wenn du dich in der Zwickmühle befindest und alles sich gegen dich verschwört und du meinst, nicht länger durchhalten zu können, darfst du auf keinen Fall aufgeben, denn jetzt ist der Augenblick gekommen, da sich alles wieder zum Guten wendet. Harriet Beecher Stowe

Auf jedes Tief folgt ein Hoch. Vielleicht kommt es nicht sofort, wie für den Wellenreiter, der sich ständig auf und ab bewegt. Manchmal bleiben wir ziemlich lange unten, so daß wir das Gefühl haben, immer tiefer zu sinken. Aber gerade dadurch finden wir unser Gleichgewicht wieder, bevor es erneut aufwärts geht.

Wenn Leute von schweren Zeiten erzählen, hören wir sie nicht selten sagen: »Nie hätte ich gedacht, daß das einmal ein Ende nehmen würde.« Sie erzählen aber auch, daß das Ende kam und alles wieder gut wurde. Und daß sie von Mal zu Mal mehr Vertrauen gehabt hätten und sie sich durch neue Rückschläge nicht mehr entmutigen ließen. Wenn wir dem Auf und Ab im Leben aufgeschlossen gegenüberstehen, können wir uns sagen: »Die Dinge können nicht schlechter werden, nur besser.«

Ich glaube den anderen, wenn sie von schweren Zeiten erzählen. Heute abend will ich genauso zuversichtlich sein wie sie.

Ein starkes Leben ist wie ein Kriegsschiff, das seinen festen Platz in der Flotte hat und sich ihr unterzuordnen vermag, aber auch allein in der Einsamkeit des unendlichen Meeres bestehen kann. P. G. Hamerton

Es ist wichtig, daß sich Geselligkeit und Einsamkeit die Waage halten. Wenn wir tagein, tagaus mit anderen zusammen sind, werden wir nie wissen, was es bedeutet, allein zu sein. Genauso wie wir nie erfahren werden, wie es ist, mit anderen zusammen zu sein, wenn wir immer allein sind. Für unsere Genesung ist aber ein ausgewogenes Verhältnis von beiden notwendig.

Wenn wir über den heutigen Tag nachdenken, sollten wir versuchen, uns zu erinnern, wieviel Zeit wir mit anderen oder allein verbracht haben. So können wir uns die Zeit für den morgigen Tag besser einteilen. Wenn wir den ganzen Tag über mit Leuten zu tun haben, wäre es vorteilhaft, einige Zeit allein zu verbringen, um die Einsamkeit des endlosen Meeres kennenzulernen. Haben wir aber die meiste Zeit allein verbracht, ist es ratsam, sich für eine Weile anderen Menschen anzuschließen, damit wir die Erfahrung machen, daß wir einer von ihnen sind. Wir können nach Gleichgewicht und Harmonie streben, während wir unser Schiff sicher über das Meer steuern.

Wofür muß ich mir morgen mehr Zeit nehmen? Für das Zusammensein mit anderen oder für mich allein?

9. Dezember

Riskiere etwas! Riskiere was auch immer! ... Tu, was dir am schwersten fällt. Handle deinetwegen. Blicke der Wahrheit ins Gesicht. Katherine Mansfield

Wenn wir vor etwas Angst haben, ist es uns meistens nicht bewußt, daß es die Angst vor dem Risiko ist. Ein Risiko muß nicht immer so dramatisch sein wie die Besteigung eines Berges oder eine Wette auf sein ganzes Vermögen. Auch zu einem neuen Meeting zu gehen oder einem bekannten Gesicht zuzulächeln oder Bücher zu unserem Programm zu lesen, kann bereits ein Risiko sein.

Anfangs fällt es uns möglicherweise schwer, Risiken einzugehen. Aber mit der Zeit werden wir einsehen, daß wir vor einem neuen Meeting keine Angst zu haben brauchen, genausowenig wie vor einem Lächeln oder vor Büchern, die uns Aufschluß geben über uns selbst. Später können wir dann größere Risiken eingehen, wie zum Beispiel jemanden zu fragen, ob er unser Sponsor werden will, oder mit jemandem Kaffee trinken zu gehen oder den Vierten Schritt zu befolgen.

Die Sicherheit, die wir verspüren, wenn wir im Rahmen des Programms ein Risiko wagen, wird uns ermutigen, auch außerhalb des Programms Risiken auf uns zu nehmen. Im Laufe der Zeit werden wir lernen, anderen zu vertrauen, unsere Bedürfnisse mitzuteilen und uns zu Hause, in der Arbeit oder im Freundeskreis zu behaupten. Wenn wir ein Risiko eingegangen sind, wird bald darauf ein weiteres folgen.

Was ist schon dabei, sich auf ein Risiko einzulassen? Hilf mir, daß ich nach jedem bestandenen Risiko den Mut habe, ein neues einzugehen.

Die wichtigste Zeit im Leben eines Menschen ist die, die er allein verbringt. Aus manchen Quellen können wir nur dann schöpfen, wenn wir allein sind. Der Künstler weiß, daß er nur dann kreativ ist, wenn er allein ist. Und nur dann kann auch der Schriftsteller seine Gedanken formulieren, kann der Komponist komponieren und der Heilige beten. Anne Morrow Lindbergh

Die meisten von uns sind abends für einige Zeit allein. Entweder auf der Fahrt nach Hause oder daheim können wir dann ein paar Minuten meditieren. Die Zeit, die wir allein verbringen — mit uns selbst und unserer Höheren Macht —, ist ein wichtiger Bestandteil unseres Tages. In der Stille können wir besser auf unsere innere Stimme hören und auf unsere Gefühle achten, ohne daß wir ständig durch andere Dinge abgelenkt werden.

Wenn wir allein sind, dürfen wir nicht versuchen, vor der Stille um uns herum zu fliehen. Wir müssen vielmehr die Gelegenheit dazu wahrnehmen, unsere Gefühle anzunehmen, sowohl die guten wie die schlechten. Es ist eine Zeit des Nachdenkens und des Gebetes. Mit jedem Augenblick, den wir in Eintracht mit uns verbringen, sind wir dem Leben ein Stück nähergerückt.

Es liegt in der Natur des Menschen, den Frieden in der Natur zu spüren.

Lebe ich in Eintracht mit mir selbst? Habe ich zur Höheren Macht gebetet, damit sie mir heute abend beisteht?

11. Dezember

Du kannst nicht irgendwas sein, wenn du alles sein willst. Solomon Schechter

Manchmal fühlen wir uns von all den Dingen, die wir erledigen sollen, überfordert. Unser Ganztags-Job, das Studium, die Bemühungen um unsere Beziehung, die Sorge um die Familie, um unser Wachstum und unsere Genesung macht uns mitunter nervös und gestreßt. Manchmal würden wir am liebsten alles stehen und liegen lassen und uns an einen unbekannten Ort zurückziehen.

Jedesmal wenn wir überfordert sind, sagt uns unser Verstand, daß wir uns Grenzen setzen müssen. Wir können nicht alles erledigen und erwarten, daß wir sehr weit damit kommen. Wenn wir dagegen einige Dinge für eine gewisse Zeit unerledigt lassen und uns auf die übrigen konzentrieren, werden wir mit Sicherheit weiter kommen.

Heute abend werden wir unseren vollen Terminkalender studieren und uns überlegen, was wir ändern können. Als erstes müssen wir für uns selbst mehr Zeit einplanen. Dann gilt es, Prioritäten zu setzen. Wenn wir unseren neuen Zeitplan erst einmal erprobt haben, werden wir besser erkennen, ob weitere Änderungen notwendig sind. Noch heute abend wollen wir damit beginnen, damit wir uns nicht weiterhin vom Leben überfordert fühlen und es besser bewältigen.

Wie kann ich meinen Terminkalender neu einteilen, damit ich weniger gestreßt bin? Noch heute abend will ich beginnen, mehr Rücksicht auf meine Bedürfnisse zu nehmen.

Eine Stunde kann entscheidend sein für den Ruhm von tausend Jahren. Japanisches Sprichwort

Was werden wir in der nächsten Stunde tun oder empfinden? Werden wir unruhig auf und ab gehen, aus Angst vor der bevorstehenden Nacht? Werden wir, gestreßt von der Hektik des Tages, keinen Schlaf finden? Werden wir uns einsam und verlassen vorkommen? Oder werden wir tief und friedlich schlafen?

Wenn die nächste Stunde ausschlaggebend dafür wäre, wie wir uns für den Rest unseres Lebens fühlen, welchen Gefühlen würden wir den Vorzug geben? Vielleicht würde es uns leichterfallen, die negativen Gefühle, die wir im Augenblick verspüren, loszulassen, wenn wir wüßten, daß wir sie für den Rest unseres Lebens empfinden werden.

In der nächsten Stunde können wir über unsere Gefühle entscheiden, so, als wollten wir einen bestimmten Charakter skizzieren. Bestimmt würden wir uns als erstes einen festen Schlaf wünschen, damit wir den neuen Tag entspannt und mit positiven Gefühlen beginnen können. Außerdem könnten wir versuchen, tagsüber für einige Stunden an diesen positiven Gefühlen festzuhalten. Was für eine verlokkende Vorstellung wäre es doch, wenn das Leben für uns nur aus Stunden bestünde, die wir so lange ändern und verbessern könnten, bis jede das Maß der Vollkommenheit erreicht hätte!

In der nächsten Stunde möchte ich mich entspannen und mich auf einen friedlichen Schlaf vorbereiten. Außerdem will ich mich mit positiven Gefühlen auf den morgigen Tag einstellen.

13. Dezember

Wir können erst dann bauen, wenn der Grundstein gelegt ist. Immer wenn wir ein Problem meistern, bauen wir an unserem Fundament weiter.

Charles B. Newcomb

Ein Haus ohne Grundmauern kann nicht lange bestehen. Bedingt durch die Witterungseinflüsse gibt der Boden nach — und ebenso der Fußboden. Das Holz auf der Erde verfault, die Räume sind feucht und klamm, wenn die Kälte von unten her eindringt. Bevor wir das Programm kannten, waren wir ein Haus ohne Fundament.

Ein Haus mit festen Grundmauern wird im Winter vor der Kälte schützen und im Sommer vor der Hitze. Auch wenn der Boden nachgibt, gleichen die Grundmauern das aus, und das Haus bleibt davon unberührt. Das Fundament wird das wertvolle Holz schützen. Im Programm sind wir Häuser mit starken Fundamenten.

Die Stärke unserer Fundamente hängt ab von unserer Bereitschaft, gesund zu werden. Wenn sich unser Leben in Zukunft am Programm orientiert und wir die Zwölf Schritte befolgen, werden unsere Grundmauern stark und widerstandsfähig sein. So wird unser Haus für lange Zeit allen Witterungseinflüssen standhalten.

Heute abend will ich meine Grundmauern erneuern und festigen.

Wenn früher jemand die Postkutsche versäumte, störte es ihn nicht, ein oder zwei Tage auf die nächste zu warten. Heutzutage sind wir verärgert, wenn wir uns einen Schritt zu spät in die Drehtür einreihen.

Modern Maturity

Viele Dinge geschehen heute »über Nacht«. Wir zaubern im Handumdrehen ein Truthahnessen herbei, schicken auf schnellstem Weg ein Päckchen in ein fernes Land oder fliegen in wenigen Stunden von Kontinent zu Kontinent. Da das Leben um uns herum mit rasanter Geschwindigkeit abläuft, ist es nur allzu verständlich, daß auch wir uns von der allgemeinen Hektik anstecken lassen.

Wir haben uns an rasche Veränderungen gewöhnt. Wenn wir auf einem Meeting darüber sprechen, werden uns die anderen verständnisvoll zulächeln, weil es ihnen früher genauso ergangen ist. Auch sie wollten einmal mit einem Augenzwinkern Wunder vollbringen.

Doch wenn auch um uns herum Hektik herrscht, heißt das nicht, daß auch wir deshalb hektisch werden müssen. Wenn die ganze Welt ein reißender Strom ist, können wir einen ruhigen, friedlichen Strom der Gelassenheit in uns haben.

Heute abend will ich beginnen, nach meiner inneren Uhr zu leben und nicht nach der meiner Umwelt. Jeder hat sein eigenes Tempo, und ich will mein Tempo berücksichtigen.

15. Dezember

Wenn du Gott um etwas bittest, beklage dich nicht, wenn er dir nicht deinen Wunsch erfüllt.

Unser täglich' Brot

Als Kinder saßen wir mit einer Wunschliste in der Hand auf den Knien des Weihnachtsmannes oder baten die gute Fee um Geld, den Osterhasen um viele Süßigkeiten und den lieben Gott um das glänzende rote Fahrrad, das wir uns sehnlichst wünschten. Doch meistens bekamen wir dann etwas ganz anderes. Fast immer waren es Sachen, die wir dringend brauchten, etwa eine warme Jacke, Winterstiefel oder einen neuen Schlafanzug.

Wahrscheinlich bitten wir auch heute noch Gott um Dinge, die wir gerne hätte. Heute ist es kein glänzendes rotes Fahrrad mehr, dafür aber ein glänzendes Auto, mehr Geld, eine bessere Arbeit, mehr Sicherheit oder die Gesundheit unserer Angehörigen. Aber auch heute wird unser Gebet nicht so erhört, wie wir es gern hätten. Wir gewinnen nicht im Lotto, werden nicht befördert oder verlieren sogar einen geliebten Menschen.

Doch alles, was wir bekommen, ist von Gott gewollt. Auch wenn wir traurig und enttäuscht sind, werden wir durch alles, was uns widerfährt, um so viel wachsen, wie es im Augenblick notwendig ist. Manchmal werden wir auch bekommen, worum wir Gott gebeten haben. Aber wenn es nicht so ist, müssen wir uns daran erinnern, daß wir von Gott nur das erhalten, was wir wirklich brauchen.

Ich werde Gott ohne große Erwartungen um etwas bitten. Ich weiß, ich bekomme das, was ich brauche.

An manchen Tagen schrumpft unser Selbstvertrauen auf die Größe einer Erbse zusammen, und unser Rückgrat ist schwach wie eine Feder. Wir wollen woanders sein, ohne zu wissen, wo. Wir wollen wer anderer sein, ohne zu wissen, wer.

Jean Hersey

Wer sind wir? Wohin gehen wir? Was lieben wir? Sind wir glücklich? Was erwarten wir vom Leben? Diese Fragen sind sicher nicht leicht zu beantworten, und wahrscheinlich sind wir schon lange auf der Suche nach der richtigen Antwort. Wir, die wir immer so sicher waren, uns zu kennen, müssen mit einem Mal feststellen, daß wir ganz anders sind, als wir dachten. Wir sind in Wirklichkeit viel mehr, aber wir wissen nicht, worin dieses Mehr besteht.

Wahrscheinlich werden wir nie imstande sein, alle diese Fragen zu beantworten. Für manche von uns ändern sich die Antworten von Tag zu Tag, vielleicht sogar von Stunde zu Stunde. Wir haben gerade begonnen, herauszufinden, wer wir sind, ohne die Festlegung der anderen, ohne Alkohol und Tabletten oder eine andere Abhängigkeit. Unsere Selbstfindung ist ein langwieriger Prozeß, der viel Geduld erfordert und von uns verlangt, daß wir uns weitgehend ändern. Wie die Fragen sich von selbst ergeben, so werden sich eines Tages auch die Antworten von selbst einstellen.

Ich habe gerade begonnen, herauszufinden, wer ich wirklich bin. Ich werde heute abend nicht auf alle meine Fragen eine Antwort finden, aber ich weiß dennoch viel mehr als vorher.

17. Dezember

Wir haben gegen zwei Diebe anzukämpfen: das Bedauern des Gestern und die Angst vor dem Morgen.

Fulton Oursler

Einige Frauen, die Opfer von Gewalttätigkeiten waren, schlossen sich zusammen und nahmen unter dem Motto »Nimm die Nacht zurück« an einer Reihe öffentlicher Demonstrationen teil. Statt sich über die Gewalt zu beklagen, die ihnen angetan worden war, oder sich davor zu fürchten, was noch alles geschehen könnte, hatten sie sich entschieden, weder Angst noch Bedauern zu empfinden.

Heute abend können wir »die Nacht zurücknehmen« von unseren Ängsten. Das bedeutet, daß wir uns vom Streß des Tages befreien, damit wir wieder ruhig schlafen können. Das kann aber auch bedeuten, daß wir alle angsterregenden Gedanken loslassen, damit wir zu Hause in Frieden leben können. Ich kann versuchen, alle Gedanken, die mich beunruhigen, auszuschalten.

Diese Nacht gehört uns. Es ist Zeit für einen erquickenden Schlaf mit angenehmen Träumen, damit unser Körper die nötige Ruhe bekommt.

Der morgige Tag liegt vor mir. Ich werde meine Ängste loslassen, damit ich inneren Frieden, Vertrauen und Heiterkeit spüre.

Die Erhaltung der Gesundheit ist eine Pflicht. Nur wenige sind sich bewußt, daß es so etwas wie eine körperliche Moral gibt. Herbert Spencer

Sind wir uns eigentlich im klaren darüber, daß wir unserem Körper gegenüber die Verpflichtung haben, gesund zu bleiben? Bevor wir Anhänger des Programms wurden, haben wir durch Tabletten, Hungerkuren, Alkohol, wenig Schlaf, Zigaretten und Kaffee Raubbau mit unserer Gesundheit getrieben. Jetzt, da wir das Programm befolgen, beginnen wir einzusehen, daß unsere geistige Gesundheit in einem direkten Zusammenhang damit steht, wie wir unseren Körper behandeln.

Wenn wir uns am Arbeitsplatz oder zu Hause lange in geschlossenen Räumen aufgehalten haben, müssen wir darauf achten, daß wir genügend frische Luft und Bewegung bekommen. Wir können einen Spaziergang machen, meditieren oder ein entspannendes Bad nehmen. Wir können auch etwas Nahrhaftes zu uns nehmen und früh zu Bett gehen. Ebenso wie wir eine moralische Verpflichtung unserer geistigen Gesundheit gegenüber haben, besteht diese Verpflichtung auch unserer körperlichen Gesundheit gegenüber.

Ich will mich vernünftig ernähren, viel an die frische Luft gehen und mich körperlich betätigen. Heute abend werde ich mich ganz auf meine körperliche Gesundheit konzentrieren.

19. Dezember

> *Woher kommt unser Leid? Es kommt daher, daß wir Angst hatten zu reden. Es wurde in Augenblicken geboren, als sich Dinge in uns aufstauten, über die wir vorzogen zu schweigen.* Gaston Bachelard

Während wir heranwuchsen, stellten wir fest, daß wir über manche Dinge lieber schwiegen, als sie anderen anzuvertrauen. Wir haben uns lieber schweigend zurückgezogen, als eine Diskussion, einen Streit oder ein Mißverständnis zu riskieren. Aber jetzt, als Erwachsene, müssen wir diese Gewohnheit ablegen und die stummen Gefühle, Gedanken, Einfälle und Sorgen zu Wort kommen lassen.

Wir müssen schon deshalb unser Schweigen brechen, weil es sich damit genauso verhält wie mit einem Geschwür. Solange wir es ignorieren, wird es wachsen und uns Schmerzen bereiten. Kämpfen wir aber dagegen an, werden wir davon geheilt.

Dabei werden wir auf eine Menge Dinge stoßen, über die wir gerne gesprochen hätten, es aber unterlassen haben. Damit unser Schweigen nicht noch größer wird, müssen wir endlich den Mut aufbringen zu reden. Es wird sich immer jemand finden, der uns zuhört — unsere Höhere Macht, ein guter Freund, eine Meeting-Gruppe. Aber es liegt an uns, den ersten Schritt zu tun.

Es ist höchste Zeit, daß ich mein inneres Schweigen breche.

Wie erbärmlich sind doch die Dinge, die uns reich oder arm machen: Münzen, Mäntel, Teppiche, etwas mehr oder weniger Ziegel, Holz oder Farbe, ein Cape oder ein Hut …
Ralph Waldo Emerson

Was ist Reichtum? Ist es das luxuriöse Gefühl, einen Nerzmantel zu tragen, das Gewicht einer dicken Brieftasche zu spüren oder eine volle Schmuckkassette, ein hohes Bankkonto und eine Menge Wertpapiere zu besitzen? Oder besteht der Reichtum gar nicht aus materiellen Gütern, aus Dingen, die wir sehen, berühren, verdienen und ausgeben können? Vielleicht ist Reichtum einfach Glück, Heiterkeit und Treue?

Wenn wir an die Weihnachtsgeschichte von Charles Dikkens denken, werden wir uns sicher daran erinnern, daß Ebenezer Scrooge trotz seines gewaltigen Reichtums ein armer, einsamer Mann war. Der Glücklichste in der Geschichte war Bob Chatchit, der nichts besaß außer seinen Kindern, deren Mäuler er stopfen mußte. Doch sein Heim und sein Herz waren voll von Liebe, Frieden und Glauben.

Wir können die Höhere Macht um die größten Reichtümer bitten: um Frieden und Freude in unseren Herzen und unseren vier Wänden. Wir brauchen keine Geschenke und Kostbarkeiten, um glücklich zu sein. Um noch reicher zu werden, brauchen wir nur unser Herz zu öffnen für den Reichtum an wunderbaren Gefühlen um uns herum.

Heute abend möchte ich mich bedanken für all den Reichtum, den ich in mir trage. Er ist das größte Geschenk, das ich von der Höheren Macht erhalten habe.

21. Dezember

Besonders vor Feiertagen war es so. Dann wollte ich nur noch schlafen und mich ausruhen. Doch in meinem Kopf schwirrte noch immer das Echo der Stimmen von verschiedenen Angelegenheiten herum, und je mehr ich mich nach Ruhe sehnte, desto weniger fand ich sie.

Joanna Field

Streß, Ängstlichkeit, Furcht und Sorge machen sich besonders vor den Feiertagen bemerkbar. Bevorstehende Familienfeste, das gegenseitige Beschenken, die Zubereitung des Essens und was sonst noch alles dazugehört, stellen eine große Belastung für uns dar. Doch es gibt Wege, bei aller Hektik gelassen und heiter zu bleiben.

Statt an die Dinge zu denken, die uns an den Feiertagen zu schaffen machen, sollten wir uns lieber auf erfreuliche konzentrieren. Das können ganz einfache Dinge sein wie etwa folgende Feststellung: »Ich freue mich, meine Schwester wiederzusehen.« »Es freut mich, Post von alten Freunden zu bekommen.« Oder: »Ich liebe den Schnee auf den Tannen.«

Jetzt, im Winter, können wir eine herrliche Zeit verbringen, vorausgesetzt, wir gehen alles, was wir tun wollen, mit Schwung und Energie an. Wir können zu zahlreichen Meetings gehen, mit Freunden Pläne schmieden und meditieren, um ruhig und guter Laune zu sein. Heute abend wollen wir uns durch die bevorstehenden Weihnachtsfeiertage nicht stressen lassen, sondern uns entspannen, indem wir nur an uns denken.

Wie kann ich mich heute abend mit Hilfe des Programms entspannen?

... Endlich kam ich zu der Einsicht, daß es im Leben nur darauf ankommt, sich daran zu erfreuen.

Rita Mae Brown

Seit wir das Programm befolgen, hat sich vermutlich viel in unserem Leben geändert. Vielleicht haben wir den Arbeitsplatz gewechselt oder unser Studium wieder aufgenommen, um endlich das Diplom zu machen, das wir, solange wir abhängig waren, nicht schafften. Vielleicht verbringen wir auch den Großteil unserer Abende auf Meetings und nicht mehr wie früher auf Partys. Wahrscheinlich haben wir inzwischen auch eingesehen, daß das Leben nicht nur aus Vergnügen bestehen muß, daß es nicht der zahllosen Ablenkungen bedarf, die wir früher suchten. Aber haben wir wirklich Freude am Leben gehabt, bevor wir dem Programm beigetreten sind?

Heute versuchen wir, unser Leben ganz anders zu gestalten. Wir haben unser Verhalten weitgehend geändert und gelernt, uns an verschiedenen Dingen zu erfreuen, was uns früher nicht gelungen ist. Das kann zum Beispiel ein schöner Sonnenuntergang sein oder auch die Vorfreude, auf den Meetings mit netten Menschen zusammenzukommen.

Sollten wir heute vergessen haben, uns über die schönen Augenblicke des Tages zu freuen, wollen wir es jetzt nachholen. Die Zukunft birgt tausend Freuden für uns.

Habe ich mich heute über mein Leben gefreut? Was kann ich tun, damit ich mich morgen an meinem Leben erfreue?

23. Dezember

Die Leute stören uns. Sie rauben uns unsere Lebenskraft ... Sie überschütten uns mit ihren Ängsten und verbreiten eine Atmosphäre der Hoffnungslosigkeit. So bleibt uns nichts anderes übrig, als unser inneres Gleichgewicht wiederzufinden, indem wir uns der Kraft, die in uns steckt, bewußt werden und unsere Mitte finden.

Horatio W. Dresser

Haben wir uns heute von anderen vereinnahmen lassen? Wenn wir die Probleme unseres Chefs, eines Arbeitskollegen oder eines Familienmitglieds nicht abschütteln konnten, werden wir uns ausgelaugt und verbraucht vorkommen — wie ein alter Lappen, in dem sich im Laufe der Jahre Staub und Schmutz angesammelt haben.

Jeder Mensch hat bestimmte Verhaltensweisen und Vorstellungen. Doch wenn wir uns den Eigenheiten eines anderen völlig ausliefern, eignen wir uns gleichzeitig etwas davon an, und plötzlich werden wir zum Spiegelbild dieses Menschen, indem wir jede seiner Regungen wiedergeben.

Jetzt, da der Tag zu Ende ist, wollen wir über unsere Gefühle nachdenken und uns fragen, ob sie auch wirklich unsere eigenen sind oder ob wir sie nicht von anderen übernommen haben. Um unsere Mitte zu finden, müssen wir unsere ureigenen Gefühle entdecken. Und wenn wir mit anderen Menschen zusammen sind, müssen wir darauf achten, daß ihre Eigenheiten nicht auf uns abfärben.

Ich will mich von den anderen abgrenzen und mir nicht ihre Gefühle aufdrängen lassen. Heute abend werde ich Freude an meinen eigenen Gefühlen finden.

Wenn die Zeit von allen Dingen am wertvollsten ist, dann ist die verlorene Zeit die größte Verschwendung, denn sie kehrt nie wieder. Benjamin Franklin

Zu Beginn des Tages haben wir den Eindruck, es läge unendlich viel Zeit vor uns. Aber wenn wir — wie gerade jetzt — auf den vergangenen Tag zurückblicken, werden wir erkennen, daß die Zeit bei weitem nicht ausgereicht hat, um all das zu tun, was wir uns vorgenommen hatten.

Vielleicht ist der Tag auch anders verlaufen, als wir es uns gewünscht hatten. Vielleicht ist auch die Liste der Dinge, die wir erledigen wollten, nur um einen Bruchteil kleiner geworden. Vielleicht haben wir das Gefühl, zuviel Zeit vor dem Fernseher, beim Einkaufen oder am Telefon verbracht zu haben.

Wenn wir jetzt der Meinung sind, heute Zeit vertan zu haben, wird uns diese Zeit wertlos erscheinen. Aber wenn wir sämtliche Augenblicke des Tages als wertvoll und notwendig ansehen, werden wir es nicht mehr so genau damit nehmen, wie wir unsere Zeit verbracht haben. Wir haben heute getan, was wir wollten und in der Zeit, die uns zur Verfügung stand. Heute abend wollen wir uns ausruhen, in dem Bewußtsein, keine Zeit verschwendet zu haben.

Ich bin zufrieden, denn ich habe die Zeit genützt, auch wenn ich nicht alles erledigen konnte, was ich mir vorgenommen hatte.

25. Dezember

Wenn du anderen für eine Sache dankbar bist, warum willst du es ihnen nicht sagen? Anonym

Unsere Dankbarkeit für all die schönen Dinge in unserem Leben auszudrücken, sei es in einem Gebet oder in der Gruppe, ist etwas anderes, als noch einen Schritt weiter zu gehen und den Menschen, die das Gefühl der Dankbarkeit in uns auslösten, dieses in Form von Liebe und Freundlichkeit entgegenzubringen.

Unsere direkten Kontakte mit anderen müssen nicht in einer Art Schadensersatz-Handlung gipfeln. Die Anerkennung von Geschenken, die wir erhalten haben, spannt eine Brücke zum anderen, über die wir ihm unsere positiven Gefühle und unsere Zuneigung übermitteln können.

Wir können den einspurigen Weg zwischen uns und unseren Mitmenschen zu einer zweispurigen Straße ausbauen, damit wir die Geduld, die Freundlichkeit und die Liebe, die die anderen uns entgegenbringen, zurückgeben können. Wenn wir einmal erfahren haben, wie schön es ist, etwas zu bekommen und dafür unsere Dankbarkeit entgegenzubringen, werden wir es immer wieder wollen.

Gibt es jemanden, dem ich meine Dankbarkeit zum Ausdruck bringen kann? Ich will mir die Zeit für ein Gebet nehmen, in dem ich mich für all die wunderbaren Geschenke bedanke, die ich erhalten habe.

Ohne Gebet wäre ich schon seit langem verrückt.
Mahatma Gandhi

Was können wir tun, damit unsere Gebete überzeugender und wirksamer werden? Einer der besten Wege ist, uns selbst beim Beten zuzuhören und uns gleichsam aus der Vogelperspektive zu betrachten. Aus dieser Sicht haben wir einen besseren Überblick über die Aussagekraft und die Bedeutung unseres Gebetes. Sprechen wir in einem weinerlichen Ton, oder sind wir nervös, wenn wir beten? Vielleicht beten wir auch gar nicht richtig und fragen nur nach unserem Weg? Klingen wir verärgert und ballen wir unsere Hände zu Fäusten? Als erstes sollten wir uns bemühen loszulassen, bevor wir mit dem Gebet beginnen.

Wie wir uns selbst beim Beten wahrnehmen, so sieht uns auch die Höhere Macht. Die Höhere Macht weiß genau, welche Gebete eine ernsthafte, aufrichtige Zwiesprache sind und welche nur aus Selbstmitleid, Wut und Ärger bestehen. Heute wollen wir uns beim Beten zuhören, um zu erkennen, ob wir wirklich beten oder uns nur von unseren egozentrischen Gefühlen leiten lassen.

Hilf mir, bevor ich heute abend bete, mich an all die Dinge zu erinnern, die ich sagen möchte. Hilf mir, alle egozentrischen Gefühle zu unterdrücken und ein möglichst ehrliches Gespräch zu führen.

27. Dezember

Das Leben gleicht einem Violinsolo in der Öffentlichkeit, für das man noch ein paar Griffe einstudieren muß.
Edward Bulwer-Lytton

Ein Violinvirtuose, dessen Konzerte ausverkauft sind, hat unzählige Übungsstunden hinter sich, um es zu solcher Vollendung zu bringen. Er würde aber trotzdem nie auf die Idee kommen, das Publikum zu einer Übungsstunde einzuladen, denn dabei würde es auch Fehler zu hören bekommen.

Wir sind zwar keine Violinvirtuosen, aber dennoch ständig einem Publikum ausgesetzt. Jeder kann sowohl unsere guten als auch die schlechten Darbietungen sehen. Deshalb müssen wir auch so oft gegen Ungeduld und Enttäuschung ankämpfen, wenn wir einen guten Eindruck auf andere machen wollen. Doch im Beisein anderer tun wir uns alle schwer. Ebenso wie unsere Mitmenschen unsere Schwächen erkennen, bleiben uns auch ihre Schwächen nicht verborgen. Keiner von uns ist ein Virtuose des Lebens. Um lebenstüchtig zu werden, müssen wir jeden Tag ganz bewußt erleben und immer Neues dazulernen.

Ich muß keine Spitzenleistungen erbringen oder ein Perfektionist werden. Ich kann in Gegenwart anderer so sein, wie ich bin.

Man muß nicht alles glauben, was man hört. Cicero

Als Heranwachsende haben wir uns sicher viele Kommentare über uns hören müssen. Neben Schmeicheleien waren es vor allem bösartige und abwertende Bemerkungen seitens der Eltern oder eines Vormunds. Weil wir aber mitten in der Krankheit steckten, glaubten wir all die schrecklichen Dinge, die man über uns sagte.

Doch heute brauchen wir uns keine negativen Kommentare mehr anzuhören. Wir dürfen nicht glauben, wir wären zu nichts nütze, wären dumm, faul, hilflos und unfähig, es zu etwas zu bringen. Wann immer wir solchen Behauptungen Glauben schenken, lassen wir zu, daß man uns einen Stempel aufdrückt.

Wir haben die Wahl, ob wir uns von den anderen etikettieren lassen oder nicht. Wir können uns körperlich und auch geistig von allen negativen Botschaften distanzieren. Wir sollten nur ein einziges Etikett akzeptieren, und zwar das, auf dem steht, daß wir gute Menschen sind.

Heute abend kann ich mit gutem Gewissen von mir behaupten, daß ich gut bin und nur das Beste verdiene.

29. Dezember

Jeder, der versucht, diese Prinzipien einzuhalten, muß einsehen, daß der Fortschritt schwankend und unregelmäßig ist. Er ist nur durch ein ständiges Auf und Ab möglich.
Henry Wood

Erwarten wir irgendeinen himmlischen Wink, wenn wir von den Symptomen unserer Krankheit geheilt sind? Glauben wir, daß wir von dem Augenblick an, da wir mit den Werkzeugen des Programms vertraut sind, nie mehr Schmerz, Trauer, Wut und Enttäuschung verspüren werden? Rechnen wir noch immer damit, bis an unser Lebensende glücklich zu sein?

Das Leben ist ein ewiges Auf und Ab. Nicht jeder Tag ist eitel Sonnenschein. Auch in der Natur gibt es Unheil und Zerstörung wie auch Wachstum und Ernte. Wenn wir beides akzeptieren und als gegensätzliche Pole betrachten, werden wir erkennen, daß das Leben weder einen Anfang noch ein Ende hat, sondern ein kontinuierlicher Prozeß ist.

Wenn wir die Grundsätze des Programms befolgen, werden wir ein angenehmes Leben führen. Das ständige Auf und Ab wird zwar bleiben, aber wir werden uns nicht mehr nur auf das eine oder das andere konzentrieren, sondern beides als ein untrennbar Ganzes betrachten.

Heute abend will ich mir vornehmen, in den Fluß des Lebens nicht einzugreifen.

Ich wünsche mir den Mut, freundlich zu sein, wenn die anderen von mir erwarten, daß ich kühl bin.
Robert A. Ward

Jahrelang haben wir auf die Forderungen anderer gehört und uns bemüht, sie zu erfüllen. Wahrscheinlich haben wir immer das getan, was unsere Eltern von uns erwarteten. Wir haben uns die Wünsche unseres Partners oder unserer Freunde angehört und versucht, ihnen gerecht zu werden. Möglicherweise haben wir sogar auf vollkommen fremde Leute gehört, die sich dadurch geschmeichelt fühlten.

Wie Reptilien haben wir unsere Körpertemperatur der Außentemperatur angeglichen. Vielleicht haben wir es als bequem empfunden, freundlich zu sein, wenn auch unsere Umwelt freundlich zu uns war, und uns zurückhaltend zu geben, wenn unsere Umwelt zurückhaltend uns gegenüber war.

Aber heute abend können wir — nach Thoreaus Worten — zum Trommelschlag eines anderen Trommlers marschieren. Wir können »nein« sagen, wenn die anderen »ja« erwarten. Wir können uns von den anderen abgrenzen, wenn sie zuviel fragen. Wir können sogar freundlich sein, wenn unsere Umwelt möchte, daß wir zurückhaltend sind. Die anderen haben keine Macht mehr über uns. Nur wir selbst haben Macht über uns.

Heute abend hat niemand und nichts Macht über meine Gefühle. Ich kann freundlich oder zurückhaltend sein, es ist ganz mir selbst überlassen.

31. Dezember

Läutet, Glocken, wild zum Himmel empor,
zu den jagenden Wolken, dem eisigen Licht.
Das Jahr stirbt, noch ehe der Tag anbricht.
Laßt es sterben, und läutet, ihr Glocken, im Chor.

Alfred L. Tennyson

An früheren Silvesterabenden haben wir wahrscheinlich eine Menge Tabletten und Alkohol zu uns genommen. Wir haben uns aus den verschiedensten Gründen unbehaglich gefühlt. Vielleicht haben wir diesen Abend zum Anlaß genommen, über unser Verhalten im zurückliegenden Jahr nachzudenken und uns eine Liste darüber anzulegen, was wir ändern wollten.

Doch der heutige Abend ist wie alle anderen. Es wäre falsch zu glauben, wir würden uns nur dann vergnügen, wenn wir auf eine Party oder in eine Bar gingen. Wir können morgen das neue Jahr mit denen feiern, die uns am nächsten stehen und tun, was uns wirklich Freude macht. Die Vergangenheit ist vorüber, die Zukunft liegt noch vor uns. Es bleibt uns nur die Gegenwart, die wir hier und jetzt leben müssen.

Es ist wichtig, daß wir uns auf uns selbst konzentrieren und auf das, was wir wollen, statt das zu tun, was man von uns erwartet. Auf einem Meeting können wir unsere Gefühle den anderen mitteilen und mit unserer Familie und allen jenen, die wir mögen, eine gute Zeit verbringen. Wir müssen in erster Linie auf uns und unsere Bedürfnisse achten und dürfen uns nicht von den Verrücktheiten um uns herum ablenken lassen.

Der heutige Abend ist ein Ende, er ist aber auch ein Anfang. Hilf mir, ihm auf meine Weise Lebewohl zu sagen und ihn willkommen zu heißen.

Nachwort

Dieses Buch wurde in den USA im Rahmen der HAZELDEN-Stiftung veröffentlicht. HAZELDEN ist ein weltweit anerkanntes Diagnose- und Therapiezentrum für Alkoholiker und andere Suchtkranke. Es wurde im Jahre 1949 von zwei Alkoholikern als gemeinnützige Organisation gegründet, die nicht profitorientiert arbeitet. Mittlerweile ist HAZELDEN ein Riesenkomplex geworden, in dem sich 450 Mitarbeiter aller Disziplinen — Mediziner, Psychologen, Theologen und speziell ausgebildete Suchtberater und -therapeuten — um die Früherkennung, Prävention, Rehabilitation und Nachsorge Suchtkranker und Suchtgefährdeter bemühen.

Der Therapieansatz geht von verschiedenen Disziplinen aus, wobei sich HAZELDEN bei der Langzeitbetreuung Alkoholkranker an das sogenannte Zwölf-Schritte-Programm der Anonymen Alkoholiker (AA) anschließt, das Sie nachfolgend abgedruckt finden.

Dieses Programm basiert auf der Erkenntnis und Erfahrung, daß die Suchterkrankung sowohl ein körperliches als auch ein seelisch-geistiges Problem darstellt, das daher nur durch eine Therapie, die auf beiden Ebenen ansetzt, auf Dauer zum Stillstand gebracht werden kann. Dies bedeutet, daß dem körperlichen Entzug ein lebenslanger geistiger Wandlungsprozeß folgt, der dem Suchtkranken zur Erkenntnis seines inneren Wesens und einer neuen Lebenseinstellung verhelfen kann, sofern er bereit ist, seine Krankheit zu akzeptieren und etwas dagegen — und damit für sich und seine Genesung — zu tun.

Die ZWÖLF SCHRITTE dienen im Rahmen der Wiedergenesung als Leitfaden, nach dem jeder nach seiner individuellen Art und Weise leben kann. Die ZWÖLF SCHRITTE haben einen spirituell-orientierten Hintergrund, der in jeder esoterischen Lehre zu finden ist. Daher könnte man sagen, daß der Suchtkranke, der diesen Weg zur körperlich-seelischen Heilung einschlägt, im wahrsten Sinne des Wortes einen Bewußtseinswandel vollzieht. Wahre Heilung kann nur über eine Bewußtseinsänderung erreicht werden. In diesem Sinne ist auch die Suchtkrankheit ein Weg, der über die Symptome des Krankseins zu einem tiefen Verständnis der eigenen Persönlichkeit führen kann.

Um es mit den Worten des englischen Arztes und Begründers der Bach-Blüten-Therapie, Dr. Edward Bach (1886—1936), zu sagen: »Krankheit ist weder Grausamkeit noch Strafe, sondern einzig und allein ein Korrektiv; ein Werkzeug, dessen sich unsere eigene Seele bedient, um uns auf unsere Fehler hinzuweisen, um uns von größeren Irrtümern fernzuhalten, um uns daran zu hindern, mehr Schaden anzurichten — und uns auf den Weg der Wahrheit und des Lichts zurückzubringen, von dem wir nie hätten abkommen sollen.«

Das Wort »Sucht« kommt von »suchen«. Wer in diesem Sinne seine Suchtkrankheit als ein Symptom begreift, das sein Körper ausgebildet hat, um einen ganzheitlichen Wachstumsprozeß der Persönlichkeit auszulösen, hat die Chance ergriffen, die in jeder Krankheit verborgen liegt: Krankheit als Schlüssel zu einem gesunden, harmonischen Leben, das heißt, zu einem Leben, das seinem inneren Wesen gemäß ist, in der Hand — nicht aber eine Methode für eine Wunderheilung.

Wir müssen uns klarmachen, daß das Wunder in unserem Leben das Leben selbst ist, das uns geschenkt wurde, und zwar mit all seinen Krankheiten, Problemen, Ängsten und Nöten, die nur die eine Seite der Medaille sind. Wenn wir anerkennen, daß hinter jedem Leben ein göttlicher Plan verborgen liegt, können wir uns entscheiden, ob wir uns ihm anvertrauen oder widersetzen wollen. Wer sich dieser Frage aufrichtig stellt, muß früher oder später zu der Einsicht gelangen, daß es allein in seiner Verantwortung liegt, was er aus sich, so wie er angelegt ist, und aus seinem Leben, mit all den Aufgaben, die es ihm als Lernerfahrung bietet, machen will.

Es liegt an uns, wie wir mit dem Leben als Ganzem umgehen; ob wir vor unseren Problemen flüchten oder uns ihnen stellen und aus ihnen lernen wollen, ob wir die Welt anklagen oder annehmen wollen, wie sie ist, ob wir uns in Selbstmitleid dem Leben verschließen oder uns selbst, unsere Mitmenschen und die gesamte Schöpfung annehmen und lieben lernen wollen. Die Sucht kann eine spirituelle Suche werden, die Erfolg hat, wenn wir begreifen, daß »das Leben eine helle und eine dunkle Seite« hat, »denn die Welt der Relativität setzt sich aus Licht und Schatten zusammen«, wie Paramahansa Yogananda schreibt.

Die Persönlichkeit des Suchtkranken oder -gefährdeten unterscheidet sich nur graduell von der des »normalen« Menschen. Die in diesem Buch angesprochenen Themen — Liebe, Anerkennung, Einsamkeit, Angst, Mut, Loslassen-Können, Bescheidenheit, Aufrichtigkeit, Leben im Jetzt und vieles mehr — sind daher von allgemeinem Interesse und können jedem Menschen, der auf der Suche ist, eine wertvolle Orientierungshilfe bieten. Dieses Buch ist eine praktische Lebenshilfe für alle, die einen Weg aus Krankheit, Verzweiflung, Ohnmacht, Angst und Isolation suchen, die letztendlich nur die Symptome einer Suche sind, die bis jetzt in falsche und krankmachende Bahnen gelenkt worden sind.

Die 12 Schritte der AA

1. Wir gaben zu, daß wir dem Alkohol gegenüber machtlos sind — und unser Leben nicht mehr meistern konnten.
2. Wir kamen zu dem Glauben, daß eine Macht, größer als wir selbst, uns unsere geistige Gesundheit wiedergeben kann.
3. Wir faßten den Entschluß, unseren Willen und unser Leben der Sorge Gottes — wie wir Ihn verstanden — anzuvertrauen.
4. Wir machten eine gründliche und furchtlose Inventur in unserem Inneren.
5. Wir gaben Gott, uns selbst und einem anderen Menschen gegenüber unverhüllt unsere Fehler zu.
6. Wir waren völlig bereit, all diese Charakterfehler von Gott beseitigen zu lassen.
7. Demütig baten wir Ihn, unsere Mängel von uns zu nehmen.
8. Wir machten eine Liste aller Personen, denen wir Schaden zugefügt hatten, und wurden willig, ihn bei allen wieder gutzumachen.
9. Wir machten bei diesen Menschen alles wieder gut — wo immer es möglich war —, es sei denn, wir hätten dadurch sie oder andere verletzt.
10. Wir setzten die Inventur bei uns fort, und wenn wir Unrecht hatten, gaben wir es sofort zu.
11. Wir suchten, durch Gebet und Besinnung die bewußte Verbindung zu Gott — wie wir Ihn verstanden — zu verbessern.

Wir baten Ihn nur, uns seinen Willen für uns erkennen zu lassen und um die Kraft, ihn auszuführen.

12. Nachdem wir durch diese Schritte ein geistiges Erwachen erlebt hatten, versuchten wir, diese Botschaft an Alkoholiker weiterzugeben und unser tägliches Leben nach diesen Grundsätzen auszurichten.

Kontaktadresse: 8000 München 2
Landwehrstraße 9

Register

A

B

C

D

E

T

V

BÜCHER ZUR MEDITATION

ANTWORTEN DES HERZENS

Tägliche Meditationen
über Liebe
und Sexualität
400 Seiten
Broschur
ISBN 3-453-04766-4

KRAFT ZUM LOSLASSEN

Tägliche
Meditationen für die
innere Heilung
432 Seiten
Broschur
ISBN 3-453-04765-6

TAGE DER HEILUNG TAGE DER FREUDE

Tägliche
Meditationen
zur Selbstfindung
400 Seiten
Broschur
ISBN 3-453-04376-6

NAHRUNG FÜR DEN GEIST

Tägliche Meditationen
für Menschen,
die zuviel essen
400 Seiten
Broschur
ISBN 3-453-05197-1